KB038919

2018 좋은 방송을 위한 시민의 비평상 수상집

무엇을 위해 도장을 깨는가

방송문화진흥회 엮음

이 도서의 국립중앙도서관 출판예정도서목록(CIP)은 서지정보유통지원시스템 홈페이지 (http://seoji.nl.go.kr)와 국가자료공동목록시스템(http://www.nl.go.kr/kolisnet)에서 이용하실 수 있습니다. CIP제어번호: CIP2018038287

발간사

좋은 비평이 좋은 방송을 만들게 된다는 생각으로 시작한 '좋은 방송을 위한 시민의 비평상'이 시민들의 적극적인 참여와 호응으로 올해 21회라는 역사를 가지게 되었습니다.

방송은 사회적 공기(公器)로서의 공공성과 공정성이 요구됩니다. 따라서 방송에 대한 비판은 늘 따라다니는 것이며 방송과 비평이 상호 공존해야 제작자들이 건전한 사회를 위한 프로그램 제작에 고민하고, 더욱 발전적인 모습을 보일 것이라 생각합니다. 21회를 맞이한 시민의 비평상에 걸맞게 올해도 우수한 작품들이 많이 응모되었습니다. 응모작들의 면면을 살펴보면 2018년 한국이라는 시대적 상황에서 방송이 지향해야 할 가치가 무엇인지 고민하고 충실한 대안을 제시한 비평이 있었으며, 드라마와 예능에서 간과되기 쉬운 방송 제작자의 편향성과 자의적인 편집 등 방송 권력의 횡포에 대한 날카로운 비평도 눈길을 끌었습니다. 최근 방송 콘텐츠의 대세로 등장한 예능 프로그램에 대한 다각도의 분석 또한 방송인들이 경각심을 가지기에 충분한 글이라고 볼 수 있습니다.

전반적으로 방송 종사자들이 새겨들어야 할 소중한 조언들이 촘촘히 배치된 작품들이 많아, 21회를 맞이한 시민의 비평상이 그동안 시민들이 바라보는 프로그램 비평에 일조한 것 같아 기쁘게 생각합니다.

'시민의 비평문'은 시민의 눈높이에서 TV 프로그램을 비평하는 것입니다. 방송학계 전문 학자나 전문 비평가의 수준을 요구하는 것이 아니므로 심사 기준도 '시민 생각'에 맞추어져 있다고 생각합니다, 그런 점에서, 자주 현학적(衒學的)인 표현을 구사하거나, 국내외 유명 학자들의 이론을 인용해 자기주장을 합리화하려는 비평은 결코 좋은 비평문이라 할 수 없을 것입니다.

그 프로그램을 본 시청자라면 누구나 공감하는 비평, 작품에 대한 비평문을 읽음으로써 자신이 프로그램에서 느끼지 못했던, 또는 미처 생각해보지 않았던 점을 알게 되거나 깨우침을 얻게 되는 비평문이라면 시민의 비평상의 취지와 목적에 부합하는 비평이 아닐까 생각합니다.

올 응모작들도 예상한 바 있으나 기존 지상파 TV 콘텐츠의 부진이 확연히 눈에 뜨인 것은 아쉬움으로 남습니다. 응모작 중 지상파 방송사의 프로그램을 다룬 작품은 손가락에 꼽을 정도로 빈약했습니다. 비단 이것이 전년도와 올해에만 생겨난 특이한 현상은 아닐지라도, 격변하는 미디어 환경 속에서 시청자라는 소비자와 비평상 응모자의 선택이 그 궤를 같이 한다면, 지상파 방송사와 그 종사자들이 크게 분발해야 될 충분한 이유가 될 것입니다

올해에도 비평문 40편을 모아 비평집을 발간했습니다. 많은 시청자들이 이 글들을 통해서 프로그램 비평이란 이런 것이구나 하는 생각을 가지고 프로그램을 시청할 수 있기를 바랍니다.

시민의 비평상을 수상하신 분들께 축하의 인사를 드리며 응모해주신 모든 분들께도 감사의 인사를 드립니다. 매년 공동 주최로 비평상에 애정을 보여주시는 (주)문화방송 관계자분들, 바쁜 일정 속에서도 응모작들을 꼼꼼히 살펴봐 주시고 좋은 작품을 선정해주신 최윤수 심사위원

장님과 심사위원님들, 많은 이들이 볼 수 있도록 수상집을 발간하는 데 도움을 주신 한울엠플러스 관계자분들에게도 깊이 감사드립니다. 시민의 비평상이 제작자에게 도움이 되어 좋은 프로그램이 제작되고 시청자에게는 건전한 방송비평 문화가 뿌리내리길 기대하면서, 방송문화진흥회도 건전한 방송비평 문화가 형성되어 시청자와 프로그램 제작자 간의 소통의 창구가 될 수 있도록 노력하겠습니다. 감사합니다.

2018년 12월

방송문화진흥회 이사장 김상균

동일한 사물을 보아도 그 사물에 대한 설명은 사람마다 다르듯, TV 프로그램에 대한 비평도 그렇게 달랐다. 2차 심사에 올라온 64편의 비평문 중 드라마가 35편으로 압도적이었으며, 다음이 예능이고, 시사 프로그램은 딱 3편뿐이었는데, 그것도 한 편은 비평 대상 기간을 넘긴 프로그램을 분석했고, 나머지 두 편은 시사 예능이었다. 드라마와 예능 장르가 대중적 관심의 대상일 수는 있지만 한쪽으로 너무 치우친 것은 아닌가 하는 생각이 들었다.

　이번 심사는 비평과 방송 프로그램에 대한 기본적인 이해의 정도를 바탕으로 프로그램이 갖고 있는 가치를 어떻게 드러내고 있는지, 프로그램을 분석함에 장단점을 일관성 있게 평가하고 있는지, 시청자와 제작진 사이에서 의미 있는 메신저로서의 역할을 하고 있는지, 그리고 프로그램과 사회와의 관계를 어떻게 연결시키고 있는지를 중점적으로 보았다. 이를 참신성, 완성도, 타당성, 일관성의 항목으로 나눠 평가했다.

　2차 심사에 올라온 64편의 시민 비평문을 몇 가지로 나눠 정리해 보면 우선 첫째, 내용 분석에 치중되어 있었다. 드라마 비평이 반 이상이어서 그런 점도 있지만 드라마를 비평하더라도 내용에 대한 메시지 분석에 집중할 뿐, 사회적 함의를 어떻게 드라마 안에서 그려냈는지,

작가와 연출의 의도는 무엇이었고, 배우는 그것을 어떻게 표현해냈는지 등에 대한 고찰과 분석이 현저히 적었다. 다양한 관점에서 비평이 이루어졌다면 좀 더 풍성한 내용의 비평이 가능했을 것이라는 아쉬움이 있다.

둘째, 방송 비평은 감상문 이상이 되어야 한다. 케이블, 위성에 이어 IPTV에 OTT까지 다양한 플랫폼을 통해 콘텐츠를 수용할 수 있게 됨에 따라 대중문화 비평은 빠른 속도로 확장되고 있다. 더구나 SNS가 일상화되면서 누구나 손쉽게 대중문화 비평문을 발표하고 공유할 수 있게 되었다. 하지만 비평문이 일반 감상문과 다른 것은 비평 대상을 일정 근거에 의해 분석하고 누구나 인정할 수 있는 평가를 해야 한다는 것이다. 그러기 위해선 프로그램에 대한 단순한 지적을 넘어 비평가가 이야기하고자 하는 주제를 명확히 해야 할 것이다. 예를 들어 동일한 드라마라 하더라도, 드라마 속 젠더의 표현에 대한 분석이라든지, 시대극에서 사실과 허구의 조화 방법이라든지, 말하고자 하는 주제가 명확해야 하는데, 두루뭉술한 분석은 그저 드라마 이야기를 한 것에 불과하게 된다.

셋째, 기본적인 사항들에 대한 적시가 충실하지 못했다. 프로그램이 방송된 방송사는 프로그램의 성격을 파악하는 여러 요소 중 하나가 될 수 있다. VOD를 통한 콘텐츠 수용이 증가하고, 글로벌 시장에서 하나의 상품으로 유통되는 경우를 생각한다면 방송사명 명기가 중요하지 않을 수도 있지만, 그럼에도 불구하고 비평문에서 방송사명은 반드시 명기되어야 할 기본적 사항이다. 또한 인용문이나 비교 대상 콘텐츠에 대해서도 출처를 정확히 명기해야 할 것이다.

넷째, 불필요한 인용과 멋을 부린 문장 표현이 많았다. 상당수의 비평문에서 레비 스토로스의 '이항대립'이란 개념, 하퍼 리의 『앵무새죽이기』의 문장, 페르디낭 드 소쉬르, 장 폴 사르트르 등의 문장을 인용되었는데, 그러한 인용이 해당 프로그램을 분석하는 데 꼭 필요하다기보다는 유명인의 명성을 빌려 자신의 비평문을 돋보이게 하려는 듯했다. 또한 문장도 과도한 은유나 비유, 또는 너무 '표현적' 단어를 사용함으로써 비평문 자체의 가독성과 이해력을 방해하기도 했다. 그리고 서론이 길고 중언부언하는 경우도 생각보다 많았다. 주제에 집중해 논리적으로 글을 전개해나가는 문장력은 비평하는 사람에게는 중요한 덕목이 아닐 수 없다.

다섯째, 산업에 대한 이해가 부족했고 산업과의 연계 분석도 적었다. 방송 기술이 디지털로 완벽히 전환된 이후 방송 환경은 급격히 변해왔다. 프로그램의 내용뿐만 아니라 그러한 프로그램이 기획·제작·방송될 수밖에 없는 사회적·사업적 변화가 있는데, 그것에 대한 고찰이 부족했다. 대중 매체를 통해 유통되는 프로그램인 만큼 관련된 산업과 연결하여 분석해야만 프로그램의 가치를 좀 더 명확히 파악할 수 있을 것이다.

여섯째, 방송 비평의 지향점이 무엇인지에 대한 고민이 좀 더 필요했다. 프로그램을 비평한다는 것은 우리가 살고 있는 사회를 방송은 어떻게 반영하고 있는지, 그것이 사회 구성원 전체의 행복 추구에 어떤 영향을 미치는지를 분석해내는 것이다. 단순히 재미가 없다거나 배우의 연기가 부족했다거나 극의 긴장감이 느슨하다는 식의 비평을 넘어 궁극적으로 프로그램이 인간 삶을 어떻게 반영하고, 어디로 이끌고 있는지를 말해주어야 할 것이다.

TV를 좋아하는 사람에게 방송 프로그램은 세상을 보는 창이다. 그러므로 비평은 좀 더 객관적이어야 하고, 다양한 시선으로 분석하고 평가해내야만 시청자와 제작자 모두에게 의미 있는 존재가 될 수 있을 것이다.

8

2018년 시민의 비평상 최우수상에 선정된 오현경의 「무엇을 위해 도장을 깨는가: 2018년 세대 토론의 장, tvN 〈토론대첩-도장깨기〉」에서 다룬 프로그램은 기성세대 가운데 유명한 논객에게 청년세대의 대변인이 도전장을 던지는 포맷으로, 청년실업, 군복무 단축, 워라밸, 통일 등 다양한 의제를 가지고 패널들이 토론으로 맞붙어 승부를 가르는 프로그램이다

　　이 비평문은 이야기를 이끌어가는 힘이 있고, 글을 쉽고 명쾌하게 정리하여 논리정연했으며, 분석적이고 짜임새가 있었다. 또한 분석으로 끝나지 않고 대안을 제시함으로서 글을 완성도 있게 마무리한 작품이라는 평가로 최우수상에 선정되었다. 앞으로 시민의 비평상으로 인해 더 많은 시청자가 프로그램 비평에 관심을 가지고 비평문을 많이 써가기를 기대하면서 수상하신 모든 분들께 이 자리를 빌려 축하의 말씀을 드린다.

2018년 12월
심사위원 일동

차례

무엇을 위해 도장을 깨는가

2018년 세대 토론의 장, tvN〈토론대첩-도장깨기〉

오현경

시대를 향한 응답인가 혹은 또 다른 자본의 산물인가

"명절 때 정치 이야기는 절대로 하지 마라." 한국 사람이라면 한 번쯤 들어보았을 조언이다. 의미야 많이 퇴색되었다지만 어쨌든 가족과 친척들이 하하 호호 모여 노는 명절이 아닌가. 여기에 정치 이슈는 판을 깨는 악마로 꽤 오래 자리 잡았다. 그 지난한 싸움의 역사가 언제부터 시작되었는지는 알 수 없다. 하지만 6·25 전쟁을 거친 세대와 독재에 맞선 세대, 경제성장을 목격한 세대와 민주화를 이룬 세대, IMF를 이겨낸 세대와 혹독한 경쟁 사회를 겪은 세대가 한 밥상에서 밥을 무난히 먹기도 새삼 쉽지는 않아 보인다. 이처럼 정치에 대한 논쟁은 사회에서 은연중 금기시되어왔다. 정치 이슈를 꺼내는 사람은 불편하고 눈치 없는 캐릭터로 자리 잡곤 했다. 그러다 보니 1990년대 이후에 태어나 현재 20

대를 맞은 세대만큼 또 억울한 이들이 없을 것이다. 어릴 적부터 밖에 나가서 정치 이야기는 하지 말라고 배웠다. 그런데 크고 나니 왜 직접 정치적인 목소리를 내지 않느냐는 모순된 잔소리를 듣고 있지 않은가. 결국 묵묵히 치열한 경쟁 사회를 답습하던 이들에게 한 사건이 일어났다. 다름 아닌 촛불정국이었다. 정치판을 향해 다양한 목소리가 터져 나오기 시작했다. 정확히 그때부터가 아니었을까 싶다. 청년들 사이에서 '말해도 돼. 이제 우리도 바깥에서 정치 좀 말해보자!'라는 분위기가 형성된 게. 그리고 2018년, tvN에서 〈토론대첩-도장깨기〉(이하 〈토론대첩〉)라는 프로그램이 등장했다.

〈토론대첩〉은 기성세대와 청년세대의 대변인으로 등장하는 패널들이 토론으로 맞붙어 승부를 가르는 프로그램이었다. 다른 토론 프로그램은 주로 전문가들끼리, 혹은 대학생들끼리 실력이 비슷한 사람들로 구성되어 토론을 진행하는 방식이었다. 하지만 〈토론대첩〉은 20대의 패널들이 기성세대 가운데 논객으로 유명한 이들에게 도전장을 던지는 포맷이었다. 토론의 안건 또한 흥미로웠다. 청년실업, 군 복무 단축, 워라밸(work and life balance), 통일, 결혼, 여대 폐지, 최저임금, 정규직화 등 지금 사회에서 쟁점이 되고 있는 의제들이었다. 듣기만 해도 반가웠다. 하지만 그게 시대에 응답한 변화의 장일지, 사회의 간절한 목소리마저 자본적으로 재구축한 텔레비전 상품일지는 지켜볼 문제였다. 이후 〈토론대첩〉은 방영 당시 1%를 넘지 못하는 저조한 시청률을 기록했다. 그러나 지속해서 SNS에 하이라이트 영상이 올라오며 많은 관심을 끌었다. 동시에 비판의 여론이 일었다.

첫 번째 문제, 세대를 대변하기에는

〈토론대첩〉의 1부 오프닝은 흥미로웠다. 프로그램은 약 3700년 전부터 역사상 세대 간의 갈등은 늘 존재해왔다며 포문을 열었다. 버릇없단 잔소리를 듣고 자란 젊은이들이 또다시 기성세대가 되면 똑같은 말을 반복한다면서 말이다. 제작진은 재밌는 오프닝과 함께 세대 간 대화의 장을 열겠다는 취지를 밝혔다.

앞서 제작진은 청년들의 입장을 대변할 출연자를 모색했다. 기준은 1988년부터 1999년생이었고 토론 전문가들이 모여 지원자들을 심사했다. 총 12명의 지원자가 뽑혔다. 훈련된 방송인들이 쏟아져 나오는 시스템에서 정제되어 있지 않고 날것 자체로 이야기할 수 있는 청년들은 반가운 존재였다. 하지만 시청자들은 아쉬워했다. 문제는 '과연 이들이 20대를 대변할 수 있는가'였다. 선발된 출연자들이 거의 인(in) 서울권의 높은 학력을 가지고 있는 대학생들이었고 연령대가 주로 20대 초반에 분포되어 있었기 때문이었다. 〈토론대첩〉은 이 젊은 출연자들을 하수, 기성세대 논객들을 고수로 이름 붙였다.

고수 캐스팅도 논란이었다. 먼저 유명 학원의 스타 강사인 최진기 강사가 캐스팅되었다. 사교육이 지나치게 과열되고 있는 대한민국에서 특정 학원의 강사가 방송에 출연하는 게 과연 적절한지 의문이 제기되었다. 그가 방송 하차를 선언하고 몇몇 교육 기업의 댓글 아르바이트 의혹이 일어난 지 1년이 채 안 된 시점이기도 했다. 전여옥 작가 캐스팅은 더 큰 반발이 있었다. 과거 그녀의 저서 『일본은 없다』는 표절 논란이 있었고 이에 법적으로 피해 작가의 진실성이 인정된 바 있었다. 이준석 패널 역시 이전 정권의 부정부패와 관련된 보수 정당과 직접적인 관계를 맺은 인물이었기에 우려가 있었다. 마지막으로 진보 논객으로 유명한 진중권 교수가 캐스팅되었다. 고수들이 모두 프로그램을 이슈화할 수 있는 유명인임은 분명했지만 시기적절한 캐스팅이었는지는 의문이 제기될 법했다. 하지만 제작진은 촬영을 강행했다. "이준석 편"에서는 "보수의 미래"라는 주제를 내걸기도 했다. 논란에 대한 정면 승부였다.

화려한 고수 캐스팅에 하수들은 열의를 가지고 도전했고 제작진은 전폭적으로 지원했다. 토론 전문가들이 붙어 실전 토론 전까지 하수들을 교육했다. 하지만 결과는 참혹했다. 하수들은 실전에서 "최진기 편", "전여옥 편", "이준석 편" 모두 고전했고 마지막 "진중권 편"에서야 아슬하게 승리를 거두었다. 하수들의 연령대와 직업군이 대다수 20대 초반의 대학생들이란 점이 가장 큰 문제로 보였다. 본인의 경험과 사회문제를 다양하게 이야기하는 데 한계가 느껴졌다. 하수들이 경험을 이야기할 때는 청년들의 애석한 하소연처럼 그려졌다. 고수들은 잠시 고개를 끄덕일 뿐 다시 하수들에게 "그래서 노력을 안 하겠다는 거예요?"라고 반박했다. 전여옥 작가가 자신의 취직 일화와 결혼 경험으로 주장에 힘을 실을 때와는 연출적인 분위기가 상당히 달랐다. 과연 어떤 직업과 나이를 기준으로 청년과 기성세대를 나눌 수 있는가? 하수 패널 구성을 향해 핵심적인 질문이 날카롭게 오갔다.

이어 시청자들은 하수들이 자신들을 대변할 수 없다며 SNS에 올라온 하이라이트 영상에 댓글을 달기 시작했다. 그들은 본인이 느꼈을 때 부족해 보이는 논지를 덧붙여 채웠고 2차 토론의 장이 만들어졌다. 이 댓글 토론의 장이 '하수들이 답답해서' 탄생했다면 제작 취지와 상당히 어긋난 셈이다. 〈토론대첩〉은 길게 촬영된 분량이 1시간 내외로 편집되면서 실질적인 토론 내용이 많이 줄어든 것으로 보였다. 그러다 보니 고수가 하수의 질문으로 수업을 하는 모양새 같다는 지적이 내부에서도 연달아 나왔다. 물론 토론은 많이 말하기 게임이 아니다. 상대방의 주장과 논리를 경청하는 자세는 기본이다. 하지만 시청자들이 답답하게 느꼈던 까닭은 편집의 문제였다. 양측 토론자가 중요한 이야기를 하는 장면에서 판정단의 리액션과 토론에 참여하고 있지 않은 다른 하수들의 대화 장면이 비춰지며 토론의 맥락이 끊어졌다. 맥락이 단절되면서 다시 화면에 위치한 토론자들은 주장만을 강조하는 사람들로 느껴졌다. 하수들은 시청자들에게 고수만큼의 신뢰와 친근감을 가지지 못한 위치에 있다. 편집에서 이들의 논리를 전달하는 데 시간을 들이는 것은 존재하지 않았던 신뢰를 구축하는 과정이다. 하지만 내용이 많이 편집된 하수들의 주장은 상당히 부실해 보였다.

궁극적으로 출연자들의 캐릭터를 나타내는 방식이 아쉬웠다. 〈토론대첩〉은 사회에서 최근 문제시되는 언어를 거듭 사용했다. 예를 들어 전여옥 작가를 토론계의 '대모', '엄마' 같은 미소 등의 소개와 자막으로 강조했다. 그뿐만 아니라 12명의 하수 중에 고작 두 명밖에 되지 않는 여성 출연자들을 '여전사'로 묘사하기도 했다. 페미니즘이 논의되는 이 시기에 명백히 사회 이슈를 다루는 프로그램으로써 적합하지 않은 표현이었다. 다른 남성 출연자들을 '대부', '남전사'와 같은 언어로 묘사하지 않음과 분명하게 비교되었다. 하수 출연자들의 이름 자막 옆으로 출신 대학교를 함께 표기해둔 것도 같은 아쉬움이다. 학벌에 관련된 비리와 차별이 매년 이야기되는 한국 사회. 이미 모종의 절차를 걸쳐 하수들이 발탁되는 과정을 1부에서 지켜본 시청자들은 그들의 능력을 크게 의심하지 않았다. 그런데도 굳이 하수들의 출신 대학을 강조하는 연출은 다시 한번 '대변'과 '이해'의 맥락에서 어긋났다. 좀 더 다양한 연령대의 청년들을 선발하고 전공, 작가, 회사원 등으로 직업군을 설명했다면 여러모로 좋지 않았을까.

두 번째 문제, 승부 그리고 승패가 걸린 토론

〈토론대첩〉에서는 토론이 마무리되면 약 30~40명으로 구성된 판정단이 투표를 진행하고 이 투표의 결과로 승패를 결정했다. 시작부터 드렁큰타이거의 「몬스터」가 배경 음악으로 흘러나왔다. "발라버려"라는 가사가 고수와 하수들의 이미지 사이로 울려 퍼졌다.

고수와 친하거나 잘 알고 있는 인물들이 '사부'라는 포지션으로 등장해 하수들에게 특강을 했다. 내용은 이러하다. '고수들이 취하는 견해의 근간을 문제 삼아라', 'TV 토론에서는 말로 다 듣고 표현할 수 없으니 표정 등으로 심리를 드러내라', '방송형 보수가 아니냐고 공격해라', '말이 빨라지면 당황했다는 증거다', '불리해지면 화제를 전환해라'. 하수들은 다르게 사고하고 문제를 새로운 시각에서 볼 수 있는 방법이 아니라 토론에서 이기는 방법을 배웠다. 심지어 사부들은 실전 토론에서 고수들에게 말려드는 하수들을 보며 발을 동동 구르더니 쉬는 시간을 틈타 토론 방향까지 잡아주었다. 고수들 또한 마찬가지였다. 자신의 입장에 불리한 이슈가 나오면 넘어가고 제작진의 표현처럼 '독사'같이 하수들의 주장을 물어뜯었다. 양쪽 모두 승부가 걸려 있으니 사안의 본질에 대해 좀 더 깊이 있는 해석이나 새로운 시각을 내놓지 못했다. 그동안 있었던 논의가 반복될 뿐이었다. 〈토론대첩〉은 사회에서 지금 문제가 되고 있는 사안들을 안건으로 삼지 않았던가. 여기서 정말 중요한 게 '말을 잘하느냐, 그래서 이기느냐'인지 고민해볼 여지가 있다.

토론 장면 사이사이로 고수와 하수들의 인터뷰 장면이 삽입되었다. 여기서 고수들은 그들 또한 토론 중에 얼굴이 붉어지는 걸 드러내지 않기 위해 노력했다고 밝혔다. 어떤 이들은 늘 청년들의 편에 서다가 그 반대 위치에 서려니 힘이 들었다고 고백하기도 했다. 생각해보면 왜 그들은 갈라져 싸우고 있는 것일까. 현실에서 청년들이 기성세대에게 불만을 가진 이유는 그들이 지금 이 사회를 만들었다고 생각하기 때문이다. 실제로 사회의 실질적인 결정권을 쥐고 있는 사람들은 기성세대이기도 하다. 여기에 기성세대는 억울해한다. 앞선 세대로서 길을 개척하고 때론 멘토로서 청년들이 나아갈 방향을 알려주기도 했다. 그럼에도 불구하고 고마움의 표시는커녕 왜 자신들을 손가락질하는지 이해하지 못할 따름이다.

　문제는 한 사회라는 게 결과로 이루어진 것이 아니라 끝없는 과정으로 이루어져 있기 때문이다. 결과는 다시 과정으로, 과정은 다시 결과로 무한히 순환한다. 터져 나오는 이슈들은 이 굴레 속에 살아가고 있는 사람들의 아우성이다. 결국 기성세대도, 청년들도 동시대를 살아가고 있는 인간들이다. 그들에게 싸움을 붙여 승부라는 끝을 보게 하는 방식은 다시 문제를 각자의 관점으로 돌릴 뿐이다. 함께 시스템을 들여다볼수 있는 선택지는 목록에 없다. 싸우지 말란 뜻이 아니다. 책임은 인정하고 입장은 이해하고 방안은 고민하면서 더 깊은 지혜로 들어갈 수는 없었는지 묻는 것이다. 승패를 가르는 과정은 어쨌든 서로를 더 대척점으로 몰아세우니까. 무엇보다 그들이 논하는 주제는 보는 대다수에겐 삶이 걸린 문제일 텐데. 승과 패, 옳은 것과 아닌 것으로 쉽게 해결되는 사안이 아니지 않나.

세 번째 문제, 여기에서 객관과 공정이 가능한가

어찌 되었든 승부가 있다면 명확한 기준이 있어야 할 것이다. 〈토론대첩〉 제작진은 그 기준을 판정단으로 정했다. 20대에서 60대 사이로 구성된 판정단이 4~5시간 동안 실시간으로 토론을 지켜보고 고수와 하수 중 한쪽에게 투표하는 방식이었다. 토론은 크게 3~4개의 파트로 구성된 시사 토론과 1개의 세대 토론 파트로 이루어져 있었고 파트마다 투표가 진행되었다.

토론에서 제시된 안건들은 이미 사회에서 화제가 되어 수없이 논의된 사안들이었다. 판정단을 이루고 있는 사람들 또한 이 사회의 구성원이다. 이들이 각 사안에 대해 객관적인 입장을 취하기는 상당히 어려웠을 것이다. 그래서인지 투표 후 판정단의 인터뷰가 나올 때 대다수가 '누가 더 주장을 설득력 있게 이야기했는지'를 중요시했다고 증언했다. '안건을 얼마나 더 깊게 이해하고 새로운 가능성을 논했느냐'보다 말하는 능력이 투표의 기준으로 보였다. 이런 상황에서 토론자의 입장에서도 문제에 대해 남다른 시각을 꺼내기 쉽지 않다. 특히 사회 분위기적으로 허락되지 않거나 현실성이 부족하다고 판단되어왔던 이야기일수록 불가능하다. 결국 있었던 논의가 반복될 수밖에 없는 것이다.

더불어 이 토론은 시청자들에게 방송을 통해 전달되지 않았던가. 시청자들은 이미 타 경쟁 프로그램에서 일명 '악마의 편집'을 무수히 겪어왔다. 그들은 이미 방송의 경쟁 구도에서 편집의 공정성을 신뢰하지 않는 시대의 사람들이다. 〈토론대첩〉은 1시간이 채 안 되는 구성 안에 너무 많은 내용을 담고 있다. 하수들이 토론을 준비하고 제작진이 촬영 장소로 이동해서 세트를 설치하고 고수들이 등장하고 토론을 하는데 이 토론마저 3~5개의 파트로 나누어져 있다. 편집 템포가 매우 빠를 수밖에 없다. 투표 장면 역시 빠르게 지나갔고 여기에서 거수하는 판정단을 담은 풀숏을 찾아보기도 상당히 어려웠다. 하지만 예민한 문제를 사안으로 다루며 승패까지 정하는 포맷이 아닌가. 시청자들은 판정단의 공정성을 넘어 방송의 본질까지 의심할 수밖에 없는 것이다.

고수들은 사전 인터뷰에서 이처럼 말했다. 토론은 오히려 1 대 다수로 붙기가 더 쉽다고, 이런 방식의 토론은 그냥 학살이라고. 프로그램은 이미 하수들에게 불리한 구도의 게임이란 점을 시작 전부터 밝혔다. 다수가 한 팀을 이루어 토론을 진행하다 보면 주장에 대한 생각이 조금씩 다르고 논지가 흩어지면서 상대가 공략할 틈이 많아진다는 것이다. 그런데도 포맷은 유지되었다. 그래서 승부가 걸려 있는 프로그램 특성상 하수들이 마지막 토론에서 승리를 거두는 장면은 꼭 필요해 보였다. 세대 간의 갈등이 유발되는 사회문제로 토론이 이루어질 때, 하수들의 패배는 시청자들에게 '앞으로 더 노력해라'라는 메시지로 전환된다. 그런 이유로 "진중권 편"에서 하수들의 승리는 크게 감동적으로 와닿지 않았다. 그건 누구보다 프로그램과 제작진에게 필요한 결말로 느껴졌기 때문이었다. 좀 더 시청자들과 프로그램 사이 신뢰를 구축하고 제작진의 노고를 그린 장면은 화면 뒤로 넣어두었으면 좋지 않았을까.

앞서 말했다시피 '방송용 보수'와 같은 은어가 난무하는 텔레비전 세계다. 차라리 기존의 형식에서 벗어나 공정과 객관의 이미지를 내려놓고 승패를 가르지 않았으면 어땠을까. 기성세대와 청년들이 싸울 수 있다. 그러나 청년과 기성세대가 힘을 합할 수도 있다. 오히려 청년과 청년이 때론 의견이 엇갈릴 수 있다. 사람 이름이 적힌 도장 현판은 없다. 우리가 현실에서 직면하고 있는 문제가 걸려 있을 뿐이다. 이 모든 가능성을 전제로 두고 다시 토론의 장이 열리는 상상을 해보자. 거기선 더 다양한 이야기가 나오고 분명 소수 의견도 등장할 것이다. 논란의 여지가 많은 발언조차도 이런 환경에서라면 토론자들은 그 지점부터 다시 새로운 지혜를 도출해낼 수 있을 것이다. 자기주장에 갇혀 자신에게 이로운 내용만을 반복해서 주장하는 형식적인 토론 구조에서 벗어남으로 변화가 가능해진다.

물론 만약은 존재하지 않는 시간이다. 하지만 우리는 때로 지난 과거에서 현재의 답을 구하기도 한다. 거기서 만약이란 가정은 다시 힘을 얻는다.

더 깊은 대화의 장을 꿈꾸며

고수들은 앞서 토론 장소로 카페, 체육관, 결혼식장, 롤러스케이트장을 골랐다. 하지만 아쉽게도 고수들의 이름 현판이 걸린 도장 세트가 설치되면서 시청자들은 그 장소가 원래 어떤 공간이었는지 알 수 없었다. 각 공간이 가지고 있는 의미가 채 드러나지 못한 것이다. 하지만 돌이켜볼 가치가 있다.

　　카페란 어떤 공간인가. 모두에게 허락된 사색과 대화와 작업의 공간이다. 동시에 프랜차이즈 독점, 공정무역, 최저임금, 노동 문제 등 다양한 시사 쟁점이 살아 움직이는 장소다. 경기가 진행되는 체육관은 고수 이준석의 표현을 빌리자면 공정한 룰을 가지고 선수들이 각자의 포지션에서 역할을 다하는 모습을 볼 수 있는 공간이다. 토머스 홉스(Thomas Hobbes)에 따르면 국가는 만인의 만인에 대한 전쟁 상태에서 인간이 함께 공존하기 위해 맺은 계약이다. 법은 국가가 이 평화 상태를 유지하기 위해 제정되었다. 하지만 무엇이든 완벽할 수는 없다. 평화라는 이름 아래 누군가는 평화롭지 못한 삶을 살고 있을 수 있다. 사회라는 체육관에서 선수들은 자신의 포지션에서 해야 할 일을 고민해보아야 할 것이다. 결혼식장도 마찬가지다. 인간과 인간이 사랑을 약속하는 장소라는 의미가 퇴색되었다. 결혼식장에서 토론이 진행되었다면 그 힌트를 좀 더 쉽게 찾을 수 있지 않았을까 싶다. 롤러스케이트장은 1980

년대 청춘들의 공간이다. 하지만 지금은 과거의 영광을 많이 잃었다. 486 세대들의 이유와 책임과 역할을 청년들과 함께 이야기하기에 꽤 적합한 공간이었을지 모른다.

도장을 설치하는 장면은 화마다 나오는데 이는 오히려 공간에 축적되어 있는 역사와 의미를 담지도 쓰지도 못하게 만들었다. 하지만 여기에서 다시 〈토론대첩〉을 만나길 소원한다. 이 프로그램을 열린 가능성으로 바라보고 싶다. 세대 간의 대화를 열겠다는 취지 하나로 자신을 토로할 기회조차 없었던 이름 모를 청년들이 주인공으로 자리한 프로그램이었으니까. 그들은 때로 예리할 수도 연약할 수도 있다. 고수들이 이 청년들의 날카로운 질문과 공격을 더 깊은 사안으로 가지고 들어와 논의를 이끌고 잘 알지 못하는 지점을 지식과 경험으로 채워주었다면 어땠을까. 거기서 시청자들은 무엇을 볼 수 있었을까.

최근 최저임금 인상 문제가 논란의 중심에 선 뒤, 자영업자들은 화를 냈고 청년들은 고개를 숙였다. 더불어 그들은 '우리끼리' 싸울 문제가 아니라며 사안의 본질을 찾아야 한다고 목소리를 합치기도 했다. 이미 시청자들은 성장해 있었는지도 모른다. 그들은 듣고 싶은 이야기만을 하는 자들을 넘어 정말 자신이 겪고 있는 문제를 이야기하는 사람을 기다리고 있지 않았을까. 온갖 인문학, 철학, 토론 등의 소재가 교양, 예능 프로그램에서 무수히 쏟아져 나오는 추세도 그 증거가 아닐까 싶다. 텔레비전이 사람들의 욕망에 반응한 것이다. 이제는 내가 왜 아픈지 알고 싶고 어떻게 하면 좋을지 방법을 찾고 싶다는 간절한 바람 말이다.

물론 자본주의 사회에서 텔레비전은 다양성을 양분 삼아 발전하고 생존한다. 사안의 절박함마저 쓸 만한 것인지 아닌지 계산된다. 사용된 이슈는 다시 사회로 던져져 방치된다. 그것은 그저 소재일 뿐이다. 이런 상황에서 토론이란 방식은 텔레비전과 꽤 어울리지 않을 수도 있다.

하지만 역설적으로 가장 연약한 자들의 목소리가 주체성을 잃지 않고 타자화되지 않으면서 전달될 수 있는 포맷일지도 모른다. 수많은 매체가 발전을 거듭하는 사이 텔레비전은 자신의 위치를 삶의 풍경으로 자리 잡았다. 사람들은 텔레비전을 틀어놓고서 밥을 먹고 대화를 나누고 일을 하고 쉰다. 사회를 논하는 이들의 대화가 텔레비전이라는 매체를 통해 사람들에게 전달될 때, 소재로 사용되고 버려졌던 수많은 이슈가 다시 야기될 가능성을 가진다. 어쩌면 희망은 이 지점에 있지 않을까. 결국 텔레비전의 앞이든 뒤든 그 자리엔 모두 이 사회를 살아가고 있는 '인간'이 존재할 테니.

방황하는 스포트라이트

tvN 〈이타카로 가는 길〉을 중심으로

김소정

'스포트라이트'의 사전적 정의는 '무대 위의 특정 부분이나 연기자의 움직임을 강조함으로써 미적 효과나 심리적 효과를 높여 극의 내용을 돋보이게 하는 조명기구'이다. '스포트라이트'의 의미 중 '돋보이게 하기 위하여'라는 부분 덕분에, 무언가를 강조하는 관습적 표현으로 활용되어오기도 했다. 그리고 그 표현은 '방송'을 이야기할 때에도 흔히 활용되는데, 방송이 그 자체로 어떤 테마나 소재에 '스포트라이트를 비추는' 역할을 해왔기 때문이다. 방송은 교양적 기능의 측면에서 시청자들이 간과하기 쉬운 것들을 짚어주기도 하고 시청자들의 삶의 범위에서는 파악하기 힘든 것들을 알려주곤 했으며, 시대의 주요 화두를 규정하기도 했다. 오락적 기능의 측면에서도 방송의 '스포트라이트'로 인해 새로운 유행이나 라이프스타일이 시작되기도 했으며, 슈퍼스타가 탄생하기도 했다.

그러나 요즘 방송가를 보면 특정 소재나 인물에 스포트라이트를 강하게 비추는 것보다는 스포트라이트를 뒤로 물리는 쪽이 더 두드러져 보인다. 근 2년간 인기를 얻은 예능 프로그램들은 슈퍼스타를 전면에 내세우거나 특정 주제를 강하게 호소하기보다는 '힐링'이라는 타이틀과 '리얼리티 관찰 예능'이라는 포맷으로 시청자들에게 다가가는 프로그램들이었다. JTBC 〈효리네 민박〉, tvN 〈삼시세끼〉는 대표적인 관찰 예능이자 힐링 방송 프로그램으로 여러 번 언급되어왔다. 드라마도 tvN의 〈식샤를 합시다〉, 〈혼술남녀〉처럼 일상을 영위하는 내용을 충실히 다룬 드라마들이 다수 방영되기도 했는데, 이는 2018년 가장 화두가 된 단어인 '소확행(소박하고 확실한 행복)'이라는 사회적 분위기를 반영한 결과이기도 하다. 소박하고 확실한 행복을 추구하는 시대의 소비자들은 SNS 내 10분짜리 클립 영상이 주는, 빠르고 간편하지만 '확실한' 재미를 추구하고, 신변잡기적인 소재를 선호한다. 이에 따라 방송 프로그램들도 '소확행'을 추구하는 시청자의 니즈(needs)에 부응하여 주위 어디에나 있는 소재를, 잔잔한 어조로, 더불어 SNS 스낵형 소비에 맞춰서 제작하기 시작한 것이다.

tvN 〈이타카로 가는 길〉 역시 이런 트렌드에 부합하는 방송이었다. 셀프 여행, 배낭여행식 로드 트립 포맷에 듣기 좋은 음악까지 결합해 '힐링 방송'을 만들어냈다. 또한 시청자들이 요즘 자주 사용하는 유튜브, 페이스북 등의 SNS 플랫폼과 방송 프로그램을 적절히 결합해, 얼핏 보기에는 시청자들의 삶에 굉장히 밀착한 형태로 방송을 구성했다. 그러나 〈이타카로 가는 길〉은 시청자들에게 유행하는 것으로 보이는 '소확행-힐링 코드'와 시청자들이 자주 사용하는 SNS 플랫폼을 차용했음에도 불구하고, 별다른 화제성이나 높은 시청률을 보이지 못한 채 막을 내렸다. 이 글에서는 〈이타카로 가는 길〉을 통해 '소확행' 시대의 트렌드를 반영하려던 방송 예능 프로그램이 자칫 목표와 결과물까지 소박해져 버리는, 그 어디에도 스포트라이트를 비추지 못한 채 용두사미가 되어버리는 과정을 검토하고, 방송 프로그램의 본질은 '사회적 트렌드와 시청자 니즈를 반영하는 것 그 이상'임을 밝히고자 한다.

방황하는 스포트라이트 1: 다양한 플랫폼의 통합? 과유불급!

tvN 〈이타카로 가는 길〉은 윤도현과 하현우가 그리스 이타카까지 가는 여정을 담고 있는 11부작 예능 프로그램으로, 프로그램의 타이틀은 "음악으로만 먹고 사는 로커들의 UP로드 트립"이다. 로드 트립이라는 단어에 'UP'이 붙은 이유는 출연자들이 여행하는 과정에 여행지에서 유튜브나 페이스북 등의 SNS에 커버곡을 '업로드'해 조회 수만큼의 용돈을 벌 수 있다는 규칙이 프로그램의 주요 장치이기 때문이다. 윤도현과 하현우는 여행 비용을 얻기 위해 여행지마다 커버 영상을 제작해서 유튜브나 페이스북에 업로드해야 하고, 조회 수에 비례해 용돈을 벌어들인 뒤 딱 그만큼의 식사와 숙소를 누릴 수 있다. 호화스러운 여행이 아닌 '배낭여행, 셀프 여행'이라는 포맷 자체는 새롭지 않지만, 유튜브에 커버 영상을 올려서 조회 수를 올려야 한다는 퀘스트는 신선하다. 그리고 이는 스마트폰으로 유튜브와 네이버 TV캐스트를 통해 클립 영상을 소비하는 트렌드를 의식한, TV 방송을 보완해줄 장치로도 작용한다. 그뿐만 아니라 〈이타카로 가는 길〉에서 윤도현과 하현우가 커버한 노래는 프로그램 방송 직후 음원 사이트를 통해 음원으로도 발매되고, 더불어 아이돌 음반 시장에서 새로운 음반 발매 형태로 주목받고 있는 스마트 카드 형식의 '키노 앨범'으로도 출시된다. 이렇게만 보면 〈이타가로 가는 길〉은 힐링 코드뿐만 아니라 요즘 시청자들이 사용하는 플랫폼인 유튜브, 페이스북을 비롯해 '음원'으로의 연계성, '키노 앨범'까지 나아간 종합 선물 세트처럼 보인다. 그러나 프로그램은 화제성이나 시청률 측면 모두 아쉬운 성적을 거뒀는데, 이는 앞서 나열한 요인들의 피상적인 결합이 나은 결과다. 시청자들에게 인기 있는 요소들을 야심차게 모았지만, 과유불급에 그치고 만 것이다.

우선 유튜브를 비롯한 SNS에 동영상을 올려서 조회 수를 얻어야 하는 규칙에 대해 논의하자면, 유튜브 유행의 본질을 간과한 채 단순히 플랫폼만을 차용했다. 유튜브 크리에이터 유행의 본질을 TV 방송에 적절히 활용한 예로는 MBC 〈마이 리틀 텔레비전〉이 있는데, 〈마이 리틀 텔레비전〉의 경우 유튜브 유행의 본질에 기존에 보던 스타들을 넘어선 '다양한 분야의 전문가들'이 있음을 파악하여 웹툰 작가, 요가 강사 등 평소 배우와 아이돌에 치우쳐져 있던 게스트의 한계를 극복하여 인기를 끌었다. 이외에도 유튜브 유행의 본질에는 '실시간 인기 영상', '바로바로 피드백이 가능한 형태'라는 점이 있는데, 〈이타카로 가는 길〉은 '실시간'이라는 지점을 놓쳤다. 윤도현과 하현우의 커버 영상이 유튜브로 공개된 건 한창 촬영 중인 4월이었지만, 프로그램은 그보다 훨씬 뒤늦은 7월에 방송되었기 때문이다. 따라서 방송을 통해 '아, 윤도현과 하현우가 저런 곡을 커버했었구나' 하고 알게 된 시청자들은 이미 오래 전에 등록된 영상을 재검색해서 찾아봐야 한다. 심지어 페이스북에서는 뉴스 피드가 이미 한참 밀려난 뒤여서 찾아보기도 어려워진다. 이렇듯 〈이타카로 가는 길〉은 시청자들이 SNS 사용 빈도가 높다는 점을 노렸지만 SNS 사용의 본질보다는 피상적인 차용에 그쳐, 결국 SNS는 윤도현과 하현우의 용돈벌이 게임 규칙에만 그쳤다. '유튜브 포맷을 차용했다'라는, 기획자 입장에서는 신선하지만 소비자 입장에서는 감흥 없을 활용도에 머무르고 말았다.

　다음으로 '음원과 키노 앨범 발매'에 대해서 논의하자면, 이 역시 포맷만 그럴듯했을 뿐 프로그램 내용과의 유기적인 결합이나 신선한 고민이 돋보이지는 않았다. 음악을 결합한 예능에서 음원을 발매하는 건 흔하다. Mnet〈쇼미더머니〉와 〈프로듀스 101〉시리즈, JTBC 〈비긴어게인〉, MBC 〈나는 가수다〉 등. 특히 Mnet〈쇼미더머니〉와 〈프로듀스 101〉시리즈는 음원 차트에서의 흥행이 프로그램을 향한 관심으로 이어지는 현상을 보여주기도 했다. 〈이타카로 가는 길〉 역시 윤도현과 하현우라는 '음악성을 갖춘' 출연자들의 커버곡과, 프로그램 중반부터 '음원 차트 퀸'이라 불리는 씨스타 소유를 게스트로 섭외함으로써, 음원 차트 흥행과 프로그램 홍보를 노린 것으로 보인다. 그러나 이들이 여행지에서 보여준 음악은 〈비긴어게인〉과 같은 기존 힐링 음악 프로그램에 나왔던 음악과 크게 다르지 않았으며, 〈비긴어게인〉이 화제를 일으켰던 '저 사람도 나와?'라고 할 만한 신선한 조합도 없었고, 시청자들이 원하는 노래를 커버한 것도 아니었다. 거의 대부분의 커버가 기존에 윤도현과 하현우가 불렀던 노래를 여행지에서 새로 불렀다는 정도에 그쳤고 음원 차트에서도 저조한 성적을 보였는데, 이는 '음원으로의 연결'이 프로그램 흥행의 필요조건일 뿐 보장 요인은 아니라는 걸 여실히 보여주는 결과였다. 키노 앨범까지 제작한 야심찬 계획은 흥행하는 요인들의 겉핥기식 모양새만 갖췄을 뿐, 내용에 대한 고민이 부족했던 결과물이 되어버렸다.

　이처럼 〈이타카로 가는 길〉은 요즘 유행하는 SNS 플랫폼과 음원 차트로의 연결, 키노 앨범 발매 등 방송 내용 외적인 것에서 다양한 시도를 했지만 피상적인 차용에 그쳐 아쉬움을 남겼다. 그렇다면 방송 프로그램의 내용 그 자체는 어땠을까?

방황하는 스포트라이트 2: 빈약한 스토리와 캐릭터

〈이타카로 가는 길〉은 '소확행 시대'의 SNS 플랫폼과 흥행 요소들을 안일하게 차용한 것뿐만 아니라 프로그램의 내용에서도 아쉬움을 보였다. 우선 시청자들은 '이타카'로 도달해야 하는 당위성을 충분히 공감하지 못한 상태에서 프로그램을 보게 된다. 〈이타카로 가는 길〉 1화에서는 '왜 하필 이타카로 도착해야 하는가'라거나 '이타카'라는 지역의 의미, 윤도현과 하현우가 이 미션을 해내야만 하는 이유가 충분히 설명되지 않는다. 다만, 그리스 이타카의 풍경이 '그림의 떡'처럼 아름다운 비주얼로 여러 번 비춰지며 '미지의 땅'이라는 수식을 받을 뿐이다. 생소한 지역에서 미션을 수행하는 형태의 예능 프로그램은 〈이타카로 가는 길〉이 처음이 아니었다. tvN 〈윤식당〉이나 SBS 〈정글의 법칙〉 역시 시청자들에게 생소한 곳에서 출연자들이 어떤 과제를 해내는 내용을 다루지만, 〈윤식당〉은 그 지역 자체의 의미보다 '한국인들이 많이 없는 지역에서 식당을 한다면'이라는 점에 좀 더 방점이 찍혀 있고, 〈정글의 법칙〉은 '사람들의 발길이 닿지 않는, 자연밖에 없는 오지'라는 점에 의의가 있다. 해당 지역이 선정된 데에 대한 수긍도 가고, 시청자들은 출연자들이 그 지역에서 하는 일들에 이입하게 된다. 그러나 〈이타카로 가는 길〉은 그리스의 이타카라는 생소한 지역이 최종 목적지이면서도 해당 지역에 대한 당위성 설득이 약했고, 이타카로 도달하기까지의 장애물이나 퀘스트에 반전이 넘치거나 크게 우여곡절이 있지 않았다. 그렇다고 해서 방문한 지역들에 대해서 진지하게 고민하는 것도 아니었다. 터키의 풍광을 아름다운 자막으로 표현하고, 현지인과의 일시적인 만남을 '훈훈한 에피소드' 정도로 다루는 데 그쳤을 뿐이었다.

　〈이타카로 가는 길〉에서 지역을 다룬 방식만큼이나 출연자들의 관계성과 표현된 캐릭터에도 아쉬운 지점이 많다. 윤도현과 하현우는 이미 기존 예능들에서 노출된 적이 있는 '털털한 로커'로 비춰졌다. 게스트로 등장한 이홍기는 평소 가지고 있던 '홍스타'(한류스타 이홍기)라는 별칭 그대로의 역할을 담당하여 SNS 업로드를 돕거나 커버 영상의 홍보를 보조하는 역할을 맡았고, 소유 역시 '음원 차트 퀸'이라는 역할을 수행하기 위해 동원되었을 뿐, 그 이상의 캐릭터를 발굴하거나 신선한 관계성을 보여주지 못했다. 출연자들의 관계성은 식사를 하는 자리에서 서로 장난을 치거나 숙소에서 침대를 결정할 때 보이는 유머러스한 장면 외에 부각되지 않는다. 김준현을 예능인이 아닌 음악인으로서 조명한 것은 신선했지만, 그것은 프로그램 후반에서 나타났을 뿐더러 전면에 부각되지 않았다.

정리하자면, 〈이타카로 가는 길〉은 세계 인식과 인간 이해라는 측면에서 방송 프로그램의 내용을 좀 더 알차게 꾸릴 수 있는 기회를 놓쳤다. 방송 내용 외적인 요인들을 안일하게 차용한 것과 비슷한 맥락으로, 방송 내용 자체 역시 흔히들 다루는 '힐링 코드'를 겉으로만 표방했을 뿐, 심도 있는 기획력이나 치밀한 설계가 부재했다. 그렇다면 〈이타카로 가는 길〉은 SNS 플랫폼을 어설프게 차용하는 것 이외에 어떤 지점에서 다른 '힐링 음악 방송들'과 차별점을 둘 수 있었을까?

방황하는 스포트라이트 3: 음악 예능, 음악을 고민하지 못하다

이 프로그램이 음악을 차용한 다른 예능 프로그램들과 달라질 수 있었다면 그것은 '로커(rock-musician)'에 집중하는 방법이었을 것이다. 출연자들이 어쿠스틱 사운드를 베이스로 음악을 보여주기 때문에 방송 회차가 거듭될수록 오히려 망각하게 되지만, 기본적으로 이 프로그램의 메인 진행자들은 로커들(윤도현, 하현우)이다. 현재 EDM 전자 음악과 힙합이 점령한 국내 대중음악 시장에서 주류가 아닌 '밴드 라이브', '록 음악'을 하고 있는 아티스트들인 것이다. 〈이타카로 가는 길〉은 비주류 음악을 하고 있지만 대중적 인지도는 충분히 갖추고 있는 출연자들을 섭외했음에도 불구하고, EDM처럼 믹싱, 튜닝된 사운드에 익숙한 시청자들에게 신선한 록음악을 들려주지도 못했고 장르에 대한 깊이 있는 이야기를 다루지도 않았으며, 하다못해 '로커들이어서 장르 흥행을 위해 꼭 도달해야 하는' 과제를 설정한다거나 밴드 사운드와 깊은 관련이 있는 여행지를 선정한 것도 아니었다. 오히려 비주류 음악을 하고 있는 로커들이 현재 음원 차트에서 강세인 음악 스타일로 자신들의 기존 곡을 편곡하여, 즉 '주류화'시켜서 노래를 부르는 모습만을 반복적으로 노출시켰다. 그렇기 때문에 로커들이 진행하는 프로그램이지만 이 프로그램을 보고 나서 '락을 다시 들어야겠다'라거나 '밴드 라이브 음악이 그립다'라는 반응을 보이는 시청자들은 없었다. 후배 록밴드 뮤지션인 이홍기가 출연해 '밴드 음악'을 하는 아이돌로서 어렵게 털어놓은 고충은 아름다운 풍광과 함께 승화되어버리고, 로커 세 명이 모였음에도 록 장르가 품고 있는 본질적 고민에 대해서도 어떠한 해답도 힌트도 제시하지 못했다. 만약 〈이타카로 가는 길〉이 방송 내용 외적인 보조 장치나, 강약 조절 없이 흥행 요인들을 끌어모으기보다는 밴드 뮤지션으로서 출연자들이 진심으로 교감하는 모습을 보여주고 제작진의 섬세한 기획으로 장르에 대한 관심을 다시 불러일으키는 방향으로 나아갔다면 어땠을까. '유행하는 것들을 다 하겠다'라는 노림수보다 더 확실한 목표를 설정하고 그 주제에 스포트라이트를 비췄더라면 방송의 공공적 의미도,

화제성도 충족시켰을지도 모른다.

스포트라이트, 필요한 곳과 비출 곳을 찾아서

소확행, 즉 소박하고 확실한 행복. 그러나 〈이타카로 가는 길〉을 통해 살펴보았듯, '소확행'을 추구하는 시청자들의 니즈를 피상적으로만 반영한다면 '유행 코드를 잘 읽었기 때문에 프로그램이 흥행'하는 게 아니라, 오히려 방송 내용만 소박하게, 게다가 '확실'하기보다는 '확신이 없어지게' 된다. 방송은 트렌드를 차용하기 이전에 먼저 트렌드를 견인하기도 하고, 사회의 어젠다를 설정하기도 해왔다. 요즘 소비자들이 스마트폰에 의존한다고 해서 TV 방송이 무턱대고 유튜브나 스마트폰 미디어 플랫폼을 피상적으로 차용할 것이 아니라, '그럼에도 불구하고' 시청자들이 TV 방송을 시청해야 할 이유를 계속 만들어줘야 하지 않을까. 그리고 그 답은 외적인 보조 장치들이 아닌, 내용 그 자체에 있을 것이다. 방송 제작자들이 가지고 있는 인프라를 활용하여 더욱 깊이 있게, 확실히 스포트라이트를 주던 힘을 잃지 않아야 한다. 방송만이 비출 수 있는 스포트라이트도 있다. 스낵형 콘텐츠 생산에 일조할 것인가, 오래도록 사랑받는 프로그램이 될 것인가. 내용 그 자체를 심도 있게 고민하고 좋은 소재에 스포트라이트를 비추는 방송이 많아지길 바란다.

미디어는 현실을 반영한다

정현환

오늘도 청와대 국민청원 게시판에 글이 오르내린다. 술 취한 상태로 범행을 저질렀을 때, 그 당시 상태가 심신 미약이었다는 이유로 형량을 감경해주는 '주취 감형(酒醉減刑)' 판결에 사람들은 문제를 제기하고 있다. 형법에 저촉이 되지만, 나이가 10세 이상 14세 미만이라 처벌을 받지 않아도 된다는 '촉법소년(觸法少年)' 규정에 시민들은 제도 개선을 요구하고 있다. 노동, 교육, 의료 등 우리 사법부의 판결을 두고 한 시민이 문제 제기를 하면 적게는 수천 명, 많게는 수만 명이 '동의'를 표현한다. 20만 명 이상이 공감하면 청와대는 이러한 시민들의 문제 제기에 공식적으로 입장을 발표하고 있다.

이러한 시대상을 드러내고 있는 것일까. '미디어는 현실을 반영한다'는 사실을 입증하듯 '법(法)'을 소재로 한 프로그램이 최근 방송가에 쏟아지고 있다. KBS 〈마녀의 법정〉, JTBC 〈미스 함무라비〉, MBC 〈검법남녀〉등 2017년부터 2018년까지 법원을 무대로 다양한 드라마가 방송됐다. 과거에도 이러한 법정드라마가 없었던 것은 아니었지만, 법을 배경으로 한 드라마는 지상파에 머무르지 않고 최근 몇 년간 케이블에서도 주로 다루는 단골 소재가 됐다. 이 드라마들은 단순히 인기를 얻고 끝나는 것에 그치지 않고, 방송 이후 드라마에서 다룬 사건과 관련해 사회적 관심과 문제 제기를 이끌어내기도 했다.

바야흐로 법정드라마가 대세인 시대에, 우리 사법부의 판결에 물음을 제기하는 시민들의 목소리가 드높아지고 있는 현실에 그 흐름을 이어받으면서 동시에 정면으로 도전장을 내민 프로그램이 있다. 똑같이 '법'을 다루지만 뉴스보다 더 깊이 있게, 기존 드라마보다 더 큰 카타르시스를 전달하고자 했던 예능화된 교양 방송이 있다. '사법부가 내린 판결을 검증하겠다'라고 당찬 포부를 밝힌 MBC 〈판결의 온도〉가 바로 그 주인공이다. 이 글은 '시즌 2'를 기약하며, 2018년 8월 10일 이후 종영된 〈판결의 온도〉의 한계점을 지적하면서 앞으로 돌아올 때 어떠한 점을 보완해야 하는지를 살펴보고자 했다.

국민 '목소리'와 '감정'의 부재(不在)

MBC 〈판결의 온도〉는 국민의 법 감정과 괴리되는 우리 사법부의 판결을 검증한다는 취지로 2018년 3월 15일 첫 파일럿 방송을 했다. 첫 시청률 3.4%(닐슨 코리아 기준)를 기록하며, 그 기세를 몰아 6월 22일 정규 편성이 됐다. 첫 방송에서 정규 편성까지 제작진에 주어진 시간은 약 3개월. 결코 짧지 않은 시간 동안, 제작진은 우리 사회에서 논란이 됐던 사법부의 판결이 어떤 점에서 문제인지를 드러내고자 했다.

MBC 〈판결의 온도〉는 여러 법조인이 방송에 출연해 일방적으로 대중에게 지식을 전달하던 SBS 〈솔로몬의 선택〉류의 프로그램과 종합 편성 채널의 여러 토크쇼에서 법률가에게 의존하며 우리 법체계를 지적했던 관행에서 벗어나고자 한 노력이 돋보였다. 특히 섭외에서 두드러졌는데, 법조인뿐만 아니라 전직 스포츠 선수, 시사 평론가, 시민단체 대표 등 여러 분야의 다양한 사람들이 출연해 동일한 법을 두고 다양한 경험을 가진 이들의 생각을 전달하고자 했다.

특히, 첫 파일럿 방송인 '2400원 횡령 버스기사 해고 사건'이 그러했다. MBC 라디오에서 수년간 '경제' 분야 이슈를 전문적으로 다루고 있는 이진우 씨가 출연해 '횡령'의 기준을 정확히 어떻게 잡을 것인지, 다양한 경제 이론과 가설을 제시하며 남다른 관점을 제시했다. 여기에 독일 출신 방송인인 다니엘 린데만 씨의 입을 통해 독일의 유사한 사례를 소개하며, 우리의 실정과 비교하고 사법부의 지난 판결을 검증하고자 했다.

그런데 거기까지였다. '국민의 법 감정'과 '사법부의 판결' 사이의 온도 차를 줄이기 위해 노력하겠다는 방송의 취지와는 달리, 지난 정규 방송에서는 정작 판결에 대한 현재 우리 국민의 관심과 의견이 적절히 제시되지 못했다. 방송은 2017년 있었던 '초등학생 휴게소 방치 사건'과 1972년 발생한 '정원섭 목사 재심 사건'을 다뤘는데 현시점에서 이 사건들이 왜 중요한지 충분히 설명하지 못했다. 이 사건을 바라보는 국민의 법 감정과 사법부의 지난 판결이 얼마나 차이가 있는 것인지 방송은 알려주지 않았다. 그렇게 MBC 〈판결의 온도〉는 총 10회 방송에서 국민의 감정과 분위기를 파악할 수 있는 통계 조사 결과, 수치, 데이터 등의 객관적인 자료를 제시하는 데 소홀히 했다.

그래서일까. MBC 〈판결의 온도〉에서 다룬 주제는 어느 것 하나 중요하지 않은 문제가 없었음에도 첫 파일럿 방송에서 기록했던 3%대 시청률은 정규 편성 이후 줄곧 1%대 시청률에 머물렀다. 이러한 모습은 현재 대중이 무엇을 중요하게 생각하는지 고민하지 않고, 제작진이 힘주고자 하는 목소리만 강조한 결과로 볼 수 있다. 그렇게 첫 방송 이후 세간의 관심을 이끌었던 '화제성'도 방송이 거듭될수록 잠잠해졌고, 시즌 1이 끝날 때까지 시청률 2%를 단 한 번도 넘지 못한 채 결국 방송은 종영이 됐다. 시청률과 화제성이 프로그램의 성패를 좌지우지하는 중요한 요소임을 고려해볼 때, 아쉬운 대목이 아닐 수 없다. 이 모든 건 '국민의 목소리와 감정'을 전달하겠다는 기획 의도가 정작 본 방송에서 부재했기 때문이었다.

장고 끝에 나온 악수(惡手)

MBC 〈판결의 온도〉는 그동안 있었던 사법부의 판결이 얼마나 정확했는지를 확인한다는 당찬 취지가 돋보인 프로그램이다. 삼권이 분리된 우리나라에서 사법부의 '3심'에 만족하지 않고, 방송에서 '4심'을 하여 현재 우리 사법부의 판결과 시민들이 느끼는 법 감정의 온도 차를 '다양하게' 드러내고자 했던 방송이다. 하지만 이러한 프로그램의 취지와는 다르게 파일럿 방송 2회, 정규 편성 8회, 총 10회에 걸쳐 방영했던 MBC 〈판결의 온도〉 시즌 1은 정작 '단조로운' 시각만 제시했다.

이렇게 된 이유는 무엇일까. 먼저, 파일럿 방송에서 유치원에서 아동 학대를 겪은 피해자의 어머니가 출연해 그 피해 실태를 알렸던 2회 방송을 제외하고, 평균 연령 40~50대로 보이는 전문직 남성 10명이 출연했다. 현직 변호사, 시사 평론가, 기자 등으로 구성된 이 연령대의 남성들이 우리 사회에서 풍부한 경제력과 높은 발언권을 가지고 있는 특정 계층인 점을 고려해볼 때, 사법부의 지난 판결에 '다양한' 분석을 제공하겠다는 기획 의도를 무색하게 하는 출연진 구성이었다.

정규 편성이 돼서 크게 달라졌을까. MBC 〈판결의 온도〉는 파일럿 방송에서 한 자리를 차지했던 50대 진행자 김용만 씨를 송은이 씨로 교체했다. 파일럿 방송에서 사법부의 문제를 꼼꼼히 지적하며 열띤 토론을 펼쳤던 시사 평론가 진중권 씨가 있던 측에는 MBC 임현주 아나운서가 대신 앉아 있었다. 두 번의 파일럿 방송에서 각각 남다른 시각을 보여줬던 독일과 이탈리아 출신인 다니엘 린데만 씨, 알베르토 몬디 씨가 있었던 자리엔 일본인 후지타 사유리 씨가 고정을 꿰찼다. 그렇게 정규 편성은 기존 '남성(XY)' 출연자에서 '여성(XX)' 출연자로 성별과 연령대를 바꿔 시작했다.

그런데 이 과정에서 MBC 〈판결의 온도〉는 제작진은 한 가지 사실을 놓쳐버렸다. 성별에 집착한 나머지 세 명의 출연자를 단순히 '여성'으로 바꾸는 데 머무르고 말았다. 본 방송에서 여성 방송인 사유리 씨는 우리 사법부의 판결을 보고, 기존 다른 방송에서 보여줬던 독특한 생각과 엉뚱한 언변을 살려 방송에서 '재미'를 선사하고자 했다. 예능화된 교양 이른바 '쇼양'의 취지를 살리려는 시도였으나, 웃음을 유발하기 위한 사유리 씨의 특이한 언행은 판결문에서 드러난 가해자의 잘못을 가리고, 피해자의 아픔을 공유하는 것을 방해했다. 여기에 여성 진행자 송은이 씨와의 만담으로 파일럿 방송에서 다니엘 씨와 알베르토 씨가 보여줬던 '냉정한' 판단과 '따뜻한' 조언을 사라지게 했다. 우리 사회 각 분야의 전문가들이 펼치는 열띤 토론을 저해하기도 했다.

시사 평론가 진중권 씨에서 MBC 임현주 아나운서로의 교체도 마찬가지였다. 서장훈 진행자는 첫 정규 방송에서 임 아나운서를 "그동안 방송가에 있었던 불문율을 깬, 지상파에서 안경을 쓰고 뉴스를 처음 진행한 여성 아나운서"라고 설명했다. 이러한 언급은 제작진이 정규 편성에 앞서, 위에서 지적한 40~50대 남성 위주의 출연에서 벗어나 성비를 맞추려는 행보로 보였다.

하지만 성차별을 없애는 데 앞장섰던 MBC 임현주 아나운서로의 교체는 결국 '자충수'가 됐다. 특히 '고(故) 신해철 의료 사고', '진경준 전 검사장 뇌물수수 사건', '양심적 병역 거부' 주제에서 더더욱 그러했다. 일반인뿐만 아니라 전문 의료인과 법조인도 쉽게 결론을 내릴 수 없는 판결에서, 앞서 양성평등 문제에서 그녀가 걸어온 길은 도움이 되지 못했다. 그녀가 '여성 아나운서가 안경을 쓰고 방송을 진행하면 안 된다'는 암묵적인 규칙을 깬 점은 높이 살 만하고 마땅히 응원해야 될 일이지만, 정작 정규 방송에서는 이러한 행보를 볼 수 없었다. 방송과 전혀 무관한 일, 특히 양성평등 문제와 동떨어진 이슈에서 그녀의 존재는 방송 분량 면에서 한없이 작아지기만 했다.

MBC 〈판결의 온도〉의 파일럿 방송에서 보여준 장점은 전직 판사, 현직 변호사, 시사 평론가, 기자 등 각 분야의 전문가들이 하나의 판결을 두고 자신의 '전문성'을 토대로 판결이 어떤 문제를 갖고 있는지 확인하는 데 있었다. 하지만 제작진은 성별에 집착한 나머지 정규 편성에서 보여준 전문가 교체는 파일럿 방송에서 돋보였던 열띤 토론 과정을 소홀히 하게 했고, 재미와 웃음을 추구한 나머지 시사적인 메시지 전달을 약하게 만들었다. 그렇게 사법부의 입장을 대표하는 이들과 그렇지 않은 이들 사이의 팽팽했던 균형은 정규 편성에서 결국 깨져버렸다. 어렵고 복잡한 판결을 쉽게 설명해주는 '전문성' 대신 '성별'에만 신경 쓴 변화는 파일럿 방송의 장점을 퇴색시켰다. 3개월이라는 긴 시간이 흐른 뒤에 보여준 프로그램의 변화는 결국 장고 끝에 나온 '악수(惡手)'였다.

'사이다'가 주는 불편함

"당신 딸이 당했어도 그런 판결을 내렸겠어요?", "판사들이 세상 물정 모른다", "로봇이 판결하는 게 낫다". 지난 열 번의 방송에서 나온 말들이다. 출연자들은 전직 판사 출신 법조인에게 이와 같은 말을 던지며, 우리 사법부의 답답함을 토로했다. 이러한 '사이다'식 발언은 청량감을 주며, 국민의 상식과 감정을 무시하고 오로지 육법전서에 적힌 대로만 생각하는 사법부의 답답함을 뚫어주는 듯한 느낌을 선사했다.

하지만 거기까지였다. 전직 판사 출신 출연자를 꾸짖는 시원시원한 발언들은 당장 듣기에는 좋은 느낌을 줄 수는 있지만, 결과적으로 '판사들은 나쁘다', '사법부가 잘못했다'라는 감정을 공공연히 드러내는 것 그 이상 그 이하도 아니었다. '사법부가 이상하다'라고 미리 답을 정해놓은 이러한 태도와 발언은 사법부에 대한 불신을 넘어 혐오로 비치게 하기도 했다. 더욱이 이러한 대다수의 발언을 한 출연자가 한때 소송가액이 170억에 달했고, 방송에서 그동안 직접 자신이 100여 건의 송사에 휘말렸으며, 이로 인해 법원과 판사에게 시달렸다고 여러 차례 공개적으로 말한 ≪시사IN≫의 주진우 기자였기에 단순히 볼 수 없는 부분이었다.

더욱이 사법부에 대한 노골적인 감정의 표출은 사법부의 판결을 같이 고민해보자는 전직 판사의 출연을 무색하게 했다. 전직 판사 출연자가 국민의 법 감정에 다가서려는 노력과 시도는 고려치 않고, 공개적으로 면박을 주는 데 머물렀다. 더욱이 이 출연자가 사법부를 대표해 나온 사람이 아니었음에도, 다른 출연자와 진행자들은 기어이 사과성 발언을 받아내며 미안하다는 의사 표현을 끝까지 확인하고자 했다. 이러한 상황은 사법부의 구조적인 문제를 자세히 드러내기는커녕, 한 개인에게 책임을 전가시키려는 모습으로 비쳤으며, 기존 사법부에 대한 불만족을 다른 이에게서 대신 얻으려는 행동으로 보였다. 사이다를 마시면 일시적인 시원함을 주지만 계속해서 마시면 불편함을 주는 것처럼, 이러한 사이다성 언행은 순간적인 청량감만 주었을 뿐, 보는 이로 하여금 눈살을 찌푸리게 했으며, 비효율적이었다.

인간의 온도

어떤 하나의 일이 사회적으로 문제 되는 지점이 있고, 문제 되지 않는 지점이 있다. 이 지점의 경계를 우리는 흔히 '과도기'라고 부른다. 현재 우리 사회는 그 경계에 서 있다고 볼 수 있다. 우리는 그동안 뉴스에서 단독, 특종, 속보라는 이름으로 '탄핵'과 '파면'이라는 사법 농단을 생생하게 목격했다. 현재는 검찰과 대법원으로 대표되는 철옹성 같았던 사법부의 권위가 끊임없이 추락하는 장면을 실시간으로 접하고 있다. 세간의 이목이 쏠리는 정치적 이슈나 재벌이 연루된 사건의 경우, 구속 영장 실질 심사부터 판결에 이르기까지 해당 판사의 이름, 학력, 나이가 실시간 검색어 1위에 오르는 시대에 살고 있다.

그래서인지 앞으로 귀추가 주목된다. 드라마에서나 볼 수 있었던 일이 현실에서 벌어지고 있는 상황에서 '사법부의 판결을 검증하겠다'는 MBC 〈판결의 온도〉의 등장은 반갑지 않을 수가 없다. 〈판결의 온도〉가 이러한 시대적 흐름을 이어받아 야심차게 시청자 곁에 다가섰었고, 지금은 시즌 2를 기약하며 잠시 물러서 있다. 전진을 위한 잠시간의 휴식. 앞으로 방송이 어떻게 돌아올지 알 수는 없지만, 다시 시청자 곁으로 다가설 때 〈판결의 온도〉가 반드시 놓치지 말고 향해야 될 부분이 있다. 37.5도. 바로 '인간의 온도'다.

그동안 우리 사법부의 판결이 국민에게 동의를 얻지 못하고 상식에서 벗어났다는 비판에서 자유로울 수 없었던 건, 우리 헌법에서 보장하고 있는 '평등'과 '인권' 수준에 정작 우리 사법부가 부합하지 못했기 때문이었다. 가해자에게는 한없이 유리하기만 하고 피해자에게 불리하기만 한 법률, 대기업 총수의 횡령·배임과 정치인의 불법에 대해서는 관대하지만 일반 시민과 경제적으로 풍족치 못한 이들에게 내려지는 유전무죄·무전유죄식의 법원 결정은 사법부의 권위를 땅에 떨어지게 함과 동시에 국민으로부터 멀어지게 했다.

여기에 현재 우리 사회가 당면해 있다. 양성평등에 대한 목소리, 성소수자 문제와 난민 허용을 둘러싼 논란 등은 그 어느 때보다 '인권' 문제에 있어서 법의 도움이 간절히 필요한 상황이다. 하지만 사법부의 판결은 예나 지금이나 다름없는 수준이며, 사회의 요구에 부응하지 못해 어떤 면에서는 후퇴하고 있는 실정이다. 따라서 시즌 2로 돌아올 MBC 〈판결의 온도〉에서는 지금처럼 어렵고 복잡한 판결을 쟁점만 간추려 설명해주면서 동시에 우리 '헌법'에서 명시한 '평등'과 '인권' 가치를 확보할 수 있도록 사법부의 판결을 다루는 데 중점을 둬야 할 것이다.

출연자 섭외에서 제작진의 남다른 고충이 있을 것이라고 짐작된다. 하지만 다가올 시즌 2에서는 지난 방송을 반면교사 삼아 특정 '연령대'와 '남성' 위주의 출연은 피해야 할 것이다. 전문가가 출연하되 시대적 흐름에 귀추를 주목하며, 기존 MBC 〈판결의 온도〉에서 충분히 보여주지 못했던 여성과 어린이, 장애인과 노년층 등 우리 사회 다양한 시민의 목소리를 전달하는 데 중점을 둬야 할 것이다. 판사 출신 법조인 개개인에게 잘못을 꾸짖기보다는 이 판결이 왜 내려졌는지, 우리 사법 시스템의 문제를 지적하는 데 지금보다 더 많은 비중을 둬야 할 것이다.

그래야 방송의 궁극적인 목표인 국민의 '법 감정'과 '판결' 사이의 간극을 줄일 수 있다. 나아가 그동안 우리 국민이 느끼기에 한없이 차갑기만 했던 '판결의 온도'에서 벗어나, 현재 우리 시대가 중시하는 '사람'에 가까운 '인간의 온도'에 도달할 수 있을 것이다.

소상인을 위한 예능은 없다

김지연

예능의 자영업 사용법

자영업 폐업률이 사상 최악이라고 한다. 자영업자들은 넘쳐나는 유사 업종과의 경쟁, 침체된 경기 속에서 고군분투하고 있다. 예능에서는 대세였던 요리 방송을 지나 외식업 창업을 소재로 하는 프로그램들이 등장했다. 이러한 프로그램들의 유형은 크게 두 가지라고 볼 수 있다. 연예인들이 일시적으로 식당을 운영하는 모습을 보여주거나, 실제 영세 자영업자들을 방송에 등장시킨다. 이 글에서는 대표적으로 tvN의 〈윤식당 2〉와 〈현지에서 먹힐까?〉, SBS의 〈백종원의 골목식당〉(이하 〈골목식당〉)에 대해 이야기해보고자 한다.

  〈윤식당 2〉는 스페인의 가라치코에서 윤여정을 필두로 작은 한식 당을 운영하는 출연진의 이야기를 담는다. 〈현지에서 먹힐까?〉는 현지 음식으로 승부를 본다. 홍석천, 이민우, 여진구는 태국에서 푸드트럭을 운영했는데 팟타이 등 현지 음식들로 메뉴를 꾸렸다. 이와 달리 〈골목식당〉에는 실제 자영업자들이 등장한다. 골목에서 작은 식당을 운영하는 상인들이 백종원에게 매출을 올리기 위한 조언을 받아 상권을 살리게 만드는 것이 〈골목식당〉의 취지이다.

　　하지만 자영업을 소재로 한 예능을 보고 있자면 아쉬움이 많이 남는다. 그들이 그리는 상인들의 세계는 실제와 동떨어져 있기 때문이다. 이 프로그램들은 시청자들의 이목을 잡아끌기 위해 자영업을 '이용'한 측면이 강하다. 하지만 모두 자영업과 상인들에 대한 공감이 부족한 상태에서 자영업을 소재로 삼았다. 이 글에서는 앞선 세 프로그램이 자영업을 어떻게 이용했는지 살펴보고 그에 대한 문제점을 짚어보고자 한다.

자영업, 현실에서 먹힐까?

은퇴 후 창업은 직장인 대부분이 가지고 있는 로망이다. 한적한 곳에서 나만의 작은 가게를 하면서 사는 것. 그곳에는 눈치를 봐야 하는 상사도 없고, 지켜야 하는 마감 날짜도 없으며, 달성해야 하는 업무 성과도 없다. 〈윤식당 2〉와 〈현지에서 먹힐까?〉는 모두 시청자들의 이러한 로망을 건드린다. 두 프로그램 모두 자영업의 긍정적인 측면을 부각해 판타지를 극대화한다. 출연진은 아름다운 자연환경이 있는 여행지에서 여유롭게 식당을 운영한다. 하지만 과연 이 로망은 실현될 수 있는 것일까?

　　특히 〈윤식당 2〉는 자영업에 대한 판타지가 가장 심한 프로그램이다. 식당의 주인인 윤여정은 출연진과 제작진을 통틀어서 제일 연장자이기 때문에 항상 배려를 받는다. 영업시간은 특별히 정해져 있지 않고 출연진도 이윤을 남기는 것에 큰 신경을 쓰지 않는다. 그들의 자영업은 '쉬워 보인다'. 이 과정에서 작은 노력이 크게 강조되기도 한다. 촬영에 앞서 〈윤식당 2〉에서는 막내인 박서준이 간단한 스페인어를 배워 갔다. 이러한 모습을 보여주며 방송에서는 박서준이 성실하고 준비성이 좋다며 추켜세운다. 이는 〈현지에서 먹힐까?〉에서 여진구가 간단한 태국어를 배워 갔을 때도 마찬가지였다. 하지만 현실에서 이러한 노력 없이 가게를 운영하는 것이 가능할까? 외국에서 식당을 하기 위해서 그 나라 언어를 구사하는 능력은 필수적이다. 실제로 외국에 식당을 열고자 하는 사람이라면 애초에 외국어 능력은 성공을 위한 조건에 넣지도 않았을 것이다. 이처럼 방송은 현실에서 당연한 노력을 대단한 것인 양 포장한다.

한편 〈현지에서 먹힐까?〉는 홍석천을 캐스팅해 〈윤식당 2〉보다 식당의 노동성을 강조한다. 제작진이 짜놓은 틀에 따라 수동적으로 움직이는 윤여정과 달리 홍석천은 준비 과정에서부터 능동적으로 참여한다. 방송 시작 전부터 그는 자신이 운영할 푸드트럭의 인테리어를 보기 위해 한국과 태국을 오고 간다. 실제 태국 음식 자영업 종사자인 홍석천은 시종일관 음식에 대해 진지한 자세로 방송에 임한다. 그는 자신의 요리가 현지인의 입맛에 맞을지 초조해하며 계속해서 시장 조사를 하고 상권을 분석한다. 이 방송에서만큼 그는 연예인 홍석천이 아니라 태국 음식점 사장 홍석천으로서의 면모를 보여준다. 문을 잠시 닫고 점심 식사를 하려고 하다가도 손님이 오자 식사를 포기하고 다시 음식 준비를 하는 모습을 보고 있으면 홍석천이 연예인이 아닌 상인의 마음으로 방송에 임하고 있음을 알 수 있다. 요리와 아무런 연관성이 없는 윤여정을 사장으로 내세운 〈윤식당 2〉와 달리 〈현지에서 먹힐까?〉는 실제 요식업을 겸영하고 있는 홍석천을 캐스팅해 차별성을 둔 것이다. 식당의 전문성을 높이려 한 제작진의 의도를 엿볼 수 있다. 홍석천과 함께 출연하는 이민우, 여진구의 경우에도 재료 준비를 위해 밤샘 노동을 한다. 그들 역시 홍석천과 함께 밤새 새우를 까는 등 자영업의 고된 노동 강도를 보여준다.

그럼에도 불구하고 〈현지에서 먹힐까?〉 역시 자영업의 판타지는 놓지 못한다. 〈윤식당 2〉와 〈현지에서 먹힐까?〉가 자영업의 판타지화에 가장 기여하는 측면은 여행과 장사의 결합이다. 노동에 집중하는가 했던 〈현지에서 먹힐까?〉 역시 영업 중반쯤 너무 힘들어서 휴식이 필요하다며 여행의 순간을 즐긴다. 아름다운 해외를 배경으로 볼거리와 먹을거리를 함께 보여주니 치열했던 영업의 순간들은 미화된다. 이왕 해외에서 촬영하는 만큼 시청자들에게 이국적인 그림을 많이 보여줘야 한다는 의무감에 사로잡히는 해외 로케이션의 태생적인 한계일 수도 있다. 우리가 여행을 좋아하는 이유는 힘든 현실로부터 잠시나마 벗어날 수 있어서일 것이다. 하지만 장사는 삶이자 현실이다. 이렇게 서로 다른 두 소재를 한 프로그램에 합쳐 놓으니 자영업도 마치 여행의 성격을 가진 것처럼 착각을 불러일으킨다. 판이한 두 장르를 한 프로그램에 섞어 그 경계와 구분이 희미해지는 것이다. 이는 두 예능이 그려내는 자영업이 현실과 동떨어져 있는 이유이다. 프로그램을 보는 시청자는 자신이 항상 꿈꿔왔던 순간들을 사실인 것처럼 구현해낸 예능의 틀 안에서 자영업을 바라보게 된다.

하지만 이러한 로망이 현실에서 먹힐까? 열심히 일을 해도 이익을 내기 힘들고 열에 아홉은 폐업을 하는 현실에서는 그렇지 않다. 실제 영세 상인들은 명절과 연휴도 없이 일을 하지만 임대료와 인건비는 상승하고 경기 침체로 소비는 줄었다. 열심히 살지만 나아질 거라는 보장도 없고 상황은 악화되기만 한다. 한편 TV에서는 아름다운 여행지와 함께 식당을 운영하는 여유롭고 행복한 연예인들의 모습을 보여준다. 이러한 프로그램들은 실제 자영업 종사자들에게는 허무함과 박탈감을, 그리고 그렇지 않은 사람들에게는 자영업이 별것 아니라는 착각을 불러일으킬 위험이 있다.

미다스의 손 백종원, 그의 황금은 누구를 위한 것인가

〈골목식당〉은 죽어가는 골목상권을 살리기 위한 프로그램이다. 백종원이 매출이 좋지 않은 골목의 식당들을 찾아가 문제점을 진단해주고, 솔루션을 제공해준다. 다행히도 지금까지 출연했던 식당들은 방송 효과 때문인지 상권이 진짜 살아난 것인지 손님들로 붐비고 있다. 하지만 과연 〈골목식당〉은 진정으로 골목상권을 살리기 위한 프로그램일까? 나는 다음의 이유들로 인해 동의하기 어렵다.

우선 골목상권을 살린다는 백종원이라는 존재의 아이러니이다. 〈골목식당〉에서 백종원의 존재는 거의 절대적이다. 이미 수많은 외식업 브랜드를 성공시킨 그는 거의 신적인 존재로 군림한다. 그의 취향은 대중을 대변하는 것이 되며, 그의 말이 곧 법이고 해결책이다. 하지만 작은 상권을 살리겠다고 나서는 백종원은 현실에서 문어발식 사업 확장으로 영세업자들을 폐업하게 만들기도 한다. 많은 방송에 출연해 대중에게 눈도장을 찍은 것도 그의 사업에 많은 도움이 되고 있다. 그는 수많은 방송에 출연하며 '신뢰할 수 있는 요리 전문가' 이미지를 쌓았고, 최근 꾸준히 성행하고 있는 일명 백종원 레시피는 그의 인기를 짐작하게 한다. 요즘 '백종원 거리'라는 우스갯소리가 있다. 카페, 중국요리점,

고깃집, 포차 등 그가 하지 않는 사업을 찾기가 힘들어 몇 발자국만 내딛으면 어디에서나 그의 가게가 보이는 거리를 일컫는 말이다. 이러한 백종원 가맹점들은 싼 가격과 백종원이라는 스타 효과로 인해 큰 성공을 거두고 있다. 가격 경쟁과 인지도에서 밀린 주변 상권들은 자연히 문을 닫을 수밖에 없는 것이다.

이뿐 아니라 〈골목식당〉은 부적격한 상인들을 출연시켜 상권의 실패에 대한 비난을 상인들 개인의 몫으로 돌린다. 〈골목식당〉에 출연하는 소상인들의 대부분은 식당을 하기에 자격이 없다. 식당을 운영함에도 불구하고 위생 관념은 찾아볼 수 없고 음식에 대한 기본적인 지식이 없으며 부족함을 인정하지 않고 자기 자존심을 챙기기에 바쁘다. 자영업을 대하는 태도에 있어서도 진지하지 못하고 장난스럽다. 정말 골목상권을 부흥시키기 위한 취지의 프로그램이라면 절실하고 준비된 상인들을 섭외하는 것이 맞다. 음식은 흠 잡을 데 없지만 경영이나 마케팅과 같은 식당 운영에 관한 전문적인 지식만을 백종원에게 조언을 받아야 이상적이다. 분명 찾아보면 백종원 같은 전문가의 한마디 조언이 절실한 준비된 상인들이 많을 것이다. 그러나 제작진은 준비되지 않은 상인들을 매번 캐스팅한다. 음식에 대한 매우 기본적인 것까지 가르쳐야 하는 상황이 따르게 되고, 자연히 시청자들은 상인들에게 등을 돌린다. 따라서 방송이 끝나면 상인들에 대한 악플에 가까운 원색적인 비난이 쏟아진다. 간혹 제대로 된 상인들이 나오기도 하지만 자극적인 것에 집중하는 대중의 특성상 화제성은 준비가 안 된 상인들이 독차지한다. 이처럼 절실한 상인들은 화제가 되지 않고, 갈등을 유발하며 자극적인 장면을 만들어내는 상인들만 주목받고 있는 것은 결국 애초 〈골목식당〉이 추구했던 방송의 취지가 잘 실현되고 있지 않음을 뜻한다. 방송이 끝나고 방송 효과로 인해 비난을 받았던 집들도 장사가 잘되긴 하지만 이것이 얼마나 지속될지는 미지수이다.

　이러한 문제 식당이 백종원으로 인해 환골탈태하는 모습을 보이는 것은 백종원의 영웅화에 기여하는 측면이 있다. 이미 대중적으로 신뢰도가 높은 백종원과 상인들의 갈등은 시청자들로 하여금 주인공인 영세 상인들이 아니라 백종원에 감정 이입을 하게 만든다. 따라서 갈등을 일으키던 식당이 후에 장사가 잘되면 '골목상권이 부활해서 다행이다'가 아닌 '저 집은 장사가 잘될 자격이 없는데 백종원이 살려준 것이다'라는 식의 인식이 싹트게 된다. 〈골목식당〉을 보고 있으면 실질적으로 주목을 받는 쪽은 상인들과 골목상권이 아니라 '문제 있는 식당까지 성공시키고 마는 미다스의 손' 백종원이다. 결국 이 프로그램으로 장기적인 이익을 얻는 쪽은 〈골목식당〉과 백종원이라고 할 수 있다. 상인들이 더 자극적인 모습으로 나올수록 〈골목식당〉은 더 흥행할 것이며 백종원은 이로 인한 스타 효과로 자신의 사업에 더 긍정적 효과를 가져온다.

예능을 예능으로만 볼 수 없기에

그렇다면 왜 우리는 예능을 예능으로만 보고 웃어넘길 수 없는 것일까. TV 프로그램은 단지 네모난 상자 안에서 일어나는 가상의 것이 더 이상 아니기 때문이다. 사람이 구성하는 한 미디어의 내용은 완전히 가치중립적일 수 없다. 제작진은 의도적이든 의도적이지 않든 자신의 가치관을 프로그램에 투영하게 된다. 그리고 TV는 매우 강력한 매체여서 사람들에게 큰 영향력을 행사한다. 제작진이 투영한 가치관은 TV를 통해 아주 자연스럽고 설득력 있게 대중에게 다가갈 수 있다.

　〈신서유기〉의 스핀오프 프로그램인 〈강식당〉 역시 연예인 출연진이 제주도에서 운영하는 식당에 대한 내용이다. 식당의 메인 메뉴인 왕돈까스의 가격을 정하는 과정에서 멤버들끼리 논쟁이 벌어졌었다. 이벤트성으로 하는 스핀오프 프로그램인 만큼 가격을 높이기엔 적절하지 않다는 측과 현재 시장의 시세에 맞춘 가격으로 해야 한다는 이수근 사이에 언쟁이 붙었다. 이수근은 방송 이후 우리가 기준이 될 수 있으므로 가격 책정에 신중해야 한다고 말했다. 방송 이후 시청자들이 다른 왕돈까스의 가격과 강식당의 가격을 비교하게 될 수 있으니 너무 싸면 곤란하다는 것이다. 이러한 그의 생각은 방송을 만드는 제작진이 가져야 하는 태도이다. 방송이 전파를 타게 되면 제작진이 프로그램에 투영하려한 의도들이 은연중에 시청자들의 판단 기준이 될 수 있다. 따라서 제작진은 자신의 영향력을 인지하고 프로그램으로 인해 대변될 수 있는 사람들이 있다는 것에 유념해야 한다. 이제 방송은 현실과 너무 맞닿아 있다. 이것이 우리가 예능을 마냥 유쾌하게만 바라볼 수 없는 이유이다.

결국 〈윤식당 2〉, 〈현지에서 먹힐까?〉와 〈골목식당〉은 이러한 예능과 현실의 연결성을 간과했다고 볼 수 있다. 〈윤식당 2〉와 〈현지에서 먹힐까?〉는 그렇지 않아도 만연한 대중의 자영업 판타지를 더 가중시켰다. 식당 창업을 해외 여행과 결부시켜 아름답고 여유로운 노동이라는 이미지를 만든 것이다. 한편 〈골목식당〉은 소상인을 위한 프로그램이라는 슬로건을 내세웠지만 실상은 외식업계의 기득권인 백종원과 〈골목식당〉 프로그램을 위한 방송을 하고 있었다. '방송법' 제5조와 제6조는 방송의 공적 책임, 공정성과 공익성에 대한 항목이다. 방송은 공적인 영향력이 강하므로 이에 대해 책임감을 가져야 하고 공정성과 공익성을 추구해야 한다는 것이다. 시청률이나 화제성 외에도 방송이 지향해야 할 가치에 대해서 생각해볼 필요가 있다. 살펴본 프로그램 어디에도 소상인을 위한 예능은 없었다.

미디어 권력에 대항한
뉴미디어 풀뿌리의 항쟁

Mnet 아이돌 오디션 〈프로듀스 48〉

윤광은

올드미디어는 살아 있다. 스마트폰의 개발과 함께 유튜브와 SNS, 팟캐스트 같은 뉴미디어의 공습이 개시됐지만, 올드미디어의 권위는 무너지지 않았다. 인터넷/모바일 플랫폼을 통한 개인 방송의 시대다. 그 방송들은 작은 유명인, 연예인들을 낳았고, 공중파 방송에선 그들을 방송에 섭외하기도 한다. 그러나 거꾸로 말하면 공중파 진입은 문턱이다. 검증된 인기와 역량이 있어야 올드미디어에 섭외될 수 있고, TV 프로에 출연했다는 사실이 출연자의 브랜드를 구축해준다. '내 손 안의' 뉴미디어가 스마트폰 숫자만큼 번성하는 시대, 그러나 올드미디어와 공존하며 새로운 매체 지형을 그리게 된 시대. 이 시대에 미디어사(史)에서 유례없는 사건이 일어났다. 2018년 여름 방영된 음악 케이블 채널 Mnet의 오디션 프로그램 〈프로듀스 48〉이다.

미디어에 원래부터 신과 구가 있는 것은 아니었다. 올드미디어는 뉴미디어의 등장에 의해 정의되었다. 뉴미디어의 핵심은 상호작용, 인터랙션(interaction)이다. 시청자가 콘텐츠에 참여하는 쌍방향 미디어가 뉴미디어다. 케이블 TV는 공중파와 변별되지만, 유선 케이블로 송출되는 콘텐츠를 시청자가 수용한다. 그 자체를 뉴미디어라고 할 수는 없겠다. 〈프로듀스 48〉은 시청자라는 개념을 아이돌 가수 지망생을 뽑는 프로듀서로 바꾸었다. 오디션 프로 자체가 시청자의 선호를 반영해 우승자를 뽑는 프로그램이다. 하지만 〈프로듀스 48〉은 방송이 제작되는 영역을 인터넷과 모바일, 뉴미디어의 거리로 확장했다. '국민 프로듀서'들은 확장된 네트워크 위에서 스스로 콘텐츠를 제작해 방송의 두께와 외연을 보탠다. 한마디로 시청자가 또 하나의 제작자가 되었다. 이것은 뉴미디어 시대의 보편적 트렌드를 넘어 〈프로듀스 48〉이라는 개별 프로그램이 낳은 특별한 사태. 그 과정이 시청자들이 욕망을 이루기 위해 제작진의 편집권에 맞서 벌인 항쟁으로 거행되었다는 것이 무엇보다 특별하다.

인터랙션과 능동적 시청자

〈프로듀스 48〉은 2016년 시작한 〈프로듀스 101〉의 세 번째 시즌이다. 아이돌을 꿈꾸는 지망생들이 경연에 참가하고, 시청자들이 그들을 '픽(pick)'하는 국민 프로듀서다. 총 10여 회에 이르는 방영분 동안 투표를 거쳐 가장 많은 국민 프로듀서의 지지를 얻은 참가자 10여 명이 아이돌 그룹으로 데뷔한다. 첫 번째 시즌은 여성 아이돌, 두 번째 시즌은 남성 아이돌을 뽑았다. 이런 구성 자체는 새로울 것이 없다. 10년 전 오디션 방송 시대의 개막을 알린 〈슈퍼스타K〉 또한 시청자들의 참여로 우승자를 뽑았다. 이후 무수한 오디션 방송이 나타났고, 국민 참여형으로 진행되었다. 투표를 통한 경쟁으로 아이돌들의 순위를 매긴다는 발상 역시 새롭지 않다. 옆 나라 일본의 아이돌 그룹 AKB48이 매년 치르는 총선거를 벤치마킹한 시스템이다. 그러나 〈프로듀스〉 시리즈는 국민 프로듀서, 줄여서 '국프'의 투표를 돕기 위한 방대한 콘텐츠를 제공한다.

엠넷 홈페이지와 포털사이트 네이버 TV캐스트에 올라오는 연습생들의 1분 자기소개 영상, 자기소개 시간을 따내기 위한 히든 박스 미션, 연습생에게 투표를 하고 득표수가 일정 구간을 넘길 때마다 연습생이 선물을 받아 감사 인사를 하는 마이돌/마보이 후원 이벤트다. 또한 방송에서 진행된 경연 무대에서 참가자 개인마다 따로 영상을 찍은 '직캠'을 공개해 한정된 분량의 방송에서 다 볼 수 없는 참가자 개개인을 직접 찾아보게 했다. 〈프로듀스〉 시리즈는 데뷔를 원하는 참가자들과 그들을 뽑아주는 시청자들의 관계로 프로그램의 결말이 정해지고, 그에 관계되는 콘텐츠들이 프로그램의 내용을 이룬다. 즉, 케이블 방송임에도 불구하고 방송이 진행되는 영역, 콘텐츠가 보급되는 영역을 인터넷과 모바일 페이지로 넓힌 것이다. 시청자들의 참여는 방송 중 문자투표 같은 한정된 요소에 머물지 않고, 방대한 콘텐츠에 대응해 댓글과 투표 시스템, 그에 대한 연습생들의 피드백으로 직동한다. 이는 한 방향으로 송출되는 케이블 녹화방송의 한계를 벗어나 뉴미디어를 통합해 인터랙션의 한계치를 확장한 것이며, 그를 통해 시청자가 방송에 참여하는 능동성을 구현했다.

아이돌 시장은 대중문화 전역을 통틀어 소비자의 행동력과 행동 반경이 가장 커다란 분야다. 그들은 서포터를 결성해 아이돌 가수를 후원하는 것은 물론, 포털사이트 기사의 '좌표'를 공유해 댓글 여론전을 수행하고, 조직적 음원 스트리밍으로 아이돌 가수의 판촉 실적에 직접 개입한다. 〈프로듀스〉 시리즈가 겨냥한 시청자는 이렇듯 능동적 소비자의 습속이 몸에 붙은 아이돌 시장의 서포터층이다. 방송에 참여할 열의와 요령이 이미 마련돼 있는 이들을 대상으로 창구를 제공했으니, 그 시너지는 시즌 1과 시즌 2가 공전의 흥행을 거두게 했다. 거기서 데뷔한 그룹 '아이오아이(I.O.I)'와 '워너원(Wanna One)'은 방송을 통해 결성된 팬덤의 후원에 힘입어 큰 성공을 거뒀다. 그러나 올해 방영된 세 번째 시즌 〈프로듀스 48〉은 한층 복잡하고 역동적인 인터랙션을 증폭했다.

〈프로듀스 48〉의 특수성

〈프로듀스 48〉은 이전 시즌과 달리 일본 아이돌 그룹 AKB48과의 협업으로 진행되었다. AKB48은 자매 그룹을 아우르는 수백 명의 멤버로 구성된 그룹이다. 한국의 아이돌 지망생과 일본의 아이돌 멤버를 한 무대에서 경쟁시켜 한일 합작 글로벌 걸그룹을 탄생시키는 기획이다. 이 기획이 탄생한 배경은 케이팝의 글로벌화와 세계 2위 규모를 자랑하는 일본 가요 시장으로의 진출 필요성 때문일 것이다.

거기에 더해, 이번 시즌에는 기존의 자기소개 영상, 마이돌 키우기, 히든 박스 미션에 더해, '윙크 요정 내꺼야', '마이크 내꺼야', '도전 아이컨택' 같은 코너를 신설해 시청자들이 참여할 통로도 더 넓게 확장했다. 그러나 프로그램 방영 이전부터 논란이 있었다. 한일 양국의 역사적 갈등, 문화적 차이로 인한 거부감이 있었으며, 한국 방송사에서 케이팝 그룹을 제작하며 왜 일본 가수들을 받아들이느냐는 반응도 있었다. 아이돌 시장의 성격 차이로 한국 아이돌에 비해 부족한 일본 아이돌의 가무

실력 역시 마찬가지다. 그러나 방송이 시작하며 양상은 예상치 못한 방향으로 전개되었다.

방송은 한국 시청자만을 대상으로 투표를 열었다. 하지만 국내에 연고도 없으며 팬덤도 없고, 한국 출연자들에 비해 실력이 떨어지는 일본인 출연자들이 팬덤을 흡수하며 약진하기 시작했다. 여기에 더해, 제작진이 데뷔할 멤버를 정해놓고 방송 분량을 밀어주고 있다는 내정 논란이 고개를 들었다. 정리하면, 제작진이 점찍은 멤버가 따로 있었고, 통상적 기준에서 아이돌로 선호되는 자질을 지닌 멤버도 있었고, 누구도 원하지 않아 보이지만 높은 순위를 기록하는 멤버도 있었다. 즉, 제작진이 뽑으려는 멤버 'PD 픽'과 대중이 원하는 '대중 픽'과 대중 취향과 분리된 취향의 '팬덤 픽'이 있었다. 이번 시즌의 역동은 이 세 가지 방향의 '욕망'이 서로 괴리되고 갈등하고 대결하고 교차하며 펼쳐졌다. 가령, 제작진이 일본인 출연자 중 에이스의 위치에 있는 미야와키 사쿠라(宮脇咲良)를 한일 합작이라는 포맷의 홍보를 위해 방송 주제가의 센터로 내정하며 밀어줬다, '위에화', '스타쉽', '플레디스'라는 중견 기획사들과 결탁해 거기 소속된 연습생들을 밀어준다는 소위 '위스플' 논란이 있었다. 또한 미야자키 미호(宮崎美穗), 타케우치 미유(竹内美宥) 같은 일본인 출연자는 나이가 많고 외모가 평범했는데 강력한 팬덤의 결집으로 높은 순위를 기록했다. 이가은, 이채연 같은 한국인 출연자 역시 나이가 많거나 외모가 대중 취향과 맞지 않지만 순위가 높아 어떤 시청자들의 불만을 샀다. 이들의 이름을 따서 '미미가채'라 빈정대는 말이 퍼지기도 했다.

이런 외모지상주의 편견이 그릇됨은 말할 필요 없겠다. 그러나 중요한 것은 그런 요소들을 중시하는 대중적 취향과 팬덤의 결집이 같은 방향으로 나아가 특별한 갈등 관계는 없었던 지난 시즌들에 비해 이번 시즌은 방송이 끝날 때까지 순위가 요동쳤고 이 역동성이 방송을 결정했다는 것이다. 그 중심에는 출연자들의 방송 분량을 결정하는 제작진의 편집권이 있었다.

항쟁의 전개

⟨프로듀스⟩ 시리즈에는 세 가지 차원의 경쟁이 있다. 하나는 방송 촬영장에서 펼쳐지는 출연자들 사이의 경쟁이고, 하나는 각각의 출연자를 '픽'하는 팬덤 사이의 경쟁이고, 나머지 하나는 출연자들을 방송에 노출해주는 제작진과 팬덤 사이의 경쟁이다. 당연하게도 출연자는 방송에 분량이 많이 나올수록 시청자들의 표를 얻기 쉽다. 어떤 역할과 모습으로 방송에 나오느냐, 즉 '악마의 편집'이냐 '천사의 편집'이냐에 따라 출연자의 이미지도 달라진다. 각각의 팬덤은 이렇게 도출된 방송 분량을 바탕으로 대중 시청자를 상대로 표를 얻기 위한 홍보 활동을 한다. 팬덤들이 제작진의 편집권에 민감할 수밖에 없는 구조다. '더 많은 분량을 달라', '왜 이렇게 분량이 적은가', '누구는 많이 주고 누구는 왜 적은가'. 팬덤들은 인터랙션을 위해 마련된 댓글 창에서 제작진을 상대로 파워게임을 벌인다. ⟨프로듀스⟩ 시리즈에는 시청자들이 "준영아"라고 PD의 이름을 직접 호명하는 독특한 관습이 있는데, 이 한 마디에 시청자들의 인정 투쟁이 집약돼 있다.

이번 시즌에는 출연자들의 분량 배분에 차등이 크다는 반응이 많았다. 가령 경연에서 좋은 성적을 거두거나 투표 순위에서 상위권에 있지만 방송에서는 거의 분량을 받지 못하는 연습생들이 있었다. 이는 앞서 말한 세 방향의 역동과 맞물려 역동을 더 심화했고, 음모론에 이른

의혹은 물론 거의 항쟁이라 할 만한 소요 사태를 불렀다. 댓글 창에선 "준영아"가 빗발쳤고, 방송의 공정성을 질타하는 댓글이 이어졌으며, 각 팬덤은 투표자를 유치하기 위해 고액의 경품을 거는 금권 선거를 불사했다. 이런 과몰입과 경쟁 상황 자체가 어느 정도는 이 방송의 특성이라 할 수 있겠으나, 이번 시즌은 정도가 심했다고 평할 수 있다.

문제는 세 가지 방면에 퍼져 있다. 첫째, 방송 권력의 자의적 행사다. 앞서 말했듯 제작진은 '팬덤 픽'에 치우친 특정 출연자들에게 분량을 주지 않고 '악마의 편집'을 가했다는 의심을 받았다. 또한 그들이 높은 순위를 기록하자 이례적으로 중간 순위를 공개했고, 순위 변동을 위한 투표를 독려한 것이 아니냐는 의혹을 불렀다. 시청자들로선 '국민 프로듀서'의 선택이라는 취지에도 불구하고, 자신들의 선호 투입이 공정하게 보장되지 않는다는 불만을 품을 수 있다. 둘째, 방송 제작의 구조적 환경이다. 방송사 Mnet은 국내 최대의 엔터 회사 CJ E&M의 계열사다. CJ는 문화 산업 각 방면에 진출해 있고, 〈프로듀스〉 시리즈를 통해 음악 방송은 물론 음반 판매와 매니지먼트 부분까지 수직계열화한다는 비판을 사고 있다. 또한 〈프로듀스〉에서 선출된 아이돌 그룹은 CJ 계열 매니지먼트 회사 스윙엔터테인먼트와 오프더레코드에서 활동한다. 이런 상황에서 방송사가 자신들이 원하는 멤버를 구성하기 위해 시청자 선호에 개입한다는 의혹을 부르는 건 필연이다. 마지막, 저성장과 고용난이 일상화한 사회경제적 콘텍스트다. 이번 시즌은 앞서 말했듯 '팬덤 픽'과 '대중 픽'의 괴리가 심했는데, '팬덤 픽'을 얻은 몇몇 출연자들은 나이가 많거나 용모가 평범해 아이돌 시장에서 선호되지 않는 이들이다. 각박한 현실을 사는 시청자들이 저들에게서 자신을 발견하고 한층 강하게 감정을 이입할 수 있는 토대가 펼쳐져 있었다. 자신을 투영한 대상이 거대한 방송 권력, 편집 권력에 의해 기회를 얻지 못하는 것이다. 자신이 사는 부조리한 현실의 잔영을 그대로 방송에 포개어 울분을 발산할 만한 여건이다.

아이러니하게도 이 모든 이해관계의 충돌과 갈등이 오히려 방송의 두께를 넓히는 결과를 낳았다. 〈프로듀스〉란 방송의 인터랙션은 시청자들이 자신이 미는 출연자를 위한 홍보 활동을 수행하며 이루어진다. 그런데 방송 분량이 적은, 다시 말해 제작진의 편집권 아래 조명되지 않은 출연자일수록 홍보의 필요성이 가중된다. 그렇기 때문에 그들을 미는 시청자들은 각종 SNS, 인터넷 커뮤니티를 무대로 홍보 활동에 전력을 기울였다. 방송에 나온 일말의 출연분을 편집하고 재가공해 사진과 영상으로 이루어진 새로운 콘텐츠를 창출해 공유하고, 그렇게 할 분량마저 없다면 출연자의 방송 외적 행적을 재구성해 콘텐츠를 만들었다. 이 모든 '저항' 행위가 〈프로듀스〉라는 방송의 이름으로 그 일부분을 구성해 콘텐츠를 무수히 증식한 것이다. 이런 수준으로, 이런 방식으로 향유자가 콘텐츠 제작에 기여한 전례는 뉴미디어 내에서도 없지 않았을까 생각된다. 올드미디어에 속하는 TV 방송에서 뉴미디어를 접목하려 한 시도는 〈마이 리틀 텔레비전〉 같은 사례가 있었다. 그러나 단순히 인터넷 방송을 브라운관에 옮겨와 댓글로 소통을 나누는 수준에 머물렀을 뿐이다. 무엇보다 〈프로듀스〉의 경우, 그 모든 '협업'이 제작진의 권력에 대항해 시청자들이 이해관계를 확보하는 방식으로 진행돼 방송의 여백을 채웠다는 역설이 흥미로운 부분이다.

〈프로듀스 48〉은 방송 권력에 대한 시청자들의 항쟁, 사회경제적 권력의 잔영에 대한 민중적 심리의 항쟁, 올드미디어에 대한 뉴미디어의 항쟁으로 진행되었고, 그 결과 유례를 찾기 힘들 만큼 독특한 방식과 광범위한 수준으로 올드미디어와 뉴미디어의 융합을 이뤄냈다. 제작진은 결코 예상하지 못했겠지만.

방송 권력의 패배

이 흥미로운 결과를 긍정적으로 평가할 수만은 없을 것이다. 무엇보다 제작진이 소비자로 포섭하고, 방송의 동반자로서 함께 가야 할 시청자의 수요를 지속적으로 소외한 결과이기 때문에 그렇다. 이런 방식으로는 긍정적이든 부정적이든 이슈가 창출돼 단기간의 방송 효과가 늘어날 수는 있겠지만, 방송의 안정성과 수명은 단축될 수밖에 없다. 과몰입에 지친 시청자들, 수요가 반영되지 못하는 데 낙심한 이들이 방송 자체에 등을 돌릴 수 있다. 방송 윤리는 이런 의미에서도 중요하다. 단지 심의 기준을 지키는 차원이 아니라, 어떤 내부적 원칙을 갖고 자신이 내건 방송의 취지가 공정하게 수행되도록 보장하는 것이다. 윤리는 자기 규율이다. 생명체가 먹거리와 잠자리, 생활 패턴을 스스로 규율하며 건강을 이어가듯이, 방송이라는 유기체 또한 자기 원칙을 지키며 투명성과 신뢰성, 방송의 생명력을 이어갈 수 있다. 〈프로듀스 48〉이라는 전장에서 벌어진 항쟁은 이렇듯 많은 시사점을 남긴다. 방송 제작 체계 내부와 외부를 둘러싼 구조적 지형, 제작진과 시청자와의 관계, 미디어 시대의 흐름을 관통하는 화두다. 이번 시즌은 의도되지 않은 상황에서 시청자와의 협업을 진행하는 유산을 남겼다. 이것을 의도된 상황에서 방송 내부로 조화롭게 통합하는 것이 숙제가 될 것이다. 그것을 수행하지 못하는 한 이 항쟁은 방송 권력의 패배로 기록될 수밖에 없다.

드라마와 웹툰, 험난했던 신혼을 넘어 환상적인 황혼을 향해

〈김비서가 왜 그럴까〉의 성공을 중심으로

한종빈

1. 웹툰을 향한 열렬한 구애, 드라마와의 첫 만남이 시작되다

4년 전, 아내를 처음 만났던 그때를 기억한다. 첫눈에 반했던 나는 어떻게든 공감대를 형성하기 위해 그녀에게 넌지시 물었다. "요즘 어떤 드라마 좋아하세요?" 그때는 그랬다. 보통 영화, 드라마, 예능으로 공감대를 얻어내곤 했다. 누구나 즐겨보는 드라마 한 편은 있던 때니까.

　　최근 갓 입사한 어린 직장 후배들에게 물어보니 그들의 초반 전략은 나와 비슷하면서도 달랐다. "어떤 웹툰 보세요?"가 제일 잘 먹힌단다. 누구나 웹툰 한 편 정도는 챙겨보는 세상이니까. 아직 스마트폰에 익숙하지 못한 고령층이야 그들이 소비하기 편한 방송 콘텐츠를 찾겠지만 한창 콘텐츠를 집중적으로 소비하는 40대 이하는 압도적으로 웹 콘

62

텐츠를 선호하고 있다. 그 이유는 미디어 기기가 팔리는 추세만 보아도 금방 알 수 있다. TV가 없는 집은 늘고 있는데 대당 100만 원에 육박하는 스마트폰은 식구 수대로 갖추고 있지 않은가. 그것도 2년마다 새 것으로 바꿔가면서 말이다. 이러한 상황에서 콘텐츠 소비의 중심이 방송에서 웹으로 건너가는 건 기실 물이 위에서 아래로 흐르는 것처럼 자연스러운 일이다.

한편 이토록 매력적인 웹툰이라는 처자에 첫눈에 반해버린 기성 영상 콘텐츠들의 열렬한 구애는 이미 오래전부터 시작되어왔다. 그 첫 주자는 영화였다. 2006년 강풀 작가의 『아파트』를 시작으로 윤태호 작가의 『이끼』와 같이 비교적 내러티브가 탄탄한 1세대 웹툰 작품들이 영화화되며 영화와 웹툰의 뜨거운 만남의 서막을 알렸다. 한편 드라마와 웹툰 사이의 가장 큰 스캔들은 윤태호 작가의 『미생』이었다. 이는 기성 드라마 시장에 떨어진 핵폭탄 같았다. 러브스토리 없는 오피스물, 상처받은 젊은 세대를 대변하는 현실성 높은 대사와 사건들은 기존의 드라마들이 얼마나 구태의연한 상태에 머물러 있었는지 적나라하게 보여줬다. 『미생』을 기점으로 지난 4년여간 수많은 웹툰들이 드라마로 리메이크됐고, 이제는 그도 모자라 웹소설까지 드라마로 제작되는 등 드라마와 웹 콘텐츠는 그야말로 불타는 신혼 생활을 보내는 중이다.

2. 인생은 실전이다!: 드라마와 웹툰의 전쟁 같은 신혼

눈부시게 아름다웠던 아내. 그녀와의 전쟁 같았던 신혼 생활이 생각난다. 30년 가까이 각자 살다가 대뜸 함께 살게 되니 하나하나 부딪히지 않는 일이 없었다. 사소한 잠버릇부터 화장실 이용 습관, 가구에 대한 취향까지. 지난 30년간의 내 삶이 송두리째 부정당하는 느낌이었다. 사랑스러운 그녀만 잡으면 인생에 꽃길만 깔릴 줄 알았던 내 예상이 얼마나 부질없는 것이었는지 느끼게 된 순간이었다. 역시 인생은 실전이다.

드라마와 웹툰의 신혼 또한 이와 크게 다르지 않았다. 흥행한 웹툰을 소재로 하면 드라마 역시 손쉽게 흥행할 줄 알았겠지만 현실은 그리 만만치 않았다. 그럴 만도 했다. 사실 드라마와 웹툰의 스토리텔링 사이엔 태초부터 큰 차이가 있다. 보통 두 주인공 간에 벌어지는 작은 에피소드 위주로 이야기가 전개되는 웹툰은 그 특성상 주변 인물이나 서브플롯이 상당히 취약한 경우가 많았다. 반면 최소 16부작으로 구성되는 드라마의 경우 이야기의 볼륨을 키우기 위해 주변 인물의 서사도 탄탄하게 가져가는 경우가 대부분이다. 웹툰의 이야기를 드라마로 끌고 올 경우 이 간극을 매우기 위해 각색은 필수였다.

초창기에는 웹툰에서 메인 캐릭터와 콘셉트만 가져오고 핵심 이야기는 기존 드라마 플롯에 맞게 완전히 새롭게 재창작하는 경우가 많았다. 대표적인 예가 KBS의 〈오렌지 마말레이드〉였다. 원작에선 잠시 언급될 뿐이었던 전사(前事)가 드라마에서 상당히 중요한 비중으로 재탄생했고, 원작에 없던 미래에 대한 서사가 새롭게 창작되기도 했다. 시청률은 참담했다. 결과적으로 시청자가 원하는 리메이크의 형태와 정반대 방향으로 움직인 셈이었다. 든든한 후원자가 되어줄 것 같았던 원작 팬들은 도끼눈을 뜬 시어머니가 되어 '원작을 훼손했다'라며 드라마를 강하게 비난하고 나섰다.

이러한 뼈아픈 실패에도 웹툰을 향한 드라마의 구애는 끝없이 이어졌고, 숱한 시행착오들을 겪어가며 드라마 제작자들은 웹툰을 품는 나름의 방법들을 찾게 되었다.

3. 드라마, 웹툰에 자신을 맞추는 방법을 발견하다: 〈김 비서가 왜 그럴까〉 성공의 원인

서로에게 적응하지 못한 부부들이 결국 이혼에 이르기도 하지만 다행히도 나의 결혼 생활은 지금까지 순탄히 유지되고 있다. 무조건 내가 맞다고 우기는 것이 문제 해결에 조금도 도움이 되지 않는다고 깨닫고 아내의 의견을 적극적으로 수용한 결과였다. 내가 감내할 수 있는 범위 내에서 그녀의 모든 모습들을 인정하기로 했다. 그녀는 그녀일 때 가장 아름다운 사람이니까.

2018년 상반기 최고의 화제작이었던 드라마 〈김비서가 왜 그럴까〉의 원작 역시 이미 그 자체로 굉장히 매력적인 콘텐츠였다. 태초의 원작인 동명의 웹소설은 카카오페이지 누적 조회 수 5000만 뷰를 달성하며 웹소설의 지평을 열었고, 이를 만화화한 동명의 웹툰은 누적 조회 수 2억 뷰를 넘긴 희대의 화제작이었다. 이 같은 메가 히트작을 성공적으로 드라마화하기 위해 제작진이 내건 전략의 핵심은 '어떻게 원작의 내용을 가장 충실하게 담아내느냐'였다.

이를 위해 〈김비서가 왜 그럴까〉의 초반부는 마치 원작 웹툰이 실사화된 듯 그와 거의 동일한 플롯으로 이야기를 진행한다. 거기에 남자 주인공 '이영준'을 분한 박서준, 여자 주인공 '심미소'를 분한 박민영이 원작 캐릭터의 비주얼을 완벽하게 소화해내며 영상물에 원작의 톤을 완벽하게 묻혀냈다. 덕분에 시어머니처럼 깐깐한 원작의 독자들을 든든한 지원자로 돌려세울 수 있었고, 드라마는 흥행의 한쪽 날개를 얻게 되었다.

한편 중반이 넘어가는 시점부터 플롯의 각색이 두드러지는데, 바로 이 지점에서 드라마 〈김비서가 왜 그럴까〉의 진정한 저력을 엿볼 수 있다. 앞서 기술했듯 원작 웹툰은 다른 웹툰들과 마찬가지로 두 주인공 사이에 벌어지는 소소한 에피소드들의 합으로 이야기가 구성된다. 전체를 관통하는 핵심 사건을 중심으로 이야기를 전개해나가는 드라마의 서사와는 맞지 않는 구조다. 이는 이전에 웹툰을 원작으로 한 많은 드라마들이 겪은 문제이기도 했다. 하지만 〈김비서가 왜 그럴까〉는 원작의 모든 에피소드를 담을 수 있는 새로운 거대 사건을 창조하는 것으로 이 문제를 영리하게 해결했다. '아트센터 건립'이 바로 그것이다. 원작에 없었던 '아트센터 건립 프로젝트'라는 거대한 사건을 만들어내 그 사건 속에 원작 웹툰에서 독자들의 공감을 샀던 작은 에피소드들을 모두 녹여내는 데 성공했다. 비록 그 에피소드들이 등장하는 순서가 편의에 맞게 각색되었지만 이는 원작의 맛을 살리는 데 전혀 문제가 되지 않았다.

원작을 훼손하지 않으려는 제작진의 노력은 조연들과 서브플롯을 생성하는 방식에서도 살펴볼 수 있었다. 가장 대표적인 것이 원작에 존재하지 않았던 부회장 부속실과 부속실 직원들의 등장이었다. 드라마 초반부에 이들은 두 주인공 사이에 벌어지는 사건에 대해 풍부한 리액션을 제공하는 정도로만 활용될 뿐 내러티브에는 어떠한 영향도 주지 않았다. 그러다 시청자들이 드라마에 대한 몰입을 완료한 중반 이후부터 이들의 이야기를 전면에 내세우기 시작한다. 예컨대 고귀남과 김지아, 봉세라와 양철 등 부속실의 인물들 사이의 러브라인을 만들어 다양한 서브플롯이 파생시키는 식이다. 이는 로맨틱 코미디물로서의 보는 재미를 더하는 한편 원작에 대한 어떠한 이질감 없이 드라마가 16회까지 전개될 수 있는 든든한 보조 동력이 되어주었다.

또한 캐릭터나 사건을 표현하는 기술에서도 원작을 그대로 표현해내려는 제작진의 노력이 돋보였다. 자칫하면 작위적으로 비칠 수 있는 원작 속 과장된 캐릭터나 사건들을 가급적 있는 그대로 영상으로 재현한 것이다. 단적인 예로 주인공 이영준이 스스로에 대한 나르시시즘을 표현하는 장면을 들 수 있는데, 이를 현실에 맞게 각색하지 않고 주연 박서준의 연기로, 그것으로 모자라면 CG와 음향, 나아가 보편적으로 잘 쓰지 않는 독특한 숏까지 활용해 원작에서의 과장된 맛을 온전히 살려내려 했다. 그리고 이러한 노력들 덕분에 〈김비서가 왜 그럴까〉는 시청자들 사이에서 '원작 웹툰을 가장 훌륭하게 표현해 낸 드라마'라는 찬사 속에 성공적으로 종영할 수 있었다.

4. 드라마, 웹툰을 만나 성장하다

위기의 신혼을 넘기고 결혼 5년 차를 맞이한 지금, 나는 주변에서 이러한 칭찬을 듣는 일이 잦다. "너 결혼하더니 사람됐다." 사람들이 왜 그럴까 돌이켜 생각해보니, 아내가 내게 했던 지적들의 대부분이 내가 가지고 있던 단점들이었기 때문이라는 결론에 도달했다. 원활한 결혼 생활을 위해 아내의 조언을 수용하고 그것을 개선했더니 어느덧 더 나은 인간이 되어 있었던 것이다. 역시 아내 말만 잘 들으면 자다가도 떡이 생긴다더니!

드라마 역시 웹툰을 품으며 자신이 가진 많은 한계들을 극복할 수 있었다. 기실 이전까지 드라마는 악순환의 늪에 빠져 있었다. 대형 자본이 투자되는 만큼 제작자들은 이미 검증된 안전한 방식의 스토리라인을 선호했고, 이러한 행태는 식상함이라는 독을 낳았다. 늘 어디서 본 듯한 콘텐츠만 찍어내던 드라마 판에 웹툰은 그야말로 구원자처럼 등장했다.

〈김비서가 왜 그럴까〉를 보자. 어떻게 보면 그 스토리라인이 무척 진부한 듯 보인다. 가진 것 없지만 예쁘고 밝은 여주인공이 모든 것을 갖춘 재벌 2세 남자 주인공과 사랑에 빠진다는 전형적인 신데렐라 스토리. 특별할 것이 있다면 두 주인공 사이에 미스터리한 전사가 얽혀 있어 종국에 두 사람의 사랑이 완성되는 것에 기여한다는 점이다. 그렇다면 대중은 이런 단순하고 기시감 있는 플롯에 왜 그렇게 열광했던 것일까?

가장 핵심적인 요인은 재력이나 성별에서 오는 권력이 모두 역전된 상황에서 발생하는 카타르시스에 있다. 〈김비서가 왜 그럴까〉의 이야기는 재벌 2세 남자 주인공 이영준이 "내가 좋아하는 김비서가 왜 퇴사를 하려고 할까?"라는 독백에서 시작한다. 기존의 신데렐라 이야기에서는 우연하고 비현실적인 계기를 통해 재벌 남성이 평범한 여자와 사랑에 빠지는 데 반해 〈김비서가 왜 그럴까〉는 아예 처음부터 재벌 남자 주인공이 아무것도 가진 것 없는 비서 김미소를 사랑하고 있다는 설정에서 출발한다. 이영준의 행동과 감정은 시종일관 김미소에 끌려다닌다. 그렇기 때문에 이영준은 처음부터 김미소의 마음을 사기 위해 거액의 이벤트들을 벌이고, 때론 김미소의 가족들의 마음에 들기 위해 서민적인 척 연기하기도 한다.

그뿐만이 아니다. 이영준의 부모 역시 김미소를 며느릿감으로 낙점하며 먼저 나서서 이영준과 결혼해주기를 청하기도 한다. 신데렐라 이야기를 다루는 과거 드라마들에서 남자 주인공이 "이 남자가 내 남자다 왜 말을 못하냐!"라며 여자 주인공을 몰아붙이고, 갑자기 남자 주인공의 어머니가 나타나 "우리 아들에게 더 이상 접근하지 말라"라며 여자 주인공에게 두툼한 돈 봉투를 내밀었던 클리셰들을 생각해보면 왕자와 신데렐라의 권력 관계가 얼마나 역전되어 있는지 잘 알 수 있다. 힘 있는 자의 갑질에 분노하고, 여성의 지위에 대한 재고의 목소리가 높아지는 현재의 분위기에서 〈김비서가 왜 그럴까〉의 내러티브는 많은 이들이게 청량감을 줬을 것이다.

물론 엄격한 잣대로 이러한 이야기 구조가 대단한 진보라 평가할 수 없을지라도 중요한 것은 이런 실험적인 이야기 구조가 계속해서 드라마화되고 있다는 사실이다. 비교적 적은 자본으로 제작되는 웹툰으로 기존의 성공 공식과 다른 실험적인 이야기들이 끊임없이 탄생했고, 드라마는 이미 검증된 콘텐츠를 통해 비교적 적은 위험 부담을 안고 실험적인 시도를 할 수 있게 됐다. 늘 진부한 소재로 지탄받던 드라마 시장에 웹툰은 그야말로 단비였다.

물론 이를 통한 성공은 원작의 매력적인 실험 정신을 드라마가 훼손 없이 온전히 복원해냈을 때 담보될 수 있다. 러브라인을 뺀 〈미생〉이 그랬고, 사소한 에피소드까지 모두 담아낸 〈김비서가 왜 그럴까〉가 그랬던 것처럼. 대중이 왜 웹 콘텐츠에 열광하는지를 정확히 파악하고 이를 반영해야만 드라마 역시 또 다른 성장에 이를 수 있을 것이다.

5. 드라마와 웹툰, 환상의 황혼을 꿈꾸며

그간 드라마와 웹툰의 동행은 굴곡이 많았다. 탄탄한 이야기 구조를 가진 1세대 웹툰을 드라마화해 큰 성공을 얻었던 초창기부터, 성공한 웹툰의 콘셉트만 가져와 새로운 이야기로 각색해 실패를 맛봤던 좌절의 시기를 거쳐 지금은 웹툰의 이야기를 최대한 보존하는 방향으로 결혼 생활의 안정기를 맞이하고 있다. 이들의 동행이 앞으로 어떻게 전개될지는 누구도 알 수 없다. 어쩌면 원작의 내용을 보존하는 것이 최고의 해답이 아닐지도 모른다. 원작의 콘셉트로 전혀 다른 이야기를 만들어낸 영화 〈신과 함께〉는 유례없는 흥행을 이뤄내기도 했으니 말이다.

하지만 한 가지 분명한 것은 드라마와 웹툰의 결합은 끊임없이 이뤄질 것이란 사실이다. 점점 성장해가는 웹툰 시장은 늘 새로운 이야기를 찾는 드라마 제작자들에게 매혹적인 기회의 땅이다. 늘 새로운 이야기를 찾는 건 시청자들도 마찬가지다. 콘텐츠의 소비가 방송에서 웹으로 넘어가는 것도 단지 그것이 더 소비하기 편한 환경이기 때문이 아니라 웹 콘텐츠가 방송 콘텐츠보다 더욱 새롭고 흥미롭기 때문이라는 점은 드라마 제작자를 포함한 모든 방송 제작자들이 아프게 받아들여야 한다. 웹 콘텐츠를 어떻게 활용할 것인지에 대한 방안은 꾸준히 모색되어져야 할 것이다.

글을 써내려가다 보니 문득 내 결혼 생활 역시 앞으로 어떻게 전개될지 알 수 없겠다는 생각이 든다. 다만 아내와 나 모두가 서로를 만나지 않았을 때보다 더 나은 삶을 살게 되길 바랄 뿐이다. 그것이 결혼으로 얻을 수 있는 최고의 수확 아니겠는가. 드라마를 사랑하는 시청자로써, 드라마와 웹툰의 동행도 이와 같았으면 한다. 당장은 진부함에 빠진 드라마 시장에 웹툰이 새로운 도전의 불씨를 던져줬으면 하고, 먼 훗날 BBC 드라마 〈셜록〉처럼 원작의 매력과 또 다른 매력을 가진 드라마가 창작되어 드라마와 원작, 모두 다 전 세계인의 마음을 사로잡는 환상의 황혼이 이루어지길 기대해본다.

이상(理想)과 이상(異常) 사이

〈한끼줍쇼〉를 중심으로

이상현

표면

〈한끼줍쇼〉는 국민 MC 강호동과 이경규가 게스트 스타 두 명과 각각 짝을 지어 돌아다니며 밥을 '빌어먹는' 프로그램이다. 〈한끼줍쇼〉 제작진은 프로그램의 기획 의도를 이렇게 소개한다.

> 하루를 살아가는 원동력, 소통의 매개체이기도 했던 우리네 저녁 밥상. 평범한 가정, 국민들의 저녁 속으로 들어가 저녁 한 끼 나누며 오늘을 살아가는 우리들의 모습을 엿보고자 하는 프로그램.

〈한끼줍쇼〉가 지향하는 바는 명료하다. 하루를 마무리하는 시간으로, 가족 간 대화의 장이 되기도 했던 저녁 밥상 자리의 의미를 되새겨보자는 것이다. 그렇기 때문에 〈한끼줍쇼〉는 대화의 가치를 강조한다. 한 끼에 성공한 뒤 출연진은 가족 구성원들에게 만남의 계기를 묻거나 서로의 장단점을 말하도록 시키고, 평소의 저녁 모습을 극영화처럼 재연해 보이는 막간 코너도 요청한다. 카메라 앞에서 과거와 현재, 미래를 아우르는 감정과 대화를 나누는 자리가 마련되는 셈이다. 〈한끼줍쇼〉가 보여주는 밥상 문화는 가족끼리 둘러앉아 도란도란 대화를 나누는 모습만이 아니다. 수저 한 벌 더 놓으면 되니 밥 먹고 가라고 붙잡는 친구네 어머니, 한국인은 밥심이라며 고봉밥을 눌러 담아주던 이웃집 아주머니의 정서야말로 이 프로그램이 소환하고 싶은 전통적인 한국 공동체의 모습일 것이다. 〈한끼줍쇼〉가 환기시키는 베풂의 정서는 열린 공동체 문화가 절실한 오늘날의 특별한 배고픔을 반영한 결과이다.

〈한끼줍쇼〉는 1인 가구 중심의 새로운 끼니 문화도 소개한다. 지역에 따라 1인 가구 밀집 지역과 고시촌을 돌아다니며 혼자 끼니를 때우는 젊은이들의 모습을 보여주기도 한다. 한 동네를 표적으로 문을 두드린다는 점에서는 다양한 지역과 각기 다른 거주 형태의 안방 체험을 제공하고 있다. 전 세대가 알아보는 MC 두 사람을 필두로 전 연령대가 함께 시청할 수 있는 콘텐츠를 제공하며, 〈한끼줍쇼〉는 충분한 동시대성을 확보하고 있는 듯 보인다.

이면

〈한끼줍쇼〉에 게스트로 등장하는 스타들은 최근 종영한 드라마나 개봉을 앞둔 영화의 출연자들이다. 스타들은 필모그래피만을 홍보하는 게 아니다. 초대받은 집안에서 팔을 걷어붙이고 설거지를 도우며 소탈함을 뽐내고, 문을 열어준 가족들의 이야기를 경청하는 모습을 통해 친근하고 공손한 이미지를 확보한다. 늘 화려한 생활을 하는 듯 보였던 스타가 필사적으로 자기소개를 하며 한 끼를 구걸하는 모습에서는 애환마저 느껴진다. 끼니를 얻어먹는 데 실패한 스타의 경우 페어였던 MC와 함께 편의점에서 밥을 때우며 가족 없는 가난한 밥상의 설움을 몸소 느껴야 한다. 〈한끼줍쇼〉는 한 끼를 빌어먹는 주체가 신흥 귀족으로 불리며 미디어를 통해서만 대중과 소통해왔던 스타라는 점에서 시청자들에게 쾌감과 친근감을 동시에 느끼게 한다. 그러나 스타를 곤란한 입장으로 몰아넣은 뒤 상황을 타개하기 위한 노력을 적극 수행하게 함으로써 보는 이에게 재미를 이끌어내는 방식은 다른 예능 프로그램에서도 흔히 찾아볼 수 있는 포맷이다.

2018년 2월 방영한 〈한끼줍쇼〉 69화의 경우, 기존의 감흥을 깨고 시청자들에게 새로운 반응을 불러일으키는 데 성공했다. 해당 회차에서는 김수미와 신현준이 게스트로 출연하여 중구 필동을 돌아다녔다. 김수미는 본인을 들여보내준 노부부에게, 역으로 직접 준비해 온 십수 가지의 반찬을 대접하여 화제가 되었다. 대가 없는 친절이 멀기만 한 미담이 되어버린 오늘날, '무임승차'를 경멸하는 동시대 시청자들은 김수미의 모습을 두고 '개념 있다'며 환호했다. 이는 결국 김수미가 호스트가 되어 진행하는 독립 프로그램 〈수미네 반찬〉이 편성되는 계기가 되기도 했다.

한편으로 69화는 세 아들을 둔 결혼 60년 차 노부부의 정정하고 화목한 모습을 보여주며 전통적인 가족 모델의 이상상(理想像)을 제시한다. 사단장까지 지낸 직업군인과 서울대 출신 약사의 만남은, 압축적인 근대화 과정을 거쳐온 한국 사회 내에서도 안정적이고 이상적인 결합에 속할 것이다. 물론 〈한끼줍쇼〉는 이들 부부의 연애가 경제 조건을 바탕으로 하지 않은 온건하고도 순정적인 것이었음을 알려준다. 그에 더해 결혼사진, 부부가 한창 사회 활동을 하던 시절의 사진들, 많은 자식과 손자를 거느린 채 웃고 있는 대형 가족사진을 차례로 내보내며 부모 자식 간 정이 각별하다는 점을 놓치지 않고 언급한다. 반면 시청자들은 김수미의 활약에 주된 호응을 보였다. 시청자들에게는 행복한 결혼과 가정의 완성이라는 서사보다는 '빌어먹는' 행위를 타파하는 김수미의 모습이 더 인상적이었던 것이다.

여기서 〈한끼줍쇼〉의 특징과 한계가 드러난다. 〈한끼줍쇼〉가 소환하고 기대하는 정서는 가족주의에 기반을 둔 것이다. 두 메인 MC의 캐릭터 또한 가족주의적 정서에 부합한다. 이경규는 전형적인 '츤데레'형 가부장이다. 이경규는 불평을 늘어놓고 고압적인 태도를 보이면서도 딸에 대한 애정을 틈틈이 드러낸다. 가족과 반려견을 부양하기 위해 '열일'하는 가운데, 휴일에는 낚시라는 무해한 취미로 소일한다는 점을 어필한다. 강호동은 '어머님', '아버님' 등 가족이 전유하는 호칭을 거침없이 사용하여 거리감을 좁힌다. 아이들을 그냥 지나치지 못하고 귀여워서 어쩔 줄 모르는 강호동의 모습은 그가 확보하는 특유의 친근함에 부성애적 면모까지 더해준다. 스타 게스트들 또한 말재주나 몸개그 등의 특화된 개성으로 웃음을 유발하기보다는 식사 준비와 그 뒤처리라는 일상성의 영역을 보여주고 있다. 식사는 주된 가사(家事) 활동이고, 가사는 살림살이를 일컫는 동시에 '한 집안의 사사로운 일'을 이르는 말이기도 하다. 가족의 사사로운 영역에 관여하면서 출연진은 일시적이나마 식객 이상의 위치를 점하게 된다.

이처럼 시청자들이 MC 및 스타 게스트와 형성하는 공감대는 우리 사회가 공유하는 가족주의의 토대 위에서 이루어진다. 그러나 시청자들이 정말로 〈한끼줍쇼〉가 보여주는 것과 같은 가족주의의 정서에 기대고, 그를 기대할지에 대해서는 의문이 생긴다. 〈한끼줍쇼〉는 보여주고 싶은 것에 치중한 나머지 정말 보여주어야 할 것에 대한 고찰은 뒤로 미루고 있지 않나? 동시대 시청자들이 전통적인 가족 모델의 가치를 되새기는 과정에서 절대적인 위안을 얻을 수 있을 것인가? 평범한 가정, 국민들의 저녁 속으로 걸어 들어가 오늘날 우리들의 모습을 아우르겠다는 기획 의도는 실상 허상인 게 아닐까?

공유 아닌 강요

〈한끼줍쇼〉는 보수적인 가족 이데올로기를 확산시키고 있다는 지적에서 비켜날 수 없다. 〈한끼줍쇼〉에 노출되는 가구의 대부분이 가부장 중심의 핵가족이거나 법적 혼인 관계에 있는 부부다. 이른바 정상 가족이다. 정상 가족은 이성애에 기반을 둔 부부의 출산과 입양으로 이루어진 가족 모델의 전형을 뜻한다. 정상 가족이 선호되는 이유는 크게 두 가지다. 첫째, 생산 활동과 재생산 활동을 가능하게 한다. 여성의 임신과 출산, 양육, 가사 노동으로 경제 활동의 기반인 노동력이 확보된다. 둘째, 측량화가 가능하다. 4인 가구는 기업이 생산과 소비 패턴을 유지하고 측정할 수 있는 가장 기초적인 단위로 인식된다. 결국 국가와 사회가 필요로 하는 기능을 충족시킬 수 있는 가족 모델이라는 이유로 정상이 되고 표준이 된 셈이다.

비혼 가구와 이혼 가구의 확대, 저출산과 고령화의 고공 행진에도 불구하고 한국 사회에서 호명되는 가족은 여전히 정상 가족의 범주를 벗어나지 못하고 있다. 지금의 한국은 정상 가족보다는 정상 가족 신화가 공고한 사회다. 역설적이게도 정상 가족 신화가 굳어질수록 결혼과 출산에 대한 부담은 커진다. 전통적인 가족주의 가치에 따라 가부장 개인에게 가족 부양의 책임이 집중된 반면, 지속적인 경제 불황으로 고용 형태는 나날이 불안해지고 있다. 결혼하여 가정을 꾸리는 일 자체가 꺼려지는 실정이다. 한편에서는 구시대적 지배 질서 중 하나인 가부장제에 대한 반발이 거세다. 오늘날의 제도는 현상적 필요를 뒷받침하지 못하고 있다. '민법'상의 가족은 여전히 혼인과 혈연으로 맺어진 관계로 한정된다. 법이 정의하는 가족의 테두리 밖에 위치한 이들은 사회적 돌봄의 대상이 되지 못한다. 전체 가구 중 한 부모 가족, 동성애 가족, 동거 가족 등 다양한 가족 형태가 차지하는 비율이 빠르게 증가하는 추세지만, 정상 가족 중심의 제도와 문화는 새롭게 등장한 가족 모델을 가시화하지조차 않는다.

지상파에서 2년 넘게 방영 중인 〈미운 우리 새끼〉는 성인 남자라면 응당 결혼이라는 과정을 거쳐야 한다는 논리하에 비혼 남성들을 미완성 상태, 돌봄이 필요한 대상으로 호명하여 보여주고 있다. 〈동상이몽 시즌 2〉의 경우 젊은 스타 부부의 일상을 보여주면서 법적인 부부관계로 맺어진 이들의 생활이 얼마나 로맨틱하고 안정적인 것인지 시사한다. 메인 MC 김구라와 고정 패널 서장훈은 '돌싱남'이다. 이들이 〈동상이몽 시즌 2〉에서 담당하는 역할은 스타 부부의 행복한 일상 앞에서 어기대며 웃음을 유발하는 것이다. 유명 예능인인 김구라와 서장훈은 자조적인 희화화를 통해 이혼 상태를 하나의 개그 소재로 삼고 있지만, 방송에 노출되지 않는 일반인의 경우 이혼을 밝히는 것 자체를 꺼리기도 한다. 〈한끼줍쇼〉 14화가 그 예다. 당시 페어였던 강호동과 경리는 봉천동에서 한 끼를 얻어먹는 데 성공했다. 그러나 끼니를 함께 한 출연자가 이혼 상태임을 털어놓았고, 그 사연을 방송에 내보내고 싶지 않다는 의사를 밝혔기 때문에 〈한끼줍쇼〉는 출연자의 신상을 비롯한 대화 장면을 통째로 편집하여 방영하는 길을 택했다. 이는 제작진이 일반인 출연자의 의사를 배려한 결과이다. 동시에 한 개인이 이혼 가구를 바라보는 사회적 편견의 시선을 인식하고, 그에 수치심을 느끼고 있음을 보여주는 사례이기도 하다.

　비혼 상태의 1인 가구를 바라보는 시선은 더욱 한정적이다. 통계청의 「2015년 인구주택 총조사」에 따르면 1인 가구는 27.2%로 전체 가구유형 가운데 가장 큰 비율을 차지한다. 그럼에도 불구하고 오늘날의 1인 가구가 연속성을 가진 삶의 한 형태로 인정받고 있다고 볼 수는 없을 것 같다. 〈한끼줍쇼〉만 보더라도 1인 가구를 대학생 혹은 고시생 중심으로 보여주면서 취업 혹은 결혼이라는 정상적 생애 주기 이전의 준비 단계로 상정하는 경우가 많다. 또한 〈한끼줍쇼〉는 단독 주택과 빌라를 중심으로 초인종을 누른다. 이경규의 발화에 따르면 '(한 끼) 성공 가능성을 높이기 위해'서다. 이 말은 상당수의 1인 가구가 처해 있는 주거 불안 문제를 은연중에 드러낸다. 단독 주택은 중산층 정상 가족의 상징이자 전유물이다. 문을 기꺼이 열어줄 수 있는 가족의 표준 잣대가 주거 환경이라는 사실을 인정하는 것이나 마찬가지다. 대다수의 1인 가구가 처한 경제 조건을 제쳐놓고 보더라도, 혼자 살면서 단독주택을 주거지로 선택할 사람은 많지 않을 것이다. 결과적으로 〈한끼줍쇼〉에 노출되는 가족 모델은 높은 확률로 정상 가족일 수밖에 없다.

　조금 다른 맥락이기는 하나 〈한끼줍쇼〉 제작진이 출연 가족에게 요구하는 '칭찬해, 서운해'와 '한끼 극장' 코너 또한 이상적인 가족 이데올로기에 대한 강요가 될 수 있다. 가족 구성원은 평소처럼 행동하고 평소 가지고 있던 생각을 말할 것을 요구받는다. 그러나 당장의 모습이 전파를 타고 나가게 될 것을 인지하고 있는 만큼, 검열을 거쳐 평소 그 자신의 머릿속에 자리하는 이상화된 가족의 이미지를 재현하게 된다. 〈한끼줍쇼〉가 선사하는 대화와 추억의 자리는 미디어의 필요 내지는 강요에 의해 수행되는 것이기도 하다. 그렇게 가족 대신 가족주의라는 가치가 재생산된다.

기대는 대신 기대할 때

초인종을 눌러서 해결될 일이 아니다. 중요한 것은 문을 열어주고 싶도록 만드는 것이다. 문을 여는 건 한 가정이지만 문을 열 수 있게 만드는 것은 사회적인 관계와 제도, 풍속이다. 〈한끼줍쇼〉가 눌러야 하는 것은 정상 가족 이데올로기다. 가족 개념이 확장되고 그에 대한 제도적 확충이 절실해진 오늘날, 〈한끼줍쇼〉는 가족주의적인 정서에 기대는 대신 다양한 가족 모델을 노출시켜야 한다.

동시대를 살아가는 시청자들은 방송이 보여주는 새로운 가족 모델을 받아들일 준비가 되어 있을 확률이 높다. 2017년 일반 시민을 대상으로 한 조사에서 동거 등 다양한 가족 형태에 대해 우리 사회가 편견을 가지고 있다는 견해는 90% 이상을 차지했다. 그러나 본인은 편견이 없다는 답변 또한 55%나 되었다. 사회 전반에는 편견이 존재하지만 개인은 편견을 가지고 있지 않다고 주장하는 상황인 만큼, 제도의 변화와 미디어의 노출도로 인식의 전환을 꾀할 수 있는 가능성이 보인다. 지금의 〈한끼줍쇼〉가 보여주는 가족 모델과 가족주의 정서는 대부분 중장년층에 익숙하게 받아들여지는 것들이다. 〈한끼줍쇼〉의 연령별 평균 시청률 중 50대가 차지하는 비중이 제일 높다는 사실이 이 점을 뒷받침한다. 정상 가족 신화를 가치관의 일부로 받아들인 중장년층이야말로 다양한 형태의 가족 모델을 제일 많이 소개받아야 할 연령층이다.

그런 점에서 〈한끼줍쇼〉 42화는 방송이 보여줄 수 있는 가족의 스펙트럼을 넓힌 선례 중의 하나로 제시될 만하다. 김포시 운양동에서 동거 중인 커플이 문을 열어주었다. 이효리와 짝을 지어 한 끼에 성공한 이경규는 그들 커플에게 결혼 계획은 없는지, 혼인 신고는 했는지, 언젠가 혼인 신고를 해야 하지 않을지, 자녀 계획이 있는지에 대해 연이어 질문했다. 언뜻 무례하게 들릴 수 있는 질문이지만 다른 시각에서 보면 시청자들에게 새로운 형태의 가구에 대한 이해를 제공하기도 한다. 〈한끼줍쇼〉 42화는 동거로 이루어진 가족이라고 해서 유대의 기반이 약한 것은 아니라는 사실을 보여주었다. 서로를 아끼고 사랑하는 마음은 신화화된 정상 가족과 별반 다르지 않았다. 출연자는 "(이 관계를) 남한테 설명하기가 어려운 거지, 제 인생에 스스로 설명하긴 어렵지 않다"라고 말했다.

사회적 인식은 구성원들이 처한 조건에 따라 늘 변화해왔다. 사회가 필요로 하는 것과 실제적인 조건, 구성원들의 요구가 절충안을 찾기 위해서는 규격화된 기존의 인식 틀을 유연하게 만들어놓을 필요가 있다. 방송 매체는 그 역할에 앞장설 수 있다. 〈한끼줍쇼〉를 비롯한 방송 프로그램들은 다양한 형태의 가족 모델을 보여주며 공감을 이끌어내고, 나아가 기존의 가족주의적 공동체를 넘어선 새로운 형태의 열린 공동체를 제시할 수 있어야 한다. 공동체에 대한 필요가 떠오르는 반면 공동체 위주의 사고에 염증을 느끼는 사람들도 늘어나고 있다는 점을 간과해서는 안 된다. 공동체의 개념과 구조가 확장되어야 하고, 정상의 테두리 밖에 위치한 비정상을 조명하여 그에 대한 포용력을 넓혀야 할 것이다. 나아가 정상의 테두리야말로 격파되고 재구성되어야 할 하나의 위계임을 인지시키는 것이 오늘날의 방송이 수행해야 할 역할이자 과제이다.

〈한끼줍쇼〉가 가지고 있는 많은 장점들이 있다. 전 연령대를 아우르는 국민 MC와 새로운 시청층을 유입하기에 용이한 스타 게스트, 평범한 이들의 일상에 귀 기울일 기회를 제공하고 동시대에 더욱 소중하게 느껴지는 대화와 환대의 가치를 되새기게 만드는 점까지, 〈한끼줍쇼〉가 사랑을 받는 데는 이유가 있다. 사랑을 받는 만큼 책임이 뒤따른다. 초인종 소리를 듣고도 문을 열지 못하는 가구가 있다. 평범한 가정으로 소개되지 못하는 이들 또한 오늘을 살아가는 우리의 모습이며, 진정 사회가 반기고 초대할 필요가 있는 사람들이다. 방송은 이들 가구의 초인종을 누르기 이전에 이들에게 먼저 문을 열어보여야 한다. 열린 공동체를 지향하는 〈한끼줍쇼〉가 어떤 식으로 그 역할을 수행할지 지켜봐야 할 것이다. 〈한끼줍쇼〉만이 감당할 몫은 아니다. 시청자가 두드리고 응답할 때다.

백종원 RPG, 판을 깨기 위해선

백종원 분석: 〈백종원의 골목식당〉을 중심으로

한석구

백종원 RPG: 시청자는 백종원과 자신을 동일시한다

레벨을 올리기 위해 수백 시간에 가까운 반복적이고 오랜 작업이 필요한 RPG(role-playing game, 역할 수행 게임). 리니지나 월드 오브 워크래프트(WoW), 메이플스토리와 같은 인기 많은 오래된 RPG에 심취한 이용자들에게서 발견되는 공통적인 특징이 있다. 게임의 이용자들이 얻는 즐거움이 어느 수준을 넘어가는 순간부터는 게임 그 자체에서만 나오는 것이 아니라는 점이다. 오래된 게임 이용자일수록 게임이 제시하는 과제 수행은 그들이 얻는 즐거움의 핵심 동력이 되지 못한다. 그보다는 게임 안에서 쌓아온 이용자들 간의 관계성이나 그들 자신이 시간을 투자해 만들어온 게임 캐릭터 자체에 대한 애착이 그들의 게임에 대한 충성심에 더 큰 영향을 미친다. 자신의 캐릭터를 강화해줄 고급 아이템들을 사기 위해 적게는 몇 만 원부터 많게는 몇 백, 몇 천만 원에 이르는 현실의 돈을 사용할 수 있는 건, 그들이 그 게임 캐릭터와 자신의 정체성을 동일시하는 과정이 있었기에 가능한 일이다. 그렇기에 그들은 게임을 관리하는 운영자들을 비난할지언정 게임을 쉽게 접진 못한다. 그들이 '만들어온 과정'이 이미 그 게임 속에 녹아들어가 그들 자신과 분리될 수 없는 탓이다. 이는 그들을 게임 속에 계속해서 붙잡아놓는 힘으로 작용한다.

2018년 현재, 한국 방송계에서 백종원이라는 '캐릭터'가 얻게 된 위상은 분명 독특하다. 방송 데뷔 초기만 해도 연예인 소유진의 남편으로 알려졌던 그는 불과 몇 년 사이에 배우 소유진이 백종원의 부인으로 불리게 될 정도로 인지도를 높였다. 탈세 혐의로 인한 세무조사나 부친의 사건·사고와 같은 개인적인 위기, 〈백종원의 골목식당〉(이하 〈골목식당〉) "뚝섬 편"이나 "대전 청년구단 막걸리 편"과 같이 방송 자체가 크게 논란이 되는 상황 속에서도 정작 백종원 자신의 이미지는 별다른 타격을 받지 않았다. 소위 '먹방'(음식에 관련된 방송) 프로그램에 자주 출연해 이미지 소모가 심할 법한데도 그가 가지고 있는 캐릭터성은 소비되지 않는다. 방송을 통해 전해지는 그의 발언과 행동들은 화제와 갈등을 낳지만 비난의 화살이 백종원에게 향하지도 않는다. 아무리 뜨거운 논란이 일어나도 백종원 자신은 마치 태풍의 눈처럼 고요한 중심이 되는 것이다. 심지어 골목상권을 파괴시키는 주범으로 지목받는 거대 프랜차이즈 외식업계의 사장이라는 모순적인 신분을 갖고서도 말이다.

이러한 상황들은 역설적으로 오늘날 백종원이라는 '캐릭터'가 한국 방송계에서 얻은 길지 않은 시간 동안 두텁게 쌓아올린 신뢰의 힘을 보어준다. 십수 년간 소비자 고발 프로그램들에서 활약했음에도 순식간에 신뢰를 잃은 이영돈 PD의 사례를 생각한다면 백종원이 받는 신뢰의 건고함은 더욱 돋보인다. 불과 몇 년 전 MBC의 〈마이 리틀 텔레비전〉 때만 해도 백종원이 과다하게 사용하는 설탕에 대한 문제 제기가 백종원 자신에게까지 이어졌던 당시의 사회적 분위기하고도 달라졌다. 그렇다면 무엇이 이러한 차이를 만든 것일까. 그 답을 얻기 위해서는 〈골목식당〉이라는 한 차원의 프로그램을 넘어서 그의 방송 이력에 대한 통시적인 분석이 필요하다. 이는 방송에서 만들어진 '백종원'이라는 캐릭터가 마치 RPG와 같은 방식으로 성장했기에 단순히 프로그램 하나에 대한 분석을 통해서는 그의 캐릭터성을 온전히 이해할 수 없기 때문이다. 현시점에서 백종원이라는 캐릭터는 단순한 백종원 자신이 아니다. 그는 방송 속 출연자인 동시에, 시청자가 감정 이입을 할 수 있는 대상인 '자신이 키운 캐릭터'가 된다.

캐릭터 형성: '전문가' 백종원

게임을 하는 데 가장 중요한 부분은 캐릭터 형성이다. 캐릭터들이 가지고 있는 고유한 기본 속성에 대한 설정을 제대로 파악하지 못한 채 플레이가 이루어질 경우 그 효율성은 떨어질 수밖에 없다. 캐릭터 성장 속도의 차이 역시 해당 캐릭터에 대한 이해와 더불어 그 캐릭터 사용법에 대한 이용자 자신의 이해도에 달려 있다. 백종원은 자신의 고유한 분야인 '음식에 대한 이해도'를 처음부터 시청자들에게 인지시키는 방식을 통해 시청자와 안정적으로 연결되기 시작했다.

백종원이라는 방송 캐릭터의 '생성'에서 가장 핵심이 되는 키워드는 바로 그의 '전문성'이다. 단순히 프랜차이즈 회사의 대표 정도로 여겨져 왔던 그에게 이러한 '전문성'이라는 키워드를 거의 처음으로 부여하기 시작했던 것은 EBS의 〈세계견문록 아틀라스〉(2014)였다. 음식기행이라는, 어찌 보면 보편적인 포맷을 따른 그 프로그램에서 백종원이 차별적으로 보여줬던 건 중국과 중국 음식에 대한 깊은 이해도와 그를 바탕으로 한 스토리텔링이었다. 식자재의 사용법부터 조리/식식 사례, 각 지역적 특색과 같이 자신이 직접 체험해 얻은 경험을 지식과 뒤섞은 그의 설명은 '인간적 체온이 느껴지는' 지식이 돼 전달되었다. 이는 그가 쌓은 전문성이 필터링을 통해 정제된 경험이 아닌, 자신이 직접 발로 뛰며 얻은 ─ 혹은 방송을 통해서 그렇게 얻어진 것으로 믿어지는 ─ 경험에 기초해 있는 것으로 그려졌기 때문이다. 어디까지나 개인적인 경험이나 취향에 근거해 형성된 지식임에도 '직접 먹어보는' 반복적인 경험을 통해 쌓인 것으로 보이는 그의 경험들은 그렇기에 시청자에 의해 '믿을 수 있는' 지식으로 탈바꿈되어 수용됐다. 이러한 그의 전문성은 이후 Olive의 〈한식대첩〉 시리즈나 tvN의 〈스트리트 푸드 파이터〉(2018)와 같은 프로그램들을 통해 재생산됐다.

　〈골목식당〉에서 그의 평가와 해결책 제시를 정당화해주는 수단 역시 이렇게 그가 방송을 통해 쌓아 올려온 '전문성'에 그 근거를 둔다. 그의 전문성의 경우 고든 램지(Gordon Ramsay)나 제이미 올리버(Jamie Oliver)와 같은 해외 유사 프로그램의 출연진이 갖추고 있는 전문성과는 분명 결을 달리한다. 백종원의 경우는 방송 캐릭터상으로도 전문 요리사적 면모보다는 〈어프렌티스(The Apprentice)〉 등을 통해 보였던 도널드 트럼프(Donald Trump)와 같은 경영자와 훨씬 더 유사한 측면을 갖는다. 그럼에도 그가 고든 램지와 같은 전문 요리사들만이 제시할 수 있는 것처럼 여겨지는 해결책을 제시할 수 있는 데에는, 그가 다른 방송들을 통해 쌓아온 '전문가'적 이미지가 비교적 굳건히 자리를 잡았기에 가능한 측면이 있다.

레벨 업: 친근한 백종원

사실 EBS〈세계견문록 아틀라스〉출연은 그에게 컬트적 인지도만을 안겨주었을 뿐 대중적인 인지도를 안겨주지는 못했다. 백종원은 그렇기에 자신의 전문성을 알리는 과정을 병행해오면서 자신의 '전문성'을 활용하는 모습을 보여줌으로써 그 자신의 인지도를 높이기 시작했다. 그는 이를 자신이 직접 '만들 수도 있다'는 것을 끊임없이 어필하는 방식을 통해 이를 시청자에게 전달한다.〈무한도전〉등과 같은 프로그램에 간간히 '전문가적'인 면모만을 보이는 방식으로 노출됐던 그가 본격적인 '성장'의 과정을 거치기 시작했던 건 MBC의〈마이 리틀 텔레비전〉때였다. 인터넷 방송이라는, 양방향 소통이 중시되는 플랫폼 방송을 통해 백종원은 자신의 전문성에 인간미를 대중적으로 어필할 수 있는 기회를 얻었다. 댓글을 통해 전달되어오는 시청자들의 반응을 실시간으로 파악하고, 이들의 수요에 맞춰 방송 콘텐츠의 방향성을 조절하는 방법으로 백종원은 시청자들의 바람에 맞춘 자신을 보여주는 데 성공한다.

'겸손하지만 자신감은 돋보이고 유머 감각과 소통 능력까지 갖춘' 전문가 수준의 사업가라는 캐릭터에 대한 인식. 이는 이후 백종원이〈마이 리틀 텔레비전〉에서 하차한 이후에도 이때의 백종원 캐릭터를 방송을 넘나들면서도 유지할 수 있었던 기반이 되었다. 예컨대 tvN에서 방영됐던〈집밥 백선생〉시리즈에서의 백종원은 간소화된 수많은 요리법 제시를 통해 자신의 전문성을 보여주면서도 이 과정을 전달하는 과정을 통해 자신이 만든 캐릭터를 강화한다. 전문가이자 '선생'으로서의 백종원이지만, 그가 보여주는 모습은 고든 램지와 같은 요리 전문가 캐릭터들이 가지고 있던 '엄격하고 깐깐하며 고압적인' 면모와는 거리가 있다. 따뜻하고 자상하게 친절한 설명을 제시하는 것처럼 묘사되는 백종원의 '선생'으로서의 캐릭터는, 그렇기에 그가 주연이 되는 〈집밥 백선생〉과 같은 상황 속에서도 과하게 돌출되지 않는다.

이와 같은 과정을 통해 성장한 백종원의 캐릭터는 그 결과 다양한 상황에 노출되더라도 쉽게 흔들리지 않게 된다. 〈백종원의 삼대천왕〉 이후 이어지는 〈백종원의 푸드트럭〉이나 〈골목식당〉에서 보여주는 '조언가'로서의 백종원의 이미지가 이를 가장 잘 보여주는 대표적인 사례다. 그가 먹던 음식을 뱉어내거나 상황에 대해 독설을 쏟아내더라도 이러한 행동은 백종원이 기존에 형성해왔던 '전문적 지식을 가진 선생'의 이미지의 틀 내에서 크게 벗어나지 않는 선에서 그가 어쩔 수 없이 하는 '강한 의사 표현' 정도로만 묘사된다. 더 나아가 백종원은 엄격한 스승이지만 동시에 인간미를 가지고 있는 따뜻한 사람이자 방송 이후에도 출연자들과의 인연을 계속해서 이어가는 인간적인 멘토로 그려진다. 이러한 백종원의 이미지는 그가 여러 방송 등을 통해 쌓아온 캐릭터에 대한 시청자의 인지가 뒷받침되기에 유지될 수 있는 것이었다. 단순히 백종원의 전문가, 스승으로서의 이미지를 〈골목식당〉이라는 단일 프로그램에서 형성하려고 했다면 분명 불가능했을 시도다.

파티 플레이: 다양한 관계 속에서의 백종원

일정 부분 경지에 이른 게임 캐릭터들의 경우 더 큰 과제를 수행하기 위한 협업을 필요로 한다. 탱커(최종 보스의 공격을 버티는 캐릭터)와 딜러(지속적인 공격을 수행하는 캐릭터), 힐러(체력을 회복시켜주는 캐릭터) 등 다양한 직업군으로 구성된 파티(party)를 통해 이용자들은 혼자서는 성취할 수 없는 업적을 이루며 쾌감을 느낀다. RPG 게임에서 파티 플레이는 게임이 본격적으로 시작되는 계기인 동시에 게임을 통해 얻고자 하는 즐거움의 종착지라고도 볼 수 있다.

1인 플레이(〈세계 견문록 아틀라스〉, 〈마이 리틀 텔레비전〉, 〈스트리트 푸드 파이터〉), 소규모 팀원들과의 팀플레이(〈집밥 백선생〉, 〈한식대첩〉, 〈백종원의 삼대천왕〉) 등 다양한 플레이 방식을 통해 성장해온 캐릭터 백종원. 그는 〈삼대천왕〉의 틀을 깨는 〈푸드트럭〉과 〈골목식당〉에 이르러선 이러한 파티 플레이의 범위를 단순히 프로그램 내의 구성원들을 벗어나 시청자들로 확장시키기 시작한다. 이는 다모클레스(Damocles)의 칼과도 같은 일반인들의 참여를 통해 이루어진다.

현재의 〈골목식당〉이 단기간 내에 겪고 있는 많은 논란들에서 볼 수 있듯, 일반인 시청자의 참여는 그 참여 과정에서 논란을 낳을 위험 요소들을 항상 가질 수밖에 없다. 출연자의 자살이 이슈가 됐던 고든 램지의 〈헬스 키친(Hell's Kitchen)〉이나 현재 〈골목식당〉에 대한 황교익 칼럼니스트의 비판에서 촉발된 논란처럼, 이러한 논란들은 방송 내적인 요소들 외에도 방송 외적인 부분들에 의해서 발생하기도 한다. 이러한 논란들은 끝내 프로그램에 출연한 출연진에 대한 비판적인 시각으로 연결되는 경우들도 많다. 〈마이 리틀 텔레비전〉에서 '설탕을 담뿍 쓰는' 백종원이라는 캐릭터에 대한 논란에서도 드러났던 부분이기도 하다.

그러나 불과 몇 년 사이 백종원은 이러한 논란이 발생하는 상황에서조차 비난의 초점에서는 빗겨가는 독특한 지위를 갖게 됐다. 프로그램에 대한 문제 제기를 하는 프로그램 참가자들조차 백종원에 대해선 '감사한 마음을 가지고 있다'라는 표현을 통해 그에 대한 직접적인 힐난을 피해가는 방식을 택한다. 이는 수년간의 출연을 통해 그의 전문성과 캐릭터성을 형성한 백종원에 대한 문제 제기가 어려워졌기 때문이다.

백종원이 시청자의 절대적인 지지를 얻게 된 시점에서, 그에 대해 비판을 가하는 자는 빌런(villain)화 됨으로써 시청자가 척결해야 하는 대상으로 전락한다. 이 상황에서 불만이나 이의제기는 이러한 상황에서 먼저 '걸러진 후'에 이루어지게 된다.

　백종원의 가능성과 한계는 바로 이 지점에서 나온다. 오랜 시간 동안 전문가이자 스승으로서 '성장한' 백종원은, 〈골목식당〉을 통해 교화의 대상들인 '소규모 골목식당'을 개선해주는 영웅 캐릭터로서 움직인다. 그의 행동과 도움을 통해 반증되는 골목식당은 마치 한국 자영업 사회의 소우주(microcosm)와 같은 모습으로 비춰지며, 그 과정에서 골목식당들이 개선되는 모습들을 통해 시청자들은 마치 자신이 키운 RPG 게임 캐릭터가 문제를 해결하는 것과 같은 쾌감을 얻게 된다. 자신만의 방식을 고집하는 식당 주인이나 참가자가 보여주는 전문성이 떨어지는 조리 기술과 같은 요소들은 문제 해결을 가로막는 방해물로 간주된다. 자영업 폐업률이 2017년에 기록했던 87.9%보다 더 높을 것으로 예상되는 2018년의 상황에서, 백종원의 솔루션 제시 과정에서 반증적으로 묘사되는 현실은 보는 시청자로 하여금 자영업의 위기를 파악할 수 있게 하는 좋은 계기를 제공하기도 한다. 이러한 기능은 백종원의 〈골목식당〉이 단순한 오락적 예능을 넘어서 시사 교양적 성격을 띠는 현재의 '쇼양(쇼+교양 프로그램)' 트렌드의 주축이 될 수 있게 해주는 원동력으로 작동한다. 그러나 바로 이 지점에서 백종원이라는 캐릭터의 역할은 제한되고 만다. 요리에 대한 전문적인 지식, 식당 개업 및 개설에 대한 노하우를 가지고 있는 백종원이지만 현재의 틀 내에서 그는 그가 가진 캐릭터성 이상의 비전을 제시할 수 없다. 발생한 문제에 대한 원인은 보여줄 수 있지만, 그 해결책은 그가 캐릭터로서의 '백종원'인 이상 어디까지나 레시피 수정 정도의 차원에 머물 뿐이다. 그의 프로그램들은 시청자와의 '파티 플레이'를 지향하면서도 동시에 여전히 백종원 1인 플레이의 틀에서 벗어날 수 없다. 문제 해결 역시 근본적인 해결책 제시보다는 그림을 위해 자극적인 현실 묘사에 좀 더 치우치게 된다. 〈골목식당〉에 대한 주요한 비판 근거가 되는 자극적이고 독한 묘사의 이면에는, 백종원이라는 캐릭터를 통해 제시할 수 있는 프로그램 내부의 빈곤이 깔려 있는 셈이다.

먹방 범람기, 백종원 RPG가 판의 근본을 흔들기 위해선

'먹방'이 범람한다. TV 곳곳에서 틀면 나오는 프로그램들에 이젠 왠지 모를 피로감까지 느낀다는 반응이 나올 정도다. 하지만 어찌 보면 뻔한 이 먹방 트렌드가 그럼에도 힘을 잃지 않는 건, 음식이란 소재를 통해 전달할 수 있는 메시지의 힘이 그만큼 강하다는 걸 반증하는 것이기도 하다. 이산가족의 향수(鄕愁)를 시각화하는 송이버섯, 자국의 당당한 주권을 강조하는 독도새우와 같은 소재들은 열 마디 말보다 강렬한 하나의 소재가 함축적으로 보여줄 수 있는 메시지의 힘을 보여준다. '먹방'이 잠깐 사그라질지언정 소멸되진 않을 것이라고 생각하는 이유다.

백종원이라는 한국의 TV가 만들어낸 이 뜨거운 캐릭터는 여전히 이러한 '먹방'이라는 트렌드의 한가운데 있다. 비슷한 프로그램들이 소멸하는 와중에도 그의 프로그램들이 호평을 받을 수 있는 건 그가 쌓아온 캐릭터의 '레벨'이 높았기에 가능한 일이었다. 그러나 맛있는 음식을 자꾸 먹으면 물리듯, 캐릭터에 대한 발전적 고민 없이 이를 계속해서 소모하려고만 할 경우 한계는 올 수밖에 없다. 그에 대한 시청자들의 신뢰에 비춰볼 때 이는 여러모로 아쉬운 일이다.

그런 점에서 제이미 올리버의 영국 급식 개선 프로젝트 기획은 현재의 백종원이라는 캐릭터가 마주할 수밖에 없는 한계에 대한 새로운 해결책의 가능성을 열어준다. 예능적·오락적 요소를 놓치지 않으면서도 사회적 메시지 전달을 통해 실제 영국 학교 급식의 개선을 이끌었던 기획은 과한 교양적 요소 없이도 프로그램이 대중성을 갖춘 채 교양적 기능을 수행할 수 있음을 보여줬던 대표적인 사례다. MBC 〈일요일 일요일 밤에〉의 "양심냉장고"나 〈느낌표〉의 "책책책 책을 읽읍시다"와 같은 프로그램의 성공 사례 역시 백종원의 캐릭터성에 대한 확장이 좀 더 사회적인 면으로 이어지더라도 충분히 상업성을 확보할 수 있다는 걸 보여준다. 무엇보다도 〈골목식당〉이 프로그램을 통해 현실의 단면을 가장 적나라하게 지적하고 있다는 점은, 백종원 캐릭터에 대한 훼손 없이도 캐릭터의 확장이 가능하다는 걸 보여주는 부분이다.

　　예능 트렌드는 쉽게 변한다. 관찰형 예능, 다큐멘터리적 예능의 유효 기간 역시 예상보다 훨씬 더 짧을 가능성이 크다. 그런 점에서 현 시점에서의 백종원이라는 이입 가능한 캐릭터의 존재는, 현재의 판을 깨는 '참여형 예능'과 같은 보다 근본적인 전환을 가능하게 해줄지도 모른다. 완성된 '만렙'(최고 레벨) 캐릭터를 가지고 고민할 수 있는 제작진의 역할이 그 어느 때보다 중요하다. 백종원 RPG는, 지금부터 시작이다.

잠자는 연씨를 깨우다.
JTBC 드라마 〈미스 함무라비〉 비평문

신화, 이데올로기 비평을 바탕으로

이은지

'법정드라마'의 새로운 시대

법정드라마가 안방극장을 장악했다. 얼마 전까지 지상파와 종합 편성 채널, 케이블까지 법을 소재로 한 작품들이 일주일을 책임졌다(MBC 드라마 〈검법남녀〉, JTBC 드라마 〈미스 함무라비〉, KBS 드라마 〈슈츠〉, tvN 드라마 〈무법변호〉, SBS 드라마 〈친애하는 판사님께〉 등). 법정드라마 성격상 이야깃거리가 풍부하고, 전개 방식에 따라 드라마의 특색과 분위기가 확연히 달라진다. 그렇기에 꾸준히 방영되는 게 아닐까 싶다.

드라마 역사상 처음으로 사법부를 배경으로 한 〈미스 함무라비〉. 주인공 역시 변호사, 검사가 아닌 판사이다. 지금껏 대중문화 속 판사는 법정에서 고개를 끄덕이며 판결만 내리는 수동적인 인물로 그려졌다. 하지만, 〈미스 함무라비〉 속 판사의 모습은 사뭇 다르다. 정의로운 판결을 내리기 위해서 끊임없이 고뇌하는 모습을 세심하게 그려낸다. 또한, 〈미스 함무라비〉는 판사뿐만 아니라 실무관, 속기사, 경위 등 법원 내 직원들까지 등장시켜 이야기를 한층 더 구체적으로 다루고 있다.

〈미스 함무라비〉의 극본을 집필한 문유석 작가는 현직 판사다. 그래서일까, 취재를 통한 극본과는 비교 불가능한 섬세함이 더 현실적으로 작용한다. '이웃 간의 다툼', '형제간의 재산 싸움' 등 우리네 현실과 닮아 있는 소재로 하여금 시청자에게 익숙하게 다가왔다. 그뿐만 아니라 예민할 수 있는 법원 내 갈등 구조, 부조리까지 〈미스 함무라비〉에서는 생동감 있게 표현된다. '생 리얼 초밀착 법정드라마'라는 소개가 틀리지 않았다.

〈미스 함무라비〉는 판결마다 사이다처럼 통쾌한 카타르시스를 선사하지는 않는다. 어쩌면 그래서 더 특별하다. 기존의 법정드라마와 다른 〈미스 함무라비〉만의 것을 찾기 위해 신화와 이데올로기를 토대로 조금 더 자세히 들여다보려고 한다.

'데칼코마니'가 될 수 없는 그들

드라마에는 선과 악의 구조가 존재하고, 성격이 다른 두 인물 간의 대립이 나타난다. 이를 클로드 레비스트로스(Lévi-Strauss, Claude)의 신화 구조의 핵심인 '이항대립'으로 살펴볼 수 있다. '이항대립'은 두 가지 요소에 의한 대비, 대립 관계를 말한다. 레비스트로스는 '이항대립'의 관계를 통해 구조를 밝히고 대립적인 상관관계 속에서 생성되는 새로운 의미를 규명했다.

〈미스 함무라비〉에도 레비스트로스의 '이항대립' 구조가 존재한다. 드라마 초반 매우 상반되는 두 주인공의 모습이 나타난다. 이는 앞으로 드라마의 전개 과정을 암시할 수 있는 중요한 단서가 된다. 여자 주인공 박차오름(고아라 분)은 자신이 세상을 변화시킬 수 있다고 믿는다. 남을 도울 줄 알고, 타인의 아픔에 공감할 줄 아는 인물이다. 또한, 사회 정의를 구현하고 시궁창에 빠져 허우적대는 사람을 우선으로 구할 것이라고 말한다(1화 中). 반면에 남자 주인공 임바른(김명수 분)은 사람들은 각자의 변명 속에 살아가고 쉽게 변하지 않는 존재라고 생각한다. 또한, 남을 도와주는 것은 일종의 선을 넘는 행위라고 여기며 자신이 판사가 된 이유도 그저 먹고 살기 위해서라고 말한다(1화 中).

드라마 속에서 대조되는 것은 대사로 전해지는 인물의 성격뿐만 아니라 두 사람이 가진 상징물로도 드러난다. 임바른의 책상엔 정의의 여신상 '디케(Dike)'가 놓여 있다. 두 눈을 안대로 가리고 한 손엔 저울을 또 다른 손엔 칼을 쥐고 있는 여신상이다. 정의를 실현하기 위해서는 어느 쪽에도 기울지 않는 공평무사한 자세를 지킨다는 것을 의미한다. 이는 임바른의 성격인 원칙주의자, 이성주의자에 걸맞은 조각상이다. 반면 여자 주인공 박차오름의 책상엔 팔이 여러 개인 불상, '천수관음'이 놓여 있다. 박차오름의 외할머니(김영옥 분)는 '천수관음'을 보면서 "팔이 안으로 굽으면 또 어떻겠노. 그 대신에 팔이 저래 넉넉히 많고 멀리까지 뻗을 수 있으면 되지 않겠니? 온 세상이 힘들고 어려운 사람을 다 품을 수 있을 만치 말이다"라고 말한다(5화 中). 외할머니의 인간에 대한 신념을 배우며 자랐기에 인간에 대해 애정 어린 박차오름의 성격과 행동을 파악할 수 있다.

또한, 임바른이 벽에 건 그림은 프란시스코 고야(Francisco José de Goya y Lucientes)의 〈산 이시드로를 향한 순례〉이다. 그림에 나타난 사람들은 각자 다른 곳을 바라보고, 공포심과 두려움에 가득 차 있다. 분위기는 어둡고 기괴하다. 겉과 속이 다른 인간들, 쉽게 변하지 않은 인간들에 대한 임바른의 가치관을 그림을 통해 느낄 수 있다. 반면 박차오름이 건 그림은 이중섭의 〈춤추는 가족〉이다. 한눈에 봐도 임바른의 그림과는 다른 느낌이다. 네 명의 사람이 하하 호호 웃으며 서로의 손을 잡고 함께 춤을 추고 있다. 이것 또한 박차오름의 인간에 대한 사랑, 감정, 공동체주의 등을 대변해주고 있다.

제자리로 돌아오는 '톱니바퀴' 이야기

주인공의 고난과 갈등으로 시작하는 드라마는 거의 없다. 〈미스 함무라비〉 역시 마찬가지다. 드라마 첫 회에 안정적이고 선망받는 '판사'가 된 박차오름이 회사에 가는 장면이 나온다. 그녀의 표정과 행동 역시 행복해 보인다. 하지만 드라마의 회차가 계속될수록 박차오름의 삶은 순탄치 않은 일의 반복이고, 사람들과 끊임없이 갈등한다. 그러나 갈등은 지속되지 않고, 곧 주인공의 노력으로 해결된다. 또한, 대부분 드라마가 그러하듯 결말은 해피엔딩으로 마무리된다. 시작과 끝이 평탄한 것은 일종의 구조적인 틀이다.

이는 츠베탄 토도로프(Tzvetan Todorov)의 신화로 살펴볼 수 있다. 토도로프는 이야기는 항상 안정의 상태로 시작되어 불안정의 상태를 걸치고, 다시 안정의 상태로 돌아온다고 말한다. 그리고 갈등은 늘 해결된다고 본다. 〈미스 함무라비〉의 전체적인 구조를 자세히 살펴보면 초반부에는 안정된 직업의 주인공 모습이고, 중반부에는 갖가지 사건·사고가 박차오름을 힘들게 한다. 박차오름이 다른 사법부의 재판에 개입했다고 여기는 법원(5화 中)의 모습, 부장판사의 청탁 사실을 알고 이를 바로잡으려는 박차오름이 내부 고발자가 되어 부당한 대우를 받는 것(10화 中), 징계위원회에 회부되는 것(15화 中) 등 수많은 어려움을 겪고 힘들어하는 주인공의 모습이 나타난다. 하지만 매 사건은 긍정적으로 해결된다. 정의를 실현하려는 박차오름의 절대 굽히지 않는 마음 자세와 이에 힘을 보태주는 재판부 가족, 그리고 언제나 박차오름의 편이 되어주는 외할머니와 시장 이모들이 있기 때문이다.

법원 내뿐만 아니라 중간중간 등장하는 박차오름의 가족사도 그녀의 아픔에 영향을 미친다. 부유한 가정에서 엄마의 사랑을 듬뿍 받고 자랐으나 아빠는 가정폭력을 행사했고, 엄마의 눈앞에서 아빠는 자살했다. 그 일의 충격으로 박차오름의 엄마는 과거의 기억을 잃게 되었다. 박차오름은 영영 엄마가 자신의 존재를 기억하지 못할까 봐 불안해하며 살아간다. 하지만 결말부에(15화 中) 그녀의 엄마가 외할머니와 함께 집으로 돌아와서 "오름아. 자랑스러운 내 딸 오름아"라고 말한다. 이를 통해 지금껏 겪었던 박차오름의 아픔은 해소되고, 앞으로 엄마에 대한 걱정 없이 행복하게 사는 모습을 예측할 수 있다. 이 역시 "이야기는 안정의 상태로 돌아간다"라고 주장하는 토도로프적 신화의 일종이다.

'알맹이'를 놓친 우리

우리 사회의 단면에는 지배적인 믿음이 존재한다. '여자라면 그렇게 해야 해', '부모니깐 가능하지', '우리 세대는 그럴 수 있어' 등 머리로는 아니라고 생각하면서 행동으로는 옮기지 못하는 사람들이 대다수다. 이는 롤랑 바르트(Roland Barthes)적 신화로 설명할 수 있다. 그는 신화를 특정 상황이나 사물에 대한 사회 내 지배적인 믿음이라고 말한다. 즉,

신화는 지배 이데올로기다. 이는 보편적이고 객관적인 1차적인 의미와, 내면에 있는 신화화된 2차적 의미 과정을 지닌다.

〈미스 함무라비〉 에피소드를 통해서 이를 분석해볼 수 있다. 회사 내 성희롱 사건 재판을 맡게 된 민사 44부(3화 中). 박차오름은 "정말 이해할 수 없는 행동이다"라고 부장판사인 한세상(성동일 분)에게 말한다. 다음으로 박차오름의 대사를 받아치는 한세상의 대사에 집중해볼 필요가 있다.

> 물론 직장 상사가 잘못했지. 하지만 그게 그렇게 큰 잘못인지 모르는 세대가 존재한다. 이 사회가 변한 걸 미처 따라잡지 못한 사람들이지. 우리 사회는 너무 빨리 발전했거든.

그의 말을 표면적, 즉 1차적 의미로 분석해보면 변화하는 사회에 발맞춰 변하지 못한 사람도 있다고 말하는 것이다. 하지만 이 말 속에는 지배적인 믿음이 존재한다. 이후에 오는 대사 중 "밥줄을 끊는 것", "가장이 해고되는 것"과 함께 생각해보면 이해하기 쉽다. 결국, 그의 말에 따르면 인턴을 성희롱한 직장 상사의 입장도 생각해봐야 한다는 의미가 내포된 것이다. 인턴을 성희롱한 직장 상사가 잘못된 것임에도 변하는 사회에 따라 변하지 못한 사람을 이해해야 하고, 한 가정의 가장이기에 이해해야 한다는 것. 정확히 판단해야 하는 것은 상사의 성희롱 문제인데 왜 그의 입장에 서서 생각해봐야 하는지 의문이 생긴다. 하지만 한세상의 지위를 생각해보면 말이 달라진다. 그 역시 판사임과 동시에 남자이고, 한 가정의 가장이기에 사회 내 지배적인 믿음이 그의 가치관을 형성시킨 것이다.

'사회'라는 프레임 속에 숨어 있는 그들

대중적인 영상 미디어가 사회 구성원들의 일상생활에 영향을 미치고, 사회관계를 지배할 수 있다고 전제하는 이데올로기. 이데올로기 비평은 사회 지배 집단의 의식과 권력이 어떻게 모두의 것으로 포장되어 은폐됐는지 밝혀내는 것을 의미한다. 〈미스 함무라비〉에서는 다양한 사회 이데올로기를 찾아볼 수 있다. 그뿐만 아니라 드라마 속에 사회 이데올로기를 숨기지 않고, 주인공의 대사와 행동을 통해 비판적으로 보여주려는 노력도 존재한다.

몇 가지 장면으로 예를 들어보면, 먼저 여자의 '옷차림'이다. 〈미스 함무라비〉에서 치마를 입고 출근한 박차오름을 이상하고 한심한 눈으로 바라보는 판사들이 대다수이다. "판사로서 옷차림이 가당키나 해? 화려하고, 치마도 짧고"라고 한세상이 박차오름의 옷차림을 보고 말한다. 이에 박차오름은 "'법관 윤리 강령'에 치마 길이 규정이 있나? 법원 조직법엔 있나요?"라는 대사와 함께 조신한 옷으로 갈아입고 온다며 '니캅'을 입고 나온다. "생각해보니깐 맞아요. 여자들이 음란하게 살을 내놓고 다니면 되겠어요?"라며 옷 속으로 살을 다 숨긴다(1화 中). 회사 내 여자의 옷차림은 '법관 윤리 강령'에도 '법원조직법'에도 나와 있지 않다. 단지 '여자이기에 조신해야 하고, 여자이기에 단정해야 한다'라는 사회적 고정관념일 뿐이다.

다음으로 '성추행'의 이데올로기이다. 누군가의 잘못이 명확하지만, 아직도 사회에는 장난으로는 가능한 일이라며 여기는 사회 집단이 존재한다. 성추행의 기준을 잘 모르겠다는 임바른과 정보왕(류덕환 분). 이에 박차오름은 그들을 데리고 자신의 외할머니께서 일하는 곳으로 데려간다(3화 中). 그곳에서 일하시는 나이 많은 아주머니들이 입에도 담지 못할 농담을 던지며 남자 판사의 신체를 터치한다. 그들은 당황스럽고 불쾌한 표정을 짓는다. 박차오름은 '역지사지'의 자세로 직접 느끼고, 그 기준을 명확히 하기 위해서 그들을 시장으로 데려간 것이다. 장난삼아 던지는 농담이 상대방에겐 얼마나 큰 충격과 공포를 가져다주는지에 대해 우리 사회 속에 자리 잡고 있는 '성추행' 문제점의 심각성을 느끼게 해준다.

이처럼 〈미스 함무라비〉에서는 사회 속에 은폐된 지배적인 믿음을 찾아내고 이를 비판적인 자세로 옮기는 것을 보다 적극적으로 보여주고 있다.

진짜배기 법정, 〈미스 함무라비〉

지금까지 신화, 이데올로기 비평으로 〈미스 함무라비〉를 살펴보았다. '이항대립'에 따른 주인공 설정, '안정, 불안정, 다시 안정'으로 돌아오는 드라마의 구조, 대사에 내포된 의미 해석, 사회 이데올로기 현상까지. 이 과정을 거치다 보니 드라마를 분석하는 생각의 폭은 자연스레 넓혀졌다. 또한, 의식하지 못했지만 우리 사회의 이면에는 다양한 이데올로기가 존재함을 알게 되었다. 그리고 지금껏 비판적인 자세로 수용하지 못하고 있는 그대로 받아들이려고 한 것에 대해 반성하게 되었다.

박차오름은 '계향충만(戒香充滿)'한 사람이다. 이는 시궁창 냄새가 가득한 연못에 연꽃이 피면 향기로 가득해져서 아무리 더러운 환경이라도 정화시킬 수 있다는 의미의 성어이다. 시궁창 냄새를 향기로 바꾸는 연꽃처럼 그녀의 정의감은 사회를 정화하기에 충분했다. '계란으로 바위 치기'의 연속이었지만 보수적인 법원을 조금씩 변화시켰다. 절대 '데

칼코마니'가 될 수 없을 것처럼 보였던 박차오름과 임바른은 서로를 이
해하게 되었고, 자신의 위치와 지위를 지키기 위해 불의에 주춤하던 한
세상은 잘못된 것이라고 외칠 수 있는 용기를 얻게 되었다(15, 16화 中).

일각에서는 〈미스 함무라비〉를 '신파'와 '판타지'라고 말한다. 솔직
히 단번에 아니라고 단언하긴 어렵다. 하지만 '신파'와 '판타지'에 초점
을 맞추기보단 이를 아우를 수 있는 '판사'에 집중하면 어떨까 싶다. 사
람의 마음을 읽고 그들의 편에 서줄 수 있는 판사 말이다. 그래서일까
'박차오름과 같은 판사가 현실에 있을까?'라는 의문이 듦과 동시에 믿으
려고 노력했다. 그러면 '신파'니 '판타지'니 말하는 것보다 한결 마음이
편해진다. 〈미스 함무라비〉는 현실을 살아가는 사람들에게 박차오름과
같은 연꽃이 되고자 하는 작은 마음의 씨앗을 싹 틔울 수 있는 양분을
제공한 것이다.

또한, 〈미스 함무라비〉에서는 사법부라면 '정의'와 '진실'을 절대
배신하지 않아야 한다는 믿음을 보여주었다. 그래서 〈미스 함무라비〉
가 다른 법정드라마보다 더 특별하게 다가온 것 같다. 앞으로 새롭게 방
영될 법정드라마는 '판타지'적 요소가 가미된 것이 아닌 더욱더 현실적
인 소재로 법원의 판도가 바뀌는 과정을 보여줬으면 좋겠다. 사소한 균
열일지라도 작은 틈을 통해 보수적인 '법원'을 변화시킬 가능성을 보여
주는 드라마 말이다.

당신이 구경꾼에서
우리의 구성원이 되는 방법

〈밥블레스유〉와 〈전지적 참견 시점〉을 중심으로

한대호

확장된 관찰 예능의 시대, 24시간 방송되는 우리의 일상

우리가 처음으로 누군가의 삶을 관찰할 수 있게 된 것은 언제쯤이었을까?

1895년, 프랑스의 그랑 카페. 그곳에는 많은 관객이 어둠 속에서 은막 앞에 앉아 있었다. 그들은 처음 공개될 마술 공연을 기다리고 있었다. 그로부터 얼마 지나지 않아 어둠 속에서 빛이 투사되며 투명한 은막에 등장한 기차가 그곳에 모인 관객들을 향해서 폭풍 같은 돌진을 시작했다. 놀란 관객들은 자신들을 향해 돌진하는 기차에 비명을 지르며 자리에서 피하기 마련이었다.

최초의 영화로 알려진 뤼미에르(Lumière) 형제의 〈기차의 도착〉을 상영하던 풍경은 관객에게 누군가의 삶을 구경할 수 있다는 새로운 마술을 선사했다. 그로부터 100년이 조금 넘게 흐른 지금은 그때 당시 그랑 카페에 앉아 있던 관객의 반응이 우스꽝스러워 보일 정도이고, 우리의 삶을 미디어와 분리하기가 어려울 만큼 일상과 미디어는 혼재되어 있다.

2018년 예능 방송 프로그램의 돋보이는 흐름은 한동안 많이 등장했던, 출연자가 자신의 일상과 공간을 노출하는 '관찰 예능'이라 불리는 포맷이 방송계에 광범위하게 퍼지기 시작했다는 점이다. 기존의 SBS의 〈미운 우리 새끼〉, MBC의 〈나 혼자 산다〉를 넘어 연애, 출산, 시집살이, 연예인 스스로가 콘텐츠 크리에이터가 되는 1인 방송에 이르기까지 다양한 분야로 확대되고 있다.

누구나 방송을 할 수 있다는 미디어의 외연 확장은 이전에 공공미디어 시스템이 경험하지 못했던 콘텐츠의 홍수를 목격하게 했지만, 한편으로 이와 동시에 타인의 삶을 바라보는 관음적 시선이 만연해지는 것에 대한 우려 또한 제기되었다. 관찰 예능은 겉보기엔 자의적인 사생활의 공개이기도 하지만, 고정된 여러 대의 카메라가 무차별적으로 누군가의 모습을 촬영하고 관찰한다. 이와 같은 시선은 마치 누군가의 삶을 염탐하고 관음하는 것 같은 착각을 시청자에게 들게 한다.

유명 연예인이 아침에 부스스한 머리로 화장실을 가고 덜 떠진 눈으로 부엌 이리저리를 다니는 모습은 이런 누군가의 사생활을 목격하는 것도 이제는 콘텐츠의 일종으로 느끼게 한다. 이런 시선은 유명인도 일반인과 크게 다르지 않은 생활을 영위한다는 안도감을 시청자에게 제공한다.

하지만 한편으로 이렇게 누군가의 삶을 궁금해하는 '구경꾼의 문화'는 우리 사회의 거대한 사회적 문제로 다가오기도 한다. 근래에 있었던 연예인 숙소에서 몰래 촬영될 뻔했던 영상과 관련된 이슈와 더불어 한국 사회에 뜨거운 화두로 대두되고 있는 '몰카'와 어느 곳에서든 카메라를 들이대는 셀카 문화 등 우리의 일상이 언제나 노출될 수 있다는 경각심이 사회 곳곳에 심각하게 퍼지고 있다.

나의 사적인 공간과 일상이 하나의 콘텐츠가 될 수 있는 사회이자, 한편으로 내 삶이 언제나 타인에게 노출되고, 내가 원치 않는 모습까지 삽시간에 유통될 수 있는 시대에 우리는 무엇을 숙고해보아야 할까?

이에 대해서 최근 '쿡방'과 '관찰 예능'을 접목하여 복합 장르를 보여주고 있는 Olive의 〈밥블레스유〉와 MBC에서 방영되고 있는 〈전지적 참견 시점〉[1]을 통해서 동시대 관찰 예능이 처해 있는 시대적 상황과 앞으로 지향해야 할 가치에 대해서 논해보고자 한다.

너는 나를 참견할 권리가 있다?

〈전참시〉는 연예인의 가까운 거리에서 근무하는 매니저의 시점을 통해 출연자의 내밀한 삶을 살펴본다는 취지로 기획되었다. 단순히 연예인을 관찰하는 것뿐만이 아니라 식욕, 수면욕, 개인적 성취에 관련한 욕망에 이르기까지 일거수일투족을 관찰한다. 이는 인간의 기본적인 욕망을 똑같이 지닌 사람으로서 연예인을 조망하는 시도로 볼 수 있다. 이 프로그램은 이전에는 한정적인 공간과 생활에만 카메라를 들이대던 관찰 예능이 이제는 공간을 넘어 삶을 추적하기 시작하는 하나의 경향성을 보여준다.

KBS의 〈슈퍼맨이 돌아왔다〉나 MBC의 〈마이 리틀 텔레비전〉 등은 촬영 대상자가 결정하는 한정적인 공간에서만 방송이 진행된다. 이

---

1   이하 〈전참시〉로 표기.

를테면 〈슈퍼맨이 돌아왔다〉의 송일국은 육아 공간과 그의 아내가 거주하는 생활 공간을 철저히 분리하여 통제 가능한 선에서 자신의 일상과 육아를 공개하고자 했다. 〈마이 리틀 텔레비전〉에 출연했던 이경규역시도 자신의 집이나 평소 자신이 자주 방문하던 곳에서 방송을 진행하면서 스스로 직접 선택한 카메라 앵글에서만 방송을 진행했다.

하지만 〈전지적 참견 시점〉은 출연자의 집, 일터, 자주 가는 식당, 차안 등 이전보다 더 많은 공간과 사적인 삶을 공개하기를 요구한다. 이역시도 편집이나 출연자의 사전 요구를 통해서 통제할 수 있는 요인이있지만, 궁극적으로 시청자의 욕구는 이전보다 사적이고 공개되지 않은은밀한 곳을 향하고 있다.

사실 이와 같은 욕망은 아주 이른 시기부터 존재해왔다. 이렇게 누군가의 삶을 엿보고 거기에 따른 쾌감을 얻기 시작한 것은 영상 문화의오래된 전통이었다. 1929년 소비에트에서 공개되었던 영화 〈카메라를든 사나이(Человек с киноаппаратом)〉는 최초로 우리의 일상과 삶이 공개적으로 대중에게 공개될 수 있다는 가능성을 보여주었다. 그래서 이 영화의 감독이었던 지가 베르토프(Dziga Vertov)는 자신의 영화적철학을 키노-아이(Kino-Eye)[2]라고 명명하며 카메라를 통해서 확장된 우리의 감각적 경험을 명명했다.

그리고 이와 같은 예능 프로그램의 경향은 최근 들어 기하급수적으로 늘어난 1인 방송의 영향이기도 하다. 다양하게 활동하고 있는 BJ들은 흔히 말하는 '먹방', '눕방' 등을 넘어서서 공공장소, 사적 공간을가리지 않고 자신들의 카메라를 켠다. 이렇게 24시간 내내 송출되는 누

---

2 지가 베르토프, 『키노아이: 영화의 혁명가 지가 베르토프』, 김영란 옮김(서울: 이매진, 2006), 30쪽.

군가의 사생활과 여기에 관심을 더하기 위해 가해지는 흥미 요소들은 공공의 미디어에서도 더 자극적이고 실재에 가까운 방송을 요구하게 된다는 것이다.

아프리카TV나 유튜브보다 자극적이거나 직접적인 사생활 노출이 불가능한 공공 방송에서는 그렇기에 이 지점에서 개인의 성장 서사나, 유명인이 가지고 있는 의견과 가치관에 참견하고 관여하도록 한다. 〈전참시〉 출연자 이영자는 끊임없이 어디서나 만두나, 휴게소 음식에 대한 예찬과 자신의 기억과 추억을 뒤섞으며 미식 예찬을 늘어놓는다. 그리고 박성광과 그의 매니저 임송의 성장기는 이제는 방송에서 빠질 수 없는 요소가 되어버렸다. 그렇지만 이 와중에도 이것이 짜인 대본이나 연출이 아닌, 최대한 일상에 가까운 리얼일 것을 시청자는 요구한다.

그리고 이 프로그램에서는 여기에 그치지 않고 '참견꾼'이라고 불리는 패널이 촬영된 영상을 보면서 코멘트를 첨부한다. 이전의 관찰 예능에서 〈전참시〉가 한 차원 너머 던지는 화두는 이제 그저 누군가의 사적인 삶을 바라보는 것을 넘어서 공식적으로 이에 관여해도 괜찮다는 신호를 시청자에게 보내고 있는 것이다. 이 신호는 과연 누군가의 삶을 공식적으로 관음해도 된다는 신호일 것인가, 아니면 누군가의 삶에 참여하며 새로운 사회적 가치와 지향을 만들 수 있는 가능성일 것인가.

카메라를 든 여자들, 생동하는 우리를 봐줘!

〈밥블레스유〉는 그동안 관찰 예능의 구성과 문법을 한 단계 더 갱신한 쿡방이자 토크쇼이다. 방송인 송은이가 직접 진행, 대본 준비, 촬영, 카메라 앵글 세팅 등에 참여하면서 방송 전반을 관여하는 이 프로그램은 이전의 관찰 예능보다 더 적극적이고 능동적으로 자신의 일상과 공간을 노출한다. 출연자가 직접 방송 전반에 관여하고, 무슨 프로그램인지도 모르고 일단 카메라부터 들이대면서 자신과 친구들의 식사부터 촬영을 시작한 이 프로그램은 그로부터 3개월 뒤에서야 그 빛을 보게 된다.

이 같은 포맷의 진화는 일정 부분은 비자발적인 부분이 있다. 현재 아이돌과 남성 방송인이 주류로 자리 잡은 방송계의 상황 속에서 40대 여성의 활동 공간은 협소해지고 있다. 그렇기에 40대를 넘어선 여성들의 삶은 주로 모성과 육아, 가족 공동체 안에서 주로 소비되었다. 하지만 여전히 비혼을 유지하며 자신의 삶을 향유하는 이영자, 최화정, 송은이, 김숙은 그들 스스로 우리 공공 미디어에서 다루지 않은 영역에서 자신들의 삶을 촬영하기 시작한다.

그렇게 그들은 스스로 카메라를 들어서 다시 주류 방송 시장으로 진입하게 되었다. 핵심적인 중점은 이제 독점적인 공중파의 유통망을 거치지 않고도, 자신만의 콘텐츠를 갖춘 사항이라면 1인 방송을 통해서도 새로운 가능성을 모색할 수 있게 되었다는 점이다.

〈밥블레스유〉는 40대 중반의 여성들의 대화로 시작된다. 공식적인 방송이 시작되기 전, "이거 진짜 방송 돼?"라고 묻는 출연자 김숙의 대화로, 그리고 실제로 편성이 이뤄지고도 다양하게 펼쳐지는 그들의 모습에서는 그동안 쉽사리 시청할 수 없었던 다양한 삶의 모습을 볼 수 있게 된다.

그래서 〈밥블레스유〉는 매번 진행하는 반복적인 코너나 시청자가 인지할 수 있는 기승전결의 구성이 아닌, 그녀들의 시시콜콜한 수다부터 그녀들의 SNS 채널에 올라오는 다양한 사연, 그리고 자신들이 방송계를 겪어오면서 느꼈던 희로애락 등을 풀어내며 어찌 보면 두서없을 수도 있는 구성을 하고 있다. 이는 이제 시청자가 관습적인 기승전결 구조나 연출자에 의해 짜여 있는 프로그램보다 스스로 일상이 연장되는 기분과 리듬을 요구하고 있는 것이다.

물론 〈밥블레스유〉 역시 기존의 예능 프로그램의 매너리즘을 가지고 있기도 하다. 자신들이 행했던 지나친 장난을 언급하며 톤이 조절되지 못한다든지, 출연자 간의 지나친 농담이나 젊은 남성 게스트를 출연시켜 성적 대상화를 진행하는 것은 기존의 예능 프로그램과 다르지 않은 문제의 지점일 것이다.

하지만 이들이 기존의 예능 프로그램과 다르게 던지는 핵심적인 화두는 관찰 예능이 수동적이고 피동적인 카메라의 관찰을 넘어서, 주체적이고 능동적인 출연자의 창발적 행위로 나아갈 수 있다는 가능성이다. 〈밥블레스유〉는 기존의 예능 프로그램들의 장르적 요소를 혼합한 하나의 프로그램일 수도 있겠지만, 기존의 예능 프로그램에서는 시도하기 어려운 40대 비혼 여성 연예인들이 만들어내는 능동적이고 생동하는 이야기이자, 일방적이고 수동적인 기존의 관찰 예능의 포맷을 넘어 쌍방향적이고 수많은 이들의 이야기와 참여가 만드는 새로운 형태의 관찰 예능의 도래이기도 하다.

참견과 관음을 넘어선 가치적 지향의 방송으로

이제 기존의 방송 제작자를 비롯해 일반 시청자까지도 손쉽게 콘텐츠를 생산할 수 있다. 이런 추세를 방영하듯 하루가 다르게 유명인과 일반인의 다양한 일상과 삶을 방영하는 프로그램은 늘어간다. 라이프타임 채널에서 새롭게 런칭한 〈파자마 프렌즈〉를 비롯해 JTBC4에서 방영 중인 〈비밀언니〉, 아예 1인 BJ의 일상을 다루고 있는 JTBC의 〈랜선라이프)에 이르기까지 한국 방송계 곳곳에서 누군가의 삶을 바라보는 참견과 구경은 하나의 트렌드로 접어들었다.

그렇지만 〈밥블레스유〉의 사례를 보듯 이런 참견과 호기심이 유의미한 서사와 포맷으로 정립된 경우는 아직 흔치 않다. 촬영 대상자가 동의할 수 있는 범위에 대해서 자신의 삶을 공유하고, 스스로가 주체가 될 수 있는 콘텐츠를 제작하는 일이 이제는 피할 수 없는 하나의 흐름이 되어버린 작금의 현실에서, 이제 고민해야 할 것은 '구경꾼'으로서의 정체성이 아니라 방송에 같이 참여하는 '구성원'으로서의 시청자의 정체성이다.

그렇기에 우리가 지향해야 하고 논의해야 할 가치는 여기에 있다. 현재 사회적 문제가 되고 있는 1인 방송 BJ의 자극적인 앵글이나 설정 위주의 관음과 염탐을 넘어서 누군가가 성장해나가는 과정, 쉽게 말할 수 없는 고민, 그리고 자신의 재능과 끼를 자유롭게 발산할 수 있는 새로운 가능성의 미디어로서 관찰 예능을 바라봐야 한다. 누군가의 삶의 애환과 아픔을 들어주며 진솔하게 이야기하는 방식에 있어서 우리는 미디어를 통해서 서로의 가치를 나눌 수 있음도 확인할 수 있다.

또한 여기서 우리의 구경과 참여는 누군가의 사적인 삶을 관찰하고 지켜보면서 희열을 얻는 것이 아니라, 누군가의 삶 속에서 나와 공유할 가치의 지점을 공유하고 이를 더욱 크게 확대해나갈 수 있는 가능성의 지점을 만드는 것이다.

이 예시로 〈밥블레스유〉 8화에서는 그녀들만의 단합대회를 다루면서 그에 대한 사례로 꼭 미디어에서 노출하는 완벽한 신체나 가꾸어진 미가 아닌 스스로가 행복하고 아름다운 미에 대해서 다룬 바 있다. 미디어가 예찬하는 완벽한 몸은 아니지만 자신이 입고 싶은 복장을 입고, 꼭 젊고 관능적이어야만 아름다운 것이 아닌, 나 자신을 사랑하고 삶 그 자체를 긍정하는 것에 대해서도 미디어를 통해서 공유할 수 있는 가치라는 것을 보여준 것이다.

기존의 관찰 예능과 최근의 자신의 일상과 삶을 노출하는 방송이 한 발짝 더 앞으로 나아가기 위해서는 자신의 화장실까지 공개하는 과감함이 아니라, 기존의 공공 미디어에서 쉽사리 다루지 못했던 소외된 이들의 삶과 사회적 편견, 우리 사회가 품고 있지만 이야기하지 못했던 문제와 가치에 대해서 이야기하는 일이 필요하다. 그리고 이 과정을 통해서 우리가 가지고 있는 편견을 넘어서고 열리지 않았던 시야를 확장하는 것이 이 시대의 관찰 예능을 바라보는 우리가 숙고해봐야 할 가치가 아닐까.

사회조직 이면의 삶(life)을 조명하다

JTBC 드라마 〈라이프〉

─────────────────────────────── 서근원 ─┘

약 1년 전, 한국 장르 드라마의 새로운 기준점을 제시한 드라마가 있었
다. 그것은 이수연 작가의 〈비밀의 숲〉. 인물들의 선악 구도가 명확히
보이면서도 모든 캐릭터가 동일 선상에서 인간적인 면모를 보여주었고,
에피소드 형식이 아닌 한 사건을 깊이 있게 다룸으로써 꼬리에 꼬리를
무는 연결 방식으로 시청자들의 궁금증을 해결함과 동시에 또 다른 문
제를 제기하기를 반복하는 이야기 구조를 보여주었다. 이러한 특징은
단순히 사건 수사에 집중하고 그 과정에서 사랑이 꽃피는 기존의 한국
수사물 드라마의 판도를 바꾸는 계기가 되었다.

　　그리고 1년 후, 검찰에서 병원으로 배경 설정이 옮겨진 〈라이프〉
라는 드라마로 시청자들에게 다시 찾아왔다. 검찰, 경찰 그리고 정부의
갈등 대립과 고위 공직자들의 비리를 주제로 다룬 〈비밀의 숲〉과 다르
게 이번 〈라이프〉는 사기업이 사들인 사립대학 병원이라는 한 장소 안

에서 사람과 사람 사이의 극명한 입장 차이가 갈등을 일으켜 전개되는 메디컬 드라마이다. 이 드라마 역시 편재해 있는 메디컬 드라마 형식을 따라가지 않고 있다. 〈낭만닥터 김사부〉, 〈골든타임〉 등 천재적 의사가 등장하여 환자를 치료하는 클리셰도 아니고 〈닥터스〉, 〈굿닥터〉 등 로맨스물이 과하게 들어간 작품도 아니다. 이 드라마는 아픈 사람들이 드나드는 병원의 뒷모습, 환자를 치료하고 기적적으로 살려내는 의사들의 뒷모습 등 우리가 병원에서 눈으로는 볼 수 없는 다른 이면들을 보여주고 싶었던 것이다. "병원도 기업이고, 의료도 산업입니다. 뭐가 그렇게 다를까요?"라고 말하는 숫자가 중요한 냉철한 구승효(조승우 분) 사장과 "피가 쏟아지는 게 보였습니다"라고 말하며 의사의 신념을 중시하는 예진우(이동욱 분) 의사, 그리고 두 사람을 둘러싼 상국대학병원의 여러 의사들의 가치관, 사리사욕을 매우 밀도 높게 담아냈다고 볼 수 있다. 정확히 말하면 '메디컬 정치경제학 드라마'라고 말할 수 있고 메디컬보다는 정치경제학에 더 포커스를 맞추는 게 이 드라마와 맞다고 생각한다. 배경 설정이 될 소재만 빌려왔기 때문이다. 병원이 배경이 아니라 방송사가 배경이었다면 어쩌면 '언론 정치경제학 드라마'가 될 수도 있었기 때문이다.

이수연 작가만의 독특하고 남다른 필력과 탄탄한 극적 구성에도 불구하고, 〈라이프〉는 〈비밀의 숲〉보다도 못한 드라마로 대중에게 낙인찍혀 있다. 이수연 작가가 고집하는 특징이 녹아들어 있고, 눈에 보이지 않는 현 사회를 그대로 재현해내고 싶은 욕심으로 만들어냈지만 〈비밀의 숲〉은 극찬을 받았고 〈라이프〉는 비판을 받아야만 했다. 그렇다면 비교와 비판을 당한 〈라이프〉는 대중에게 어떠한 가치를 남겼으며 사회에 무슨 영향력을 미친 것일까? 물론, 전 작품과 비교하여 부족한 부분이 있을 수 있겠지만, 전 작품에서는 발견하지 못하는 가치가 있을 것이고 이를 발견하여 유심히 분석해보아야 한다고 생각한다.

1. 조직 구조 속에 살고 있는 인물의 존재감

이수연 작가는 조직 구조 속 인물들에게 완벽함을 부여하지 않고 항상 약점을 부여함으로써 사건을 이끌게 만든다. 〈비밀의 숲〉에선 황시목 (조승우 분) 검사가 뇌섬엽 절제술로 감정을 잃은 채 사건 수사에 뛰어들 게 만들어서 어떠한 주관적 견해 없이 냉정하고 날카로운 모습을 보여 주도록 했다. 〈라이프〉에서는 예진우 의사와 심평원 심사위원인 예선 우(이규형 분) 두 형제가 나온다. 예선우는 어렸을 적 사고로 인해 다리 를 다쳐 걷지 못하는 불구이다. 예진우는 걷지 못하는 예선우와 걸을 수 있는 예선우, 두 명의 동생이 눈에 보이는 정신적 결함을 가지고 있다. 이러한 약점을 가지고 있는 캐릭터들이 중심이 되어 사건을 이끌어나가 려는 특징은 조직 사회 안에서 자기 자신의 한계를 마주하는 지극히 평 범한 사람들을 보여주려는 의도인 것 같다. 특히, 사람들은 대개 의사를 부족함이 없는 사람, 환자를 완벽하게 치료하는 사람 등 '완벽주의자'로 본다. 그래서 의사도 우리와 별 다를 바 없는 평범하기 그지없는 사람임 을 보여주고 싶어 흠을 집어넣은 게 아닌가 싶다. 흉부외과센터장 주경 문(유재명 분) 교수의 모습이 그렇다. 상국대 출신이 아닌 타지 병원 출 신 의사가 상국대병원에 들어와 센터장이 되어 다른 의사들에게 차별받 고 동등한 대우를 받지 못하는 모습과, 길고 긴 수술 끝에 자기 사무실 혹은 수술실 안에서 그대로 바닥에 누워 자는 모습 등은 작가가 시청자 들에게 '의사들도 완벽하지는 않답니다. 이게 의사들의 삶이에요!'라고 강조하는 것 같다.

초반에 냉랭하고 딱딱한 모습을 보이다가 조금씩 유동적인 인간미를 보여주는 구승효 사장도 관전 포인트이다. 흰 가운을 입은 의사들 사이, 검은 정장을 입고 새로 부임한 총괄사장 구승효는 강자에겐 약하고 약자에겐 강한 캐릭터이다. 상국대병원을 사들인 화정그룹의 회장 앞에선 머리를 조아리고 병원으로 돌아와 의사들 앞에 섰을 땐 그 누구보다도 머리를 치켜올리는 사람이다. 또한, 수익 구조 개선을 위해 적자를 낸 일부 과를 지방으로 보내려는 지시, 환자 정보를 화정그룹 계열 보험사에 건당 100만 원에 팔아넘기는 거래 등 기업인으로서 영업이익만 추구하는 행태를 통해 직급을 넘어 상국대병원은 하나의 기업이고 화정그룹 영역 안에 속해 있다는 '소속감'을 확실히 보여주고 있다. 하지만 구승효가 상국대학병원의 숨겨진 의료 사고를 발견하고 이를 공표함으로써, 손가락질을 받아야 할 대상은 정반대가 되어버렸다. 상국대병원의 타격을 알고 있음에도 공표를 했다는 점에서 마냥 이기적이고 냉랭한 사람이 아닌 인간적인 면도 볼 수 있음을 알 수 있다. 동시에, 이수연 작가는 '의료 사고로 인한 사망'을 주제로 시청자들에게 '평범한 의사들도 실수를 할 수 있다 vs 생명을 소중히 다뤄야 할 의사들이 명예를 잃을까 두려워 숨기는 행위는 비인간적인 행위이다'라는 윤리적인 질문을 던지고 있다. 빙산의 일각만을 드러내는 우리(나, 사회)에게 이수연 작가는 숨겨진 무의식을 날카롭게 건드렸다. 한편, 이노을(원진아 분) 선생은 구승효 사장의 냉혈한 같은 면을 보고 생명의 본질을 설득시키고자 계속 접근한다. 이노을은 의료 사고를 끄집어낸 구승효의 결정에서 상국대병원 시스템이 달라질 수 있다는 희망을 얻었기 때문이다. 하지만 기업의 방향성을 중시하는 구승효 사장에게는 이노을 선생이 불편할 뿐이다. 이런 가치적 갈등이 계속해서 전개된다. 구승효 사장은 이노을 이외에도 여러 사람들을 만나며 자신의 신념을 바꾸는 계기를 맞이하게 된다.

2. 열린 결말의 이중성

〈라이프〉를 끝까지 시청한 시청자들이 던지는 질문은 모두 공통적이었다. '결말이 왜 저래?'라는 질문. 그 이유는 떡밥이라는 떡밥은 다 던져놓고 치우질 않았기 때문이다. 질문만 있고 답변은 없는 '열린 결말' 말이다. 열린 결말이 무조건적으로 답답한 결말은 아니다. 작품을 접한 사람에 따라 다양한 해석 가능성을 주기도 한다. 내가 원하고 생각하는 방향대로 끝나는 결말은 뿌듯함과 안도감을 전해준다. 그러기에 작가들은 시청자들이 원하지 않는 결말을 낼 바에는 그냥 열어두고 '자, 이제 너희들의 몫이야!'라고 선언을 한다. 그러나 뿌듯함과 안도감을 갖기 위해 결말을 결정하기 전, 완결되지 않는 안타까움의 심정이 우선적으로 더 클 것이다. 전 작품 〈비밀의 숲〉에서는 하나하나 모든 사건이 다음 사건의 연결고리가 되어 자연스럽게 넘어가고 해결하는 과정을 반복하여 짜임새 있는 스토리를 보여주었다. 하지만 이번 작품 〈라이프〉에서는 〈비밀의 숲〉과 같이 모든 판들을 다 짜임새 있게 맞춰 해결하고 끝난 것이 아니라 오히려 더 흩트려놓고 사라저버렸다. 〈라이프〉 첫 회에서 상국대병원 원장인 이보훈(천호진 분)이 부원장의 집에서 사망하는 사건으로 판은 시작됐다. 그리고 그 판에서 뻗어나는 여러 잔뿌리들이 있는데 잔뿌리들을 다듬어주고 뽑아주어야 하는 의무를 〈라이프〉에서는 행하지 못했다. 잔뿌리라는 것은 '이보훈 원장의 죽음의 진실은?', '부원장이 전 원장의 통장에 있는 돈을 어떻게 가져갔는지?'와 같은 사건의 축의 실마리들을 가리킨다.

3. 다큐멘터리 같은 드라마

다큐멘터리란 허구가 아닌 현실을 직접적으로 다루면서 현실의 허구적인 해석 대신 현실 그대로를 전달하는 것을 말한다. 따라서 픽션과는 반대되는 말이다. 이수연 작가는 다큐멘터리 정의에 기초하여 〈비밀의 숲〉과 〈라이프〉를 썼다. 특히, 다큐멘터리는 눈에 보이는 물질세계의 외형뿐만 아니라 영상에 담긴 인간의 내면 역시 포함하는데, 이러한 특성을 잘 드러낸 드라마라고 할 수 있다. 크게 보아선 구조적 문제이지만, 그 속엔 인물들 개개인의 이야기들이 녹아들어 있다. 〈라이프〉에서 나온 구조적 문제를 불러일으킨 일차적 원인이 인물들 가운데에서 나났을 가능성도 있다. 사회 조직은 오로지 자기 자신만의 이익을 추구하는 사람들로 뭉쳐 있는 집단이 편재해 있기 때문이다. 사회 구성원 간의 의견 대립, 욕심, 고집으로 인해 생긴 개인적인 문제가 구조적인 문제로까지 이어지면 그제야 사람들은 모든 것들을 내려놓고 객관적인 시선으로 선악을 판별하려 하고 주변 사람들을 포섭하여 편을 짜려는 행동을 보인다. 개인의 사리사욕이 구조적 문제를 불러일으켜 다른 모든 사람들의 일까지 폭로한 김태상(문성근 분) 부원장이 좋은 예시이다. 부원장을 포함한 대부분의 의사가 이보훈 원장의 피를 뽑아 사리사욕을 채워가며 살아가고 있었다. 그러다 부원장은 심평원을 통해 대리 수술을 묵인한 사실이 들통이 났다. 그리고 구승효 사장의 귀에까지 들어오게 되어 구조조정실을 통해서 김태상 부원장을 자르라는 지시가 내려왔다. 이에 분을 참지 못한 부원장은 "여기 있는 사람 중에 이보훈이 피 안 빨아 먹은 사람 누가 있느냐!"라고 소리친다. 이를 지켜보는 다른 의사들은 부원장과 같이 사리사욕을 채우기 위해 원장을 이용해왔지만 부원장의 사태를 보고 멀리하며 자기들끼리 똘똘 뭉치는 행동을 보여준다.

다큐멘터리는 여론을 형성하는 데 중요한 역할을 하기도 한다. 하지만 이 특성은 〈라이프〉에서보다도 〈비밀의 숲〉에서 더 뚜렷이 드러난다. 매회, 많고 다양한 의심의 실마리들을 남기고 인물들 간의 극적 긴장감을 보여주어 시청하는 대중에게 궁금증을 자아내고 인터넷을 통해 범인이 누구인지 시청자들 서로서로 묻고 답하는 공론장 기능을 만들었다. 하지만 〈라이프〉는 여론의 형성 과정을 만들어내지 못했는데, 그 이유는 앞서 설명했듯이 부실하고 수없이 많은 실마리들 탓에 시청자들이 갈피를 잡지 못하는 상태가 되었기 때문이다.

하지만 다큐멘터리라고 해서 모든 것이 절대적 객관성을 보장하지는 못한다. 그 이유는 감독이 카메라를 들고 나서부터 현실은 주관적으로 변하며, 해석된 현실이기 때문이다. 이수연 작가는 경찰, 검찰의 비리나 의료기관의 구조조정과 비리 등의 이면을 해석한 것이라고 보면된다. 물론 작가가 검사가 아니고 의사가 아니기에 드라마 속 사소한 오류는 있을 것이다. 그래도 아직까지 〈비밀의 숲〉, 〈라이프〉가 대중의 입에 거론되는 상황을 보면 확실히 핍진성 높은 작품이라고는 말할 수 있을 것 같다.

4. 〈라이프〉 그 후의 Life는?

이수연 작가의 손에서 나온 상반된 성격의 두 작품 〈라이프〉와 〈비밀의 숲〉. 드라마 속 이야기는 현재 우리가 살아가는 시대와 많이 다르지 않다. 그가 우리에게 여전히 이야기하고 싶은 부분은 신자유주의의 영향에 노출된 전문직들의 만화경이 아닐까? 신자유주의란 국가 권력의 시장 개입을 비판하고 시장의 기능과 민간의 자유로운 활동을 중시하는 이론이다. 자본주의를 강조하고 돈을 중시하는 사회 속 이면을 보여준 것이다. 〈라이프〉 안에서는 사람과 사람 사이의 사리사욕이 많이 등장한다. 그 사리사욕은 자본주의 체제에 입각하여 드러난 욕심이다. 이러한 체제의 사회 조직은 사회 구성원 간의 과도한 경쟁을 낳고 구조적 문제를 원인 삼아 혁명을 일으킬 수도 있다. 극 중에서 화정그룹 회장 조남형(정문성 분)은 재벌 회장의 끝을 보여준다. 세상의 중심은 나이고 내가 없으면 돌아가지 않는 세상이라 생각하는 회장. 그는 구승효 사장이 병원을 조각내지 말아달라는 말에 "상국대병원? 10년? 아니 5년만 두고 봐. 어느 쪽으로 변해 있을지"라고 말하며 상국대병원의 큰 구조를 조정하여 재벌들만 사용이 가능한 병원으로 만들어가고 싶은, 즉 가진 자들만 잘 먹고 잘 사는 시대로 만들어간다는 회장의 사리사욕을 보여주었다. 자본주의 사회에서 앞으로 대중은 신자유주의에 기반하여 더욱 쉽게 지배당할 것이다. 신자유주의 시대 속 가진 자들의 운영 행동으로 수동적인 태도를 보이는 대중에게 조금이나마 깨달음을 얻길 바라는 마음으로 〈라이프〉를 제작하지 않았을까 싶다. 드라마를 보면 의사들과 시청자(대중)가 대조되고 시청자들은 그들을 보며 대리만족을 느낀다. 마치 자기 자신을 비추는 거울을 보듯이, 대중은 드라마를 보며 자본주의에 입각한 구조조정으로 인해 당하고만 사는 의사들이 혁명적인 행동을 하길 기대하고 그 행동으로부터 대리만족을 얻는다. 시대가 시대인 만큼 신자유주의적 성격이 녹아들어간 드라마는 끝없이 나올 것 같다. 그리고 그 의도는 '이렇게 살아가라!'가 아닌 '현재 사회는 이러한 시대이니 부디 이것을 보고 깨달음을 얻고 능동적으로 살아가라!'라는 조언을 주고 싶은 작가의 마음이 들어 있을 것이다. 이수연 작가는 소시민적인 삶에서 벗어나 능동적이고 변화하는 세대가 되어보자는 의미에서 자꾸만 자본주의적 공동체 조직의 이면을 밝히려는 것 같다. 그러기 위해

선 '우리들은 조직사회 내에서 평범하게 살아가고 있나?, 혹여나 조직사회 이면에서 숨어 지내며 살고 있지는 않나?'라는 질문을 스스로 꾸준히 던지며 살아가야 하지 않을까? 바라기는 앞으로의 작품도 조직 사회의 내면 혹은 이면을 보여주는 작품이었으면 하고, 스토리 흐름에서의 개연성을 높인 새로운 작품을 기대한다.

산책자와 침략자의 갈림길에 선 예능

KBS 〈김영철의 동네 한 바퀴〉와 JTBC 〈한끼줍쇼〉

고영상

예능의 다큐화

이제 예능과 다큐멘터리의 경계는 불분명하다. 이러한 현상은 현재 예능 프로그램의 주요한 경향인 리얼리티와 관련 있는데, 리얼리티를 추구하는 예능 프로그램이 현실을 사실적으로 기록하는 다큐멘터리의 문법을 차용함으로써 두 영역 간의 교집합이 형성된 것이다. 현재 예능 프로그램 제작에서 유행처럼 보이는 관찰 예능이라는 포맷 또한 '예능의 다큐화'라는 현상의 일부분으로 볼 수 있다. 관찰 예능은 리얼리티를 위해 제작진의 개입을 최소화하고 관찰 카메라로 출연자를 바라보는 것으로 프로그램을 제작한다. 아직 예능의 진화가 어디까지 진행될지 모른다는 점에서 "예능의 끝은 다큐멘터리"라고 했던 이경규 씨의 말이 사실일지는 알 수 없다. 분명한 것은 예능 프로그램의 현주소가 다큐멘터리와 교차하는 지점이라는 것이다.

리얼리티 추구를 위한 예능의 다큐화의 연장선으로 예능과 다큐멘터리는 일반인의 일상이라는 소재에서 서로 맞닥뜨리게 된다. 평범한 사람들의 일상은 사실 다큐멘터리가 줄곧 사용해오던 소재였다. 예능이 이 소재를 적극적으로 사용하게 된 것은 관찰 예능이 주요 경향이 되면서, 그들의 첫 번째 소재였던 연예인의 일상이 더 이상 시청자로 하여금 거리감을 느끼게 만들 뿐 공감을 자아내지 못할 때였다. 이제 예능에서도 리얼리티와 시청자로부터 공감을 얻기 위해 일반인의 일상에 들어가기 시작한다.

문제는 일반인의 일상이라는 같은 소재를 다룸에도 불구하고 몇몇 예능 프로그램이 공감이라는 성취를 달성하지 못한다는 점이다. 오히려 공감과 위로는커녕 시청자로 하여금 피로감과 불편함을 발생시키는 경우가 허다하다. 이 글은 어떻게 예능과 다큐멘터리가 같은 목적을 가지고 같은 소재를 다루는데도 불구하고 다른 결과를 취하게 되는지 JTBC의 〈한끼줍쇼〉와 KBS1의 〈김영철의 동네 한 바퀴〉를 사례로 그 현상을 분석하고자 한다.

일상의 침입자, 〈한끼줍쇼〉

"이 프로그램은 정글과도 같은 예능 생태계에서 국민 MC라 불렸던 두 남자가 저녁 한 끼를 찾아 떠나는 여정을 담은 다큐멘터리이다." JTBC의 예능 프로그램 〈한끼줍쇼〉의 시작을 알리는 프롤로그이다. 프롤로그에서 이 프로그램을 다큐멘터리라 언급했듯이 〈한끼줍쇼〉의 자의식에는 분명히 다큐멘터리가 존재하고 있다. 프로그램 소개의 "하루를 살아가는 원동력, 소통의 매개체이기도 했던 우리네 저녁 밥상. 평범한 가정, 국민들의 저녁 속으로 들어가 저녁 한 끼 나누며 오늘을 살아가는 우리들의 모습을 엿보고자 하는 프로그램"에서 드러나듯이 〈한끼줍쇼〉는 일반인의 일상으로 들어가는 것을 분명하게 지향하고 있다.

그러나 프로그램의 예능적 성격 탓일까. 종종 프로그램의 MC와 게스트들은 저녁 식사를 통해 일상으로 들어가는 것보다 저녁 식사를 해결하는 것 자체에 집착하는 것으로 보인다. 이를 정확하게 보여주는 사례로, 우편함을 확인해보거나 미션의 탈락이 결정되는 8시가 얼마 남지 않자 인터폰을 통해 빌라의 모든 호수를 하나씩 눌러보는 행위는 일반인의 일상으로 들어가는 것보다는 침입에 가까운 느낌을 준다. 이 느낌에 확신을 주는 것은 약간의 짜증 섞인 톤으로 인터폰 전부 눌러보라는 MC의 멘트이다. 그뿐만 아니라 그들이 정해놓은 규칙에 따라 한 번 거절한 집에 두 번 이상 설득할 수 없다. 그러나 저녁 식사를 제안하면서 MC와 게스트들이 보이는 모습은 흡사 떼를 쓰는 것 같으면서도 제한 시간이 얼마 남지 않았다는 이유로 상대방에게 구걸 아닌 구걸을 한다. 다른 공간도 아닌 정신적 휴식을 취하는 공간으로서 집에 들어오겠다는 사람들의 이러한 태도는 누군가에게는 폭력이자 침입이다.

심지어 상대방이 수락하여 집으로 들어가 함께 식사를 하게 되는 경우에도 일반인을 대상으로 진행되는 MC의 질문은 다소 논란의 여지가 있다. 연애와 같은 사생활 관련 질문은 고사하고 아르바이트생에게 시급을 물어보기도 했으며 기사화되기까지 한, 집 시세를 물어보는 행위는 과연 프로그램의 취지와 얼마나 부합하는지 돌아볼 필요가 있다. 앞서 저녁 식사를 함께하기 위해서 발생한 문제들의 경우 프로그램의 예능적 요소로 인해 유발되었다고 볼 수 있는 반면, 상대방의 입장을 고려하지 못한 MC의 질문은 프로그램의 특성으로도 변명하기 힘들며 프로그램의 지향하는 방향마저 무의미하게 만든다는 점에서 문제이다.

산책자의 동네 한 바퀴

지난 7월 18일과 25일, KBS1에서는 파일럿 프로그램으로 〈김영철의 동네 한 바퀴〉(이하 〈동네 한 바퀴〉)가 방영됐다. 〈동네 한 바퀴〉는 동네를 한 바퀴 돌며, 그 동네서 생활하는 사람들의 일상으로 들어가는 것을 그 내용을 한다는 점에서 〈한끼줍쇼〉를 떠올리게 했다. 평범한 사람들의 일상으로 들어가는 것을 지향한다는 점에서 〈동네 한 바퀴〉와 〈한끼줍쇼〉는 그 지향하는 바와 프로그램의 내용이 유사하다. 〈한끼줍쇼〉가 앞서 언급했듯이 다소 그 취지와 반대되는 모습들이 발견되었다면 반대로 〈동네 한 바퀴〉는 그 취지에 부합하는 프로그램으로서 완성도를 보였다. 심지어 시청률에서도 방영 2회 만에 동시간대 1위를 차지했다는 점에서 해당 프로그램이 대중적 호소력을 갖추기까지 했음을 입증했다.

　〈동네 한 바퀴〉는 배우 김영철 씨가 동네를 돌아다니고 사람들을 만나면서 자신의 과거를 떠올리기도 하고 외부인의 입장으로 현재의 공간을 응시한다. 프로그램 정보에 있는 소개대로 〈동네 한 바퀴〉는 속도의 시대에서 잃어버리고 살았던 것을 되찾게 해주는 것을 그 목표로 한다. 얼핏 보면 과거 소통의 매개체였던 저녁 식사의 장면을 방송으로 담아내고자 했던 〈한끼줍쇼〉가 겹쳐 보인다. 하지만 〈동네 한 바퀴〉는 평범한 사람들의 일상으로 들어가는 데 성공하는데, 그 성취의 원인에는 해당 프로그램이 평범한 사람들의 일상과 동네라는 공간을 다루는 태도에 있다.

이 프로그램에서 김영철 씨의 역할은 마치 발터 벤야민(Walter Benjamin)의 산책자 개념을 떠올리게 한다. 자본주의로 폐허가 된 도시를 돌아다니면서 이 도시가 가지고 있던 과거의 꿈을 기억해내는 산책자. 지금 그는 산책자처럼 서울이라는 도시를 한걸음 떨어져서 외부인의 시선으로 바라보고 있다. 하지만 그의 시선에서는 산책자의 비관적인 느낌이 부재한다. 오히려 따뜻하다고 느껴지는 이 시선은 그가 산책자와 달리 현재를 부정하지도 과거를 마냥 미화하지도 않기 때문이다. 그런 점에서 김영철 씨는 벤야민의 개념과 완전히 부합하지 않는다. 대신 그는 과거를 추억하고 현재를 긍정하는 스토리텔러로서 위치한다.

현재를 긍정하는 김영철 씨의 시선은 곧 〈동네 한 바퀴〉가 공간과 사람을 대하는 태도와 연결된다. 〈동네 한 바퀴〉는 1부에서 중림동과 만리동을, 2부에서는 익선동과 계동을 보여준다. 이는 흡사 1부의 경우 젊은 세대와 단절된 공간, 그리고 현대사회에서 사라져가는 공간과 직업을 보여주고, 2부의 경우 젊은 세대의 유입으로 활기를 찾은 공간으로 동네를 보여주는 것 같다. 하지만 프로그램이 동네를 대하는 태도와 함께 1부의 공간과 직업은 시간을 버티는 것이 되어가고, 2부의 공간과 직업은 옛것과 새것이 공존하는 곳이 된다. 특히 프로그램은 2회를 세운상가에서 시작하며 이곳을 공존의 공간으로 언급한다. 그다음 보여주는 익선동과 계동의 모습에서, 〈동네 한 바퀴〉는 그저 젊은 사장들이 이 옛 동네를 어떻게 변화시켰는지에만 집중하지 않는다. 익선동을 꾸미기 위해 화분을 가꾸는 할머니의 모습과 48년 동안 공인중개사 사무소를 운영하며 가난한 사람들을 도왔던 할머니의 모습을 통해 〈동네 한 바퀴〉는 공존의 가치를 보여준다.

〈동네 한 바퀴〉가 공간과 사람을 대하는 태도, 그리고 프로그램에서 김영철 씨가 공간과 사람을 바라보는 시선은 희망을 발견하고 대상을 긍정하는 데서 힘을 얻는다. 이 힘을 통해 현대사회에서 주변부로 밀려나가는 중인 공간과 직업은 시간을 버티면서도 지켜낼 가치가 있는 무언가가 되고, 변화를 경험하는 공간은 공존의 공간으로 탈바꿈한다.

예능의 한계, 답은 또다시 다큐에 있다

이제 예능 프로그램은 단순히 재미를 뽑아내기 위해 인위적으로 장면을 연출하던 과거의 관습으로부터 벗어나고 있는 중이다. 그 당시는 재미가 곧 시청률로 이어지던 시기였기에 불쾌하더라도 자극적이면 문제가 없다며 독한 예능이 유행했다. 하지만 시대가 변하고 시청자들은 독한 예능에 피로감을 느끼기 시작했다. 오히려 저자극의 재미가 추구되는 것이다. 그런 의미에서 다큐와 예능의 결합은 과잉 자극에서 저자극으로 이행되는 과정에서 자연스러운 발생이다.

시청자들로부터 공감을 얻고 그들에게 위로를 전해주기 위해 예능 프로그램이 다큐멘터리와 결합하여 일반인의 일상으로 들어가는 것은 그 자체만으로 긍정적인 변화이다. 하지만 아직까지 예능 프로그램에 남아 있는 나쁜 관습들 탓에 시청자들에게 온전히 위로를 전해주는 프로그램이 만들어지기엔 한계가 있는 듯하다. 현재 예능 프로그램이 가지고 있는 한계, 불쾌한 재미를 지양하고 시청자로부터 공감과 위로를 제공하는 예능 프로그램이 되기 위해 예능은 또다시 그 해답을 다큐멘터리에서 구해야 한다.

"카메라가 다가가면 갈수록 사람들은 자신의 비밀스러운 부분을 방어하려고 한다." 중국의 영화감독 지아장커(賈樟柯)가 한 말이다. 예능이 평범한 사람들의 일상을 찍기 위해, 그들에게 가까이 접근하기 위해서는 이 말을 기억해두어야 할 것이다. 무작정 들이미는 것이 아닌, 어쩌면 적당한 거리감이 필요할지도 모른다. 〈동네 한 바퀴〉가 평범한 사람들의 일상으로 들어가기 위해 가졌던 태도는 따뜻한 시선이기도 했지만 적당한 거리감도 존재했기 때문이다. 이 거리감을 무시하고 일상으로 침입하는 예능은 일반인들에게 식구가 아닌 식객으로 위치하고 말 것이다.

'사이다'가 아니어도 괜찮아

'미투' 시대의 드라마, JTBC 〈미스 함무라비〉

권나은

대기업 광고팀 소속 직장인 김다인(공라희 분) 씨. 어느 날 김 씨는 회사를 상대로 소송을 건다. 사내 성희롱 사건 재판에서 상사에게 불리한 증언을 했다는 이유로 부당 해고를 당했기 때문이다. 문제는 회사가 교묘하게 법망을 피해갔다는 것이다. 회사는 김다인 씨가 근무하던 광고팀을 해체하고 실질적인 자회사를 설립했다. 그다음 김 씨를 제외한 전 직원을 자회사에 취직시켰다. 게다가 회사는 김다인 씨의 평소 언행을 문제 삼는다. 회사 측 변호인은 '김 씨가 평소 행실에서 문제가 많았다'는 식으로 김 씨를 몰아세운다. 모든 정황은 김다인 씨에게 불리하게 돌아간다.

이 사건을 배당받은 팀은 서울중앙지법 민사 44부다. 한세상(성동일 분) 부장 판사, 임바른(김명수 분) 판사, 박차오름(고아라 분) 초임 판사로 이루어진 팀이다. 이들은 김다인 씨 처지에 진심으로 공감하지만, 법적으로 그를 구제할 방법을 찾지 못한다. 결국 민사 44부는 김다인 씨의 청구를 기각한다. 부당 해고라고 볼 만한 증거가 부족하다는 이유에서이다. 박차오름 판사는 김다인 씨에게 죄책감을 느낀다. 그는 허탈한 표정으로 이렇게 말한다.

"판사 되지 말 걸 그랬나 봐요. 판사가 할 수 있는 일이 이렇게 없는 줄 알았으면……."

다른 드라마였다면 어땠을까. 김다인 씨의 운명은 바뀌었을지도 모른다. 재판에서 승소하고, 회사로부터 거액의 배상금을 받았을 것이다. 드라마에서는 권선징악이 그리 어려운 일이 아니기 때문이다. 드라마는 시청자의 욕망과 환상이 투영된 예술이다. 시청자는 이기는 인물에 열광한다.

〈미스 함무라비〉는 그러한 기대를 정면으로 비껴간다. 이 작품은 승리 서사에 충실하지 않다. 권선징악 이야기에 익숙한 시청자라면 이 드라마가 낯설게 느껴질지도 모른다. 대신 〈미스 함무라비〉는 약자의 현실을 담담하게 보여주는 것에 집중한다. 현실에서 어떤 의미로든 패배나 좌절을 경험해본 사람이라면, 이 드라마 속 에피소드가 낯설게 느껴지지 않을 것이다.

'사이다' 대신 현실을 쓰다

2017년과 2018년은 '미투'의 시대였다. ≪뉴욕 타임스(The New York Times)≫는 할리우드 거물 영화 제작자 하비 와인스틴(Harvey Weinstein)의 성추행 사실을 보도했다. 피해 여성들이 폭로가 이어졌다. 이후 각계에서 성폭행 폭로가 터져 나왔다. ≪타임(TIME)≫지는 2017년 '올해의 인물(Person of the Year)'로 '침묵을 깬 사람들(the Silence Breakers)'을 선정했다. 표지에는 '미투(#MeToo)' 캠페인에 참여한 여성들의 얼굴이 실렸다.

우리나라도 예외는 아니었다. 법조계, 문화예술계, 정계를 가리지 않고 각계 여성이 본인의 피해 사실을 털어놓았다. 안희정 전 충남지사, 이윤택 연출가, 고은 시인 등 각 분야의 거물로 불리던 사람들의 위상이 한순간에 추락했다. 사회 분위기는 순식간에 바뀌었다. 여성의 성적 자기 결정권에 대한 시각도 변화했다. '미투'는 '나도 말한다'는 뜻을 담고 있다. 성폭력 피해자들은 더 이상 안으로 숨지 않는다.

현실은 여전히 녹록치 않다. '미투' 캠페인이 지닌 파급력과 별개로, 개별 사건에 대한 법적 처리는 쉽지 않은 실정이다. 안희정 전 충남지사는 1심 재판에서 무죄를 선고받았다. 재판부는 "검사가 제출한 증거만으로는 피해자 의사에 반해 성적 자유가 침해되기에 이르는 증명이 부족하다"라고 밝혔다. 성관계에 위력이 작용했다는 증명이 어렵다는 이야기다. 여기서 안희정 전 지사가 어느 정도로 잘못했느냐는 쟁점이 아니다. 성폭력 피해자가 자신의 피해를 온전히 증명하기 어려운 현실에 주목해야 한다.

〈미스 함무라비〉는 '미투' 시대의 이면을 보여준다. 〈미스 함무라비〉는 민사 44부가 처리하는 사건을 에피소드 형식으로 재구성한 드라마다. 각 에피소드는 피해자의 이야기에 무게 추를 싣지만, 이들에게 승리 서사만을 안기지 않는다. 〈미스 함무라비〉 속 인물들은 끊임없이 패배한다. 용기 있게 회사를 고소하지만, 청구를 기각당한 김다인 씨처럼. 유명 대학 병원에서 의료 사고를 당한 아들 때문에 1인 시위에 나서지만, 끝내 재판에서 진 할머니처럼.

이는 법이 지닌 한계 때문이다. 언제나 냉철한 모습을 고수하는 임바른 판사는 "법은 만인에게 평등해야 한다"라고 말한다. 그런데 법이 만인에게 평등하려면 모든 이의 증언을 공평하게 취급해야 한다. 가난하거나 힘없는 사람들은 유리한 증언을 하기 어렵다. '이기는' 방법을 배우지 못했기 때문이다. 그래서 돈이 많고 힘이 강할수록 재판에서 유리하다. 성추행 사건 내부 고발자를 색출하려 하는 회사처럼. 의료 사고를 저지르고도 책임을 지지 않으려 하는 대학 병원처럼.

드라마 작가들은 종종 극 속에 '사이다'라는 장치를 삽입한다. 시원한 사이다처럼, 권선징악이 명확하게 드러나는 줄거리를 통해 시청자에게 기쁨을 주려 한다. 약자는 투쟁하고, 투쟁은 승리하다. 이런 일은 현실에 일어나기 어렵지만, 그렇기 때문에 시청자의 지지를 받기 쉽다. 〈미스 함무라비〉는 대중의 기대를 몇 번이나 저버린다. 작품에는 '계란으로 바위 치기'라는 말이 반복적으로 나온다. 약자의 목소리 내기가 생각처럼 쉽지 않다는 뜻이다. 그런데 〈미스 함무라비〉는 패배주의에 사로잡힌 작품도 아니다. 작품은 처음부터 끝까지 '계란으로 바위를 치는' 사람들을 따뜻한 시선으로 그려낸다. 민사 44부는 이들의 문제를 모두 해결해주지는 못하지만, 어떻게든 방법을 찾기 위해 고군분투한다.

〈미스 함무라비〉는 현실을 알려주지만, 냉소를 조장하지 않는다. 임바른 판사는 법원 밖에서 시위하는 사람들을 보며 "거리에서 뭔가를 외치고 있는 이들을 보면 솔직히 이성적이고 합리적인 분들은 드물다. 괴팍하고, 흥분 잘하고, 고집이 세다"라고 말한다. 박차오름 판사는 "이성적이고 합리적이고 세련된 분들은 거리에 나오지 않는다. 그런 분들은 조용하고 깔끔한 사무실에 앉아 거리를 내려다보기만 한다"라고 응수한다. 이성적이지 못한 사람들이 힘이 없는 게 아니라, 힘이 없기 때문에 이성적이기 어렵다는 이야기다. 〈미스 함무라비〉는 개인이 아닌 구조를 향한 질문을 던진다.

물론 〈미스 함무라비〉에도 '사이다'는 있다. 예컨대 박차오름 판사는 젠더 감수성이 부족한 동료 남자 판사들을 재래시장에 데려간다. 남자 판사들은 시장에서 일하는 중년 여성들에게 '성추행 발언'을 듣고 당황한다. 박차오름 판사는 "이제 대한민국 여자들의 일상을 이해하겠냐. 여자들에겐 이게 일상이다"라고 말한다. 남자 판사들은 그제야 자신들이 누리고 있는 젠더 권력의 실체를 고민한다. 하지만 이런 식의 '사이다'는 어디까지나 극의 부수적인 장치일 뿐이다. 거대 권력과 맞서 싸우는 피해자들은 '사이다' 결말을 쟁취하기 어렵다.

그나마 '사이다' 결말의 기미가 보이는 에피소드는 극 후반부의 교수 성폭력 사건이다. 대학 병원 교수 주형민은 국내 굴지의 재벌가 NJ그룹과 인척 관계다. 그는 제자에게 위력을 사용해 성폭력을 저지른 혐의로 1심에서 징역 4년을 선고받는다. NJ그룹은 항소한다. 이후 상황은 갑자기 NJ그룹에 유리하게 바뀐다. 교수를 고소한 제자가 자신의 기억이 잘못됐다며 말을 번복한 것이다. 마지막 회에서 이 모든 진술 번복이 NJ그룹의 간계였다는 사실이 드러난다. 피해자의 모친은 큰 수술을 앞두고 있었다. NJ그룹은 피해자의 모친에게 수술 우선권을 부여하고, 피해자의 입을 막았다.

NJ그룹은 이후에 어떻게 됐을까? 모든 과오를 반성하고 온당한 처벌을 받았을까? 아니면 여전히 힘으로 진실을 은폐하고 있을까? 아무도 알 수 없다. 〈미스 함무라비〉는 이 에피소드를 고의적으로 맨 뒤에 배치한다. 그리고 시청자를 열린 결말로 이끈다. 이는 '미투' 시대를 겪는 우리 사회의 상황과도 맞물려 있다. '미투'는 과거형이 아니다. 아직 많은 피해자의 폭로가 쏟아지고 있다. 하지만 '미투'에 참여했다고 해서 억울함이 무조건 풀리는 것은 아니다. 피해를 증명하는 데 더 큰 어려움이 따를 수도 있다. 이 과정에서 피해자들은 2차 가해에 시달리기도 한다. 우리 사회가 '미투' 캠페인을 지속해서 주목해야 하는 이유다. 〈미스 함무라비〉는 열린 결말을 통해 이 시대 사회 구성원들의 연대와 책임을 촉구한다.

'한 명의 영웅' 대신 '밀알들'을 그리다

NJ그룹 비리는 뜻밖의 인물에 의해 밝혀진다. 앞서 사내 성희롱 사건에 '양심 진술'을 했다가 해고당한 김다인 씨다. 김다인 씨는 해고를 당한 후 인터넷 신문 기자가 된다. 소송에서 진 날, 김다인 기자는 자신에게 미안해하는 박차오름 판사를 위로하며 이렇게 말한다.

> 자책하지 마세요. 후회도 하지 마시고요. 절대로 자책도 후회도 하지 않
> 는 사람들 때문에 왜 우리가 그래야 돼요? 그깟 놈의 드러운 회사, 잘됐어
> 요. 제 적성에 맞게 기자가 될까 해요. 저런 놈들 끝까지 물어뜯어 볼게요.

김다인 기자는 극 초반에 피해자로 그려졌지만, 종국에는 악역을 무너뜨리는 데 핵심적인 역할을 한다. 캐릭터의 변화가 일어난 것이다. 김다인 기자 외에도 이 극에서 변화한 캐릭터는 많다. 의료 사고로 아들을 잃은 할머니다. 재판에서도 졌고, 아들의 억울함을 규명하지도 못했고, 먹고살 기반도 없고, 몸도 불편하다. 하지만 할머니는 박차오름 판사가 구설수에 휘말리고 징계 위원회에 회부됐을 때 그를 돕기 위해 나선다. 과거에 박 판사가 자신의 일에 발 벗고 나선 것을 기억하기 때문이다.

〈미스 함무라비〉 주인공은 박차오름 판사다. '눈에는 눈, 이에는

이'라는 함무라비 정신답게, 영웅적 면모가 넘친다. 그런데 박차오름 판사는 우리가 그간 봐온 영웅 캐릭터와 사뭇 다르다. 누구보다도 정의롭지만 그만큼 실수도 많이 한다. 선의로 한 행동이 역풍으로 돌아와 좌절하기도 한다.

그렇다고 박차오름이 법정드라마에서 볼 수 있는 '천재 법조인' 캐릭터인 것도 아니다. 지난해 하반기 화제가 된 KBS2 〈마녀의 법정〉을 생각해보자. 〈마녀의 법정〉 속 마이듬(정려원 분) 검사는 누구보다도 유능하고 집요하다. 수단과 방법을 가리지 않는 과감한 수사로 금세 법정의 '에이스'가 된다. tvN 〈비밀의 숲〉 황시목(조승우 분) 검사도 마찬가지다. 감정이 없고 냉정하지만 능력만은 최고라는 이야기를 듣는다. 이들은 자신의 판단을 의심하지 않는다. 그만큼 자신의 실력을 믿기 때문이다.

박차오름은 자신의 판단이 맞는지 끊임없이 의심한다. 성폭력 사건 재판을 앞두고 우배석인 임바른 판사에게 "제가 내일 균형을 잃거든 꼭 말해달라"라고 부탁할 정도다. 처세에도 영 재능이 없다. 늘 사고를 치고 적을 만든다. 출세나 성공을 할 가망도 없어 보인다.

대신 박차오름 판사는 특별한 능력을 지니고 있다. 다른 사람을 변화시키는 힘이다. 그 힘은 '질문하는 태도'에서 나온다. 박차오름은 법원 내의 경직된 문화를 바꾸는 데 일조한다. 엘리베이터 앞에서 기수를 따지며 먼저 타기를 서성이는 사람들 앞을 당차게 가로지른다. 판검사들과 법원 공무원들 간의 보이지 않는 벽을 허물기 위해 직접 공무원 사무실에 내려가 그들과 소통하기도 한다. 그런 박차오름을 보며 사람들은 감명을 받기 시작한다. 임바른의 대사를 빌리자면, 박차오름은 "땅에 떨어진 하나의 밀알"과 같다. 시작은 미약하나 사람들에게 좋은 영향을 줄 수 있는 사람인 것이다. 비록 종종 패배하고 좌절할지라도.

그래서일까. 〈미스 함무라비〉는 박차오름 판사 개인을 영웅화하는 대신 그에게 영향을 받은 사람들을 천천히 비춘다. 김다인 기자, 1인 시위를 하던 할머니, 법원 공무원들. 심지어 박차오름은 법원 수뇌부의 인식까지 변화시킨다. 법원 수석부장(안내상 분)이 대표적인 예다. 엘리트의 전형인 그는 언제나 박차오름 판사에게 우려를 보내던 인물이다. "세상은 추상적인 정의보다는 구체적인 욕망으로 돌아간다"라는 충고를 날릴 정도다. 하지만 그는 종국에는 박차오름을 보며 경직된 법원 조직 문화를 반성한다. 부하 판사들을 착취한 성공충 판사의 징계를 결정한 날, 그는 "후배들 보기 부끄럽다"라는 혼잣말을 읊조린다.

질문하는 사람들, 침묵을 깬 사람들

〈미스 함무라비〉 마지막 에피소드는 가정폭력에 시달리던 아내가 남편을 우발적으로 죽인 사건이다. 이 사건은 국민 참여 재판으로 처리된다. 이는 이 작품이 궁극적으로 그리고자 하는 대상이 소수의 영웅이 아닌 평범한 사람들이라는 사실을 시사한다.

처음에 여론은 아내가 살인을 했으니 죄가 있다는 쪽으로 기운다. 하지만 한 명의 배심원이 조심스럽게 다른 의견을 제기한다. 배심원들은 기나긴 토론을 통해 아내가 겪은 폭력의 문제가 개인의 문제가 아닌 우리 사회 전반의 문제라는 사실을 도출해낸다. 결과는 배심원 전원 무죄 의견. 국민은 가정폭력에 시달린 아내의 손을 들어준다.

이는 시드니 루멧(Sidney Lumet)의 영화 〈12인의 성난 사람들〉을 연상시킨다. 영화는 한 소년의 살인 사건에 대한 재판을 다룬다. 18세의 소년이 자신의 친아버지를 칼로 살해한 사건이다. 소년의 유죄를 예상하는 분위기가 우세하다. 배심원 12명은 최종결정을 위한 회의를 앞두고 모인다. 이때 배심원 1명이 조심스럽게 소년이 무죄일 수도 있다고 주장한다. 그는 다른 배심원들의 조롱이나 반박에 맞서 차분하게 논리를 전개해나간다. 〈12인의 성난 사람들〉은 소년이 유죄인지, 무죄인지 따지는 영화가 아니다. 우리가 당연하다고 믿어온 주장이나 생각에 맞서 용기 있게 질문을 제기한다는 게 어떤 의미인지를 묻는 작품이다.

〈미스 함무라비〉의 진짜 주인공은 '질문하는 사람들'이다. 박차오름 판사는 땅에 떨어진 하나의 밀알처럼 이들을 끌어당기는 역할을 한다.

'질문하는 사람들'은 ≪타임≫지 2017년 '올해의 인물'인 '침묵을 깬 사람들'과도 상통한다. 두 부류의 공통점은 계란으로 바위를 치는 경험을 할 가능성이 높다는 것이다. 이들이 문제를 제기하는 대상은 대개 권력자이기 때문이다. 이 과정은 험난할 수도 있고, 패배를 안길 수도 있다. 하지만 누군가 끊임없이 질문을 던지면, 세상은 바뀌기도 한다. 〈미스 함무라비〉는 환상 속 '사이다'로 일시적인 만족을 주지 않는다. 대신 TV를 보고 있을 모든 '질문하는 사람들'에게 담담한 응원을 보낸다. 계속 싸워보자고. 함께 하겠다고.

마지막 회에서 의료 사고 분쟁의 피해자 할머니는 NJ 민용준 부사장을 향해 계란을 던진다. 이때 임바른 판사의 내레이션이 흘러나온다.

"계란으로 바위 치기 같지만, 놀랍게도 아주 가끔은 세상이 바뀐다. 누군가 질문을 한다면."

정보라고 쓰면 광고라고 읽자

부동산 정보 프로그램에 윤리를 묻는 것은 자본주의에 대한 이해 부족인가?

서지민

프롤로그

2018년 대한민국에서 가장 뜨거운 화두는 부동산이다. 누군가는 부동산 투자에 성공해서 순식간에 몇 억을 벌었다고 하고, 누군가는 집값이 올라 살던 곳을 떠난다고 하고, 부동산 문제로 부부 싸움을 했다고도 한다. 언론은 하루에도 몇 번씩 집값 폭등 소식을 요란하게 떠들고 정부와 정치권은 집값을 잡겠다고 정책을 내놓는 일이 반복되는 중이다. 부동산 투자 혹은 투기 열풍 속에 늦게라도 부동산에 관심을 가져야 하나 기웃거리며 재테크 서적을 읽고 부동산 투자 기사를 챙기고 부동산 세미나를 다니는 사람들이 늘었고, 사람이 모이는 곳 어디서나 부동산 투자에 대한 갑론을박이 벌어지는 광경을 쉽게 목격할 수 있고, 헬스장에서 부동산 정보 프로그램을 보면서 운동을 하는 사람이 부쩍 늘었다.

경제 전문 케이블 방송사도 부동산 열풍에 힘입어 하루에 최소 두 개 이상의 부동산 정보 프로그램을 방송한다. 재방송을 포함하면 경제 방송사 별로 적어도 하루에 3~4시간 이상의 부동산 정보 프로그램이 재생된다. 서울경제TV(〈부동산 올인원〉, 〈똑똑 부동산〉), 매일경제TV(〈생방송 부동산〉, 〈생방송 부동산 투데이〉), 한국경제TV(〈실전 투자 부동산 재테크〉, 〈성공투자 부동산 재테크〉), 이데일리TV(〈부동산 연구소〉, 〈돈이 되는 똑똑한 부동산〉, 〈데일리 부동산〉), 아시아경제TV(〈부동산 고민 무엇이든 물어보세요〉, 〈부동산 고수비급〉, 〈부동산 골든타임〉, 〈부동산 온에어〉, 〈부동산 고민해결 직언〉), SBSCNBC(〈부동산 따라잡기〉, 〈고민타파 부동산 해결사들〉, 〈부동산 투자자들〉) 등 대표 경제 방송사에서 방영 중인 프로그램만 대략 스무 개이다. 프로그램은 공통적으로 부동산 전문가가 부동산 정책, 이슈, 세법, 지역 분석 등을 강의하고 시청자와 부동산 투자 상담 전화를 하고 매물 소개와 세미나 안내로 구성된다. 출연하는 전문가들은 겹치거나 특성이 비슷하다. 부동산 정보 프로그램은 시청률이 높지 않지만, 주 시청자가 투자자인 경우가 대부분이라 부동산 시장 전반에 미치는 파급력이 낮다고 할 수는 없다.

이 글은 '프로그램에서 제공하는 정보는 투자 판단에 대한 조언이며 부동산 투자는 투자자 본인의 판단과 책임에 있으므로 투자 결과는 방송사가 책임지지 않는다'라는 엇비슷한 문구로 시작하는 부동산 정보 프로그램과 그 제작자들에게 그들의 주장대로 법적인 책임에서 자유로울 수는 있지만, 윤리적 책임에서도 자유로운가에 대해 묻고자 한다. '자본주의 사회 최전선에 있는 경제 방송을 윤리적 잣대로 평가하는 것은 자본주의에 대한 이해 부족일까?' 혹은 '인간의 욕망이라는 자본주의의 야성만을 강조하는 경제 방송이 방송이라는 공기가 가진 사회적 책임과 윤리를 회피하는 것일까?'

1. 전문가입니까? 이해관계자입니까?

부동산 정보 방송은 구조가 놀랍도록 유사하고 단순한 특징을 가진다. 진행자인 여자 아나운서와 부동산 전문가, 전화 상담을 하는 시청자가 출연진이다. 보통의 방송에서 아나운서가 프로그램 전반의 진행을 책임지는 것과 달리, 부동산 정보 방송은 아나운서의 역할이 전문가의 의견을 정리하고 시청자의 질문을 방송 언어로 교정하는 정도로 제한적이다. 진행자인 젊은 여자 아나운서들은 경제나 부동산에 대한 지식 부족 때문인지 전문가의 의견을 정리하는 것 이상의 역할, 전문가 의견에 대한 반론 제시나 질문 등을 전혀 하지 않는다. 부동산 정보 방송은 전문가의 역할이 절대적이다. 부동산 정보 방송이 직면한 첫 번째 윤리적 문제는 부동산 방송이 전문가라고 부르고, 방송을 통해 정보의 권위를 부여하는 전문가에 있다.

부동산 전문가들의 전문성은 검증되기 어려운데, 이들이 이해관계자라는 사실은 명확하다. '…경제 연구소 소장', '…연구원 이사', '…에셋 대표' '…투자 연구소 이사', '…개발원 원장'은 부동산 정보 방송에 나오는 전문가의 직함이다. 개중에는 '한국'이나 '대한'과 같은 이름을 내세워 국가기관이거나 그에 준하는 집단에 소속된 사람이 아닌가라는 착각이 드는 직함을 가진 사람들도 많다. 부동산 방송에 나오는 전문가들의 전문성은 그럴듯한 직함으로 시청자에게 믿음을 주지만, 대부분의 단체들이 부동산 투자 회사에 불과하다는 사실을 아는 사람은 많지 않다. 경제 방송사는 '이희진'이라는 희대의 사기꾼을 '청담동 주식 부자'로 만들어 수많은 피해자를 만들었고, 그와 유사한 크고 작은 사건·사고 전력에도 불구하고 전문가라는 타이틀을 붙이는 데 특별한 검증 과정이 없어 보인다. 부동산 정보 방송에 나오는 전문가들의 이력을 확인해본 결과 대부분은 경제 전문가가 아니라 부동산 투자 혹은 부동산 컨설팅 업체의 대표였다. 부동산 투자를 기반으로 이익을 추구하는 사람들이 부동산 전문가의 실체다. 경제 방송에서 시청자들에게 부동산 전문가라고 권위를 부여한 사람들은 부동산 투자 시장의 활기에 이익을 얻는 이해관계자다.

전문가의 실체가 이해관계자라는 것이 첫 번째 문제라면, 그들이 제공하는 정보의 질은 두 번째 문제다. 방송에서 부동산 전문가들이 제공하는 정보는 거시경제에나 국제 경제에 대한 이해 없이 부동산 입지와 향후 전망, 과거 부동산 시장 분석에만 치우쳐 있다. 부동산이 거시경제 전반과 국제 경제, 정부 정책과 밀접하게 연관되어 있음은 상식인데, 부동산 전문가들은 최소한의 상식조차 무시하고 오로지 입지에 대한 정보만을 시청자에게 제공한다. 강의 형식으로 부동산 정보를 제공하는 순간에도 논거로 사용한 데이터는 선진국 사례, 과거 사례, 세계 부동산 시장 자료를 편집한 수준인데, 전문가다운 분석이라기보다는 부동산 시장 열기가 지속될 것임을 주장하기 위해 준비된 자료의 측면이 강하다. 경제학은 본질적으로 예측보다는 이미 일어난 현상을 분석하는 기능이 커서 예측의 정확도가 높지는 않다. 특히, 부동산은 경제, 인구 구조, 정치, 사회의 복잡한 요인에 의해 영향을 받아서 일반화하기가 쉽지 않다. 부동산 전문가들이란 사람들이 주는 정보의 데이터는 지나치게 분석 시점, 위치에 따라 자의적이라 다양한 관점에서 반론이 가능한 것들이다.

부동산 정보 방송에서 전문가가 내놓는 주장이 매우 편파적이고 검증이 제대로 되지 않았음에도 불구하고 그들의 주장에 대한 어떤 반론이나 질문도 나오지 않는다. 텔레비전 프로그램은 시청각 정보를 매우 빠른 속도로 시청자들에게 전달하므로, 시청자에게 방송의 정보는 비판 과정을 거치지 않고 수용된다. 더군다나 복잡하고 어려운 경제 정보는 시청자에게 절대적인 정보가 될 가능성이 높은데, 부동산 정보 방송은 하나같이 전문가의 의견만을 일방적으로 주장할 뿐이었다. 다양한 주장의 상충 가능성이 높은 정보를 이해당사자의 일방적 주장에만 의존해 방송하는 부동산 정보 프로그램의 구성 자체에 윤리적 문제를 지적해야만 하는 이유다.

2. 낮은 시청률이 면죄부가 될까?

어쩌면 부동산 정보 방송의 방송 제작자들은 경제 케이블에서 하는 부동산 방송이란 시청률이 매우 낮아 사회에 미치는 영향력이 거의 없는 프로그램이므로 자신들을 향해 비윤리적이라는 잣대를 들이대는 행위를 부당하게 느낄 수도 있을 것이다. 경제 방송 케이블이란 원래 자본주의 사회에서 자본에 충성하기 위해 태어난 것이므로, 인간의 욕망을 자극하는 행위가 자신들의 존재 이유라고 항변할지도 모른다. 그러나 부동산은 증권과 다르다. 강한 욕망을 가진 사람들의 탐욕적인 행위가 평범한 사람들의 삶에 직간접적으로 영향을 미친다면 그 욕망에 일조하는 사람들은 모두 사회 윤리적 비판의 대상이 되어야 한다. 더군다나 경제 방송이 낮은 시청률을 방패막이로 삼고 싶어도 그럴 수만은 없는 것이 케이블 텔레비전 프로그램이 시장에 미치는 파급력이 생각보다 막대하기 때문이다. 기타 케이블 언론 종사자에 비교해 상당히 높은 수준인 경제 방송사 직원의 연봉이 이를 방증하지 않을까?

　증권 방송과 다를 바가 없는 자본의 논리로만 구성된 부동산 정보 방송에 증권 방송과 달리 사회 윤리적 책임에 대한 비판의 잣대를 들이 대야만 하는 이유는 앞서 이야기한 바와 같이 부동산이 모든 사람의 삶의 기반이기 때문이다. 증권 투자를 통해 수익을 창출하려는 욕망을 가진 사람들만이 참가하고 서로에게 영향을 주는 증권 시장과 달리 부동산시장은 부동산 투자에 대한 욕망을 가지지 않은 사람들의 삶에도 영향을 끼친다. 부동산을 단순히 투자 대상으로만 보는 프로그램, 부동산 투자를 부추기면서도 전문가가 주는 정보에 최소한의 검증 과정조차 없는 부동산 정보 프로그램에 대해 윤리적 논의가 필요한 이유다. 그러나 자본주의 사회에서 경제 케이블 방송의 부동산 정보 프로그램에 윤리적 비판을 가하는 것이 자본주의에 대한 무지로 오해받기 때문인지 부동산 정보 프로그램에 대한 비판은 언론 모니터링 대상에서도 주목을 받지 못한다.

자신의 신념에 일치하는 정보만 주목하는 투자자의 확증 편향이 투자 정보 프로그램의 검증되지 않는 일방적인 정보 제공의 면죄부가 될 수 있을지도 모른다. '투자자는 투자 정보 프로그램에서 제공하는 정보와 무관하게 원래 부동산 투자에 대한 확신을 가지고 있었던 사람들이므로 부동산 방송에서 제공했던 정보 때문이 아니라, 인간의 투기 심리 때문에 부동산이 폭등하는 것이다'라고 누군가는 주장할지도 모른다. 그러나 그것은 방송의 영향력을 부정하는 것이고, 과장하자면 정보 방송의 존재 이유조차 부정하는 것이다. 경제 전반에 대한 이해가 부족한 투자자에게 이해관계자에 불과한 전문가의 일방적 주장만을 앵무새처럼 전달하는 것은 경제 방송사가 '케이블'이나 '방송'이라는 수식어와 공존하는 '방송'의 가치를 스스로 훼손하는 행위가 아닌가?

경제는 심리라는 말이 있다. 부동산도 심리에 영향을 많이 받는다. 경제 심리의 영역으로 들어가면 투자냐 투기냐를 구분하는 것은 무의미하다. 부를 창출할 수 있다는 신념을 먹고 투기 심리는 자란다. 그것이

합리적이냐 비합리적 과열이냐는 시간이 지난 후에만 알 수 있다. 튤립 버블 시대에 그것이 버블이었음을 의심한 사람이 몇이나 있었을까? 부동산 투자 정보 방송은 부동산을 통해 부를 축적할 수 있다는 믿음만을 전파한다. 부동산 투자를 통해 부를 축적할 수도 있지만, 부동산 투자를 통해 막대한 손해를 입을 수도 있다는 위험 가능성을 말하는 사람은 드물다. 부동산 침체기가 와도 입지 좋은 곳은 그저 버티면 결국엔 상승한다는 무책임한 말이 전문가가 내놓는 유일한 위험에 대한 경고다. 부동산 침체기가 얼마나 지속될지, 침체기가 왔을 때 얼마나 하락할지에 대해서, 긴 침체기를 겪고 상승한 부동산의 실질 수익률이 정기예금의 복리 수익률보다 높을지에 대해서도 말할 수 없다. 그럼에도 부동산 전문가는 침을 튀기며, '서울 불패, 역세권 불패, 강남 불패, 시장을 이기는 정책은 없다' 따위의 신화를 끝없이 떠들어댄다. 그들이 그토록 찬양하는 강남이 부동산 침체기에 얼마나 큰 하락을 겪었는지, 지금의 상승이 정부 정책과 어떤 영향을 맺고, 막대한 돈을 뿌려댔던 세계적인 유동성 장세에 영향을 받았는지는 아무도 말하지 않는다. 투자에 대한 책임은 오롯이 시청자의 몫으로 남기고, 부동산 폭등의 상처는 부동산에 투자하지 않는 사람들의 삶에 상흔을 남기는데, 전문가라는 사람들은 그저 부동산 투자 만세를 외치고, 경제 정보 프로그램은 앵무새처럼 이를 전파하기에만 바쁘다. 자기 행동에 책임지지 않는 사람의 전문성에 기대는 사회는 얼마나 우울한가?

3. 정보라고 쓰면 광고라고 읽자

부동산 정보 프로그램에 나오는 대부분의 전문가들은 매물을 소개한다. 다세대 주택, 근린 생활 시설, 상가, 오피스텔, 토지 등인데, 부동산에 대한 정보를 소개하던 사람들이 잘 정리된 도표를 보여주며 똑같은 톤으로 매물을 소개한다. 광고를 보면서도 시청자는 정보라고 느낀다. 더군다나 전문가가 소개하는 매물은 어떤 우연 때문인지 필연 때문인지 대부분 전문가가 시청자 부동산 상담을 하거나 강의를 할 때 유망하다고 소개했던 지역에 위치한다. 당일에 동일 지역을 설명하는 경우는 거의 없지만, 부동산 정보 프로그램의 고정 시청자가 정보를 망각하기 전에 향후 유망하다고 소개했던 지역에 위치한 부동산 매물이 소개된다. 방송에서 소개하는 부동산 전문가가 광고하는 물건이 '광고'라는 표식도 없이 정보처럼 방송된다.

더욱 위험한 것은 매 방송마다 전문가들이 선전하는 무료 세미나이다. 부동산 정보 방송은 빠짐없이 부동산 이슈에 관한 무료 세미나를 안내하고, 세미나 참가자를 모집한다. 문제는 무료 세미나의 정체다. 아는 사람은 다 안다고 말해도, 부동산 정보 프로그램에 심심치 않게 부동산 투자 상담 전화를 걸어오는 주요 시청자 중 하나인 은퇴자와 노년층이 모두 다 무료 세미나의 정체를 안다고 말할 수 있을까? 부동산 정보 프로그램을 통해 모집한 무료 세미나가 짧은 강의는 미끼이고, 유료 부동산 컨설팅을 받을 투자자를 모집하는 수단이라는 점이 부동산 정보 프로그램의 위험성에 대해 많은 사람들이 알아야만 하는 결정적인 이유다. 방송을 통해 권위를 얻은 사람들이 카메라가 꺼진 곳에서 '방송법'의 규제도 받지 않고 내놓는 광고의 위험성에 부동산 정보 프로그램 시청자가 안전장치 없이 노출된다. 부동산 정보 프로그램은 이 지점에 와서 부동산 컨설팅 업체의 거대한 광고 수단이 아닌가에 대한 질문에 답을 해야 할 것이다.

에필로그

세상은 점점 복잡해지고 이해관계가 복잡하게 얽혀 있다. 전문가라고 불리거나 불리고 싶은 사람들이 많아지고, 그들의 목소리는 다양한 매체를 통해 권위를 부여받지만 방송만큼 거대한 권위를 순식간에 부여하는 것이 또 있을까? 방송에 대한 권위가 예전같이 절대적이지 않더라도 여전히 상당한 영향력을 발휘하는 것 또한 사실이다. 그러나 '방송국'이 아닌 '방송사'에 윤리적 잣대를 들이대는 것이 점점 더 어려워지는 것은 우리가 거대한 자본의 시대를 살고 있기 때문일 것이다. 그러나 숍 드라마(soap drama)라는 영어 명칭에서 알 수 있듯이 태생부터 자본주의의 선전 수단으로 태어난 드라마 장르와 달리, 뉴스나 정보 제공 프로그램에 아직도 많은 시청자들이 언론으로서의 기능을 기대하고 있다. 시청자의 이런 기대가 아이러니하게도 난립하는 정보 프로그램이 존재하는 이유다. 부동산 정보 프로그램 제작자는 시청자인 투자자에게도 부동산 투기 열풍의 간접적 영향을 받는 사회 구성원 누구에게도 자기들은 책임이 없다는 사실만을 강변한다. 광고가 아니라 정보 제공 프로그램이라고 주장하면서 정보의 질에 대한 최소한의 검증 의무도 다하지 않는다. 프로그램 초반에 나오는 투자 책임은 모두 투자자의 몫이라는 문구에 내세우면 법적인 책임에서 자유로울 수 있을지 모른다. 그러나 모든 성인은 자신의 행동의 결과에 대한 사회 윤리적 책임을 진다. 부동산 정보 프로그램의 제작진에게 경제 방송은 최소한의 사회적 의무와 책임도 없다고 믿는 당신들은 사실 건설사의 막대한 광고 수입에 기댄 이해관계자가 아닌가라고 진지하게 물어야 할 때다. 정보라고 주장하지만 광고에 불과하다면 좀 더 솔직하게 정보가 아니라 광고라고 선언하라. 광고에 언론의 역할을 기대하는 시청자는 없을 것이다.

그렇게 엄마가 되는 순간 새들은 날았다

tvN 〈마더〉, 일본 〈마더〉가 한국 〈마더〉가 되기까지

임종철

2018년 1월 24일 시작되었던 tvN 드라마 〈마더〉(김철규 감독, 윤현기 연출, 정서경 극본)는 3월 15일에 시청률 4.974%(닐슨 기준)로 막을 내렸다. 종영된 지 한 달 후인 4월, 칸 국제 시리즈 페스티벌에 아시아 대표로 진출하는 등 쾌거를 이루어냈다. tvN 〈마더〉는 일본 드라마(이하 일드) 〈마더〉를 리메이크한 작품이다. 사실 일드의 리메이크는 처음 있는 일은 아니다. 〈꽃보다 남자〉(2009), 〈공부의 신〉(2010), 〈직장의 신〉(2013) 등 이미 리메이크된 작품들이 있어왔고 성공 사례도 있었다. 그런데 2013년 이후로 일드의 리메이크 작품들이 별 호응을 못 받았다. 〈내일도 칸타빌레〉(2014), 〈심야식당〉(2015), 〈끝에서 두 번째 사랑〉(2016), 〈그녀는 거짓말을 사랑해〉(2017)는 한 자릿수 시청률로 종영된 것은 물론 호응을 얻지 못했다. 그 이유는 계속된 일드 리메이크에 대한 신선함이 떨어졌고 인기를 끌었던 작품이라고 할지라도 지적되었던 개연성 문제가 해소되지 않았다. 보통 10여 부작에 맞춰진 스토리가 16부작이 기본인 우리나라 드라마에 맞추어 변형하려다 보니 사건이나 갈등에서 개연성이 떨어지는 모습을 많이 보였기 때문이다. 그렇다면 이러한 한계를 딛고 〈마더〉는 어떻게 원작 이상이라는 평을 들을 수 있었을까?

"엄마, 다시 한번 나를 유괴해줘": 말에 담겨진 현재 아동 학대의 실태 고발

〈마더〉의 주인공인 윤복이가 하는 명대사 중에 하나다. 리메이크 되면서 여러 인물과 상황이 바뀌었음에도 불구하고 이 대사는 그대로 쓰였다. 그만큼 중요한 대사라고 볼 수 있다. 그러나 "엄마, 다시 한번 나를 유괴해줘"라는 말은 비문이 아니지만 선뜻 이해가 되지 않는 문장이다. '엄마'와 '유괴'라는 단어가 함께 쓰인다는 것이 이질적이기 때문이다. 서로 어울리는 단어가 아니다. 하지만 두 단어가 조합된 이 대사야말로 현재 아동 학대의 실태를 꼬집을 수 있었다.

　　동서양을 막론하고 사람들은 '친(親)'이라는 환상과 경계를 가지고 있다. 『콩쥐팥쥐』, 『신데렐라』 같은 동화만 보더라도 계모에게 학대를 받으며 피가 섞인 친부모님이 계셨더라면 더 잘해줬을 것이라는 환상을 가진다. 동시에 계모가 콩쥐와 신데렐라에게는 구박을 해도 자신의 딸에게는 상냥한 것을 보면 피가 섞인 것이 가지는 소속감과 구분되는 경계는 명확해 보이기도 한다.

　　그러나 실제 아동 학대의 가해자 77.2%가 친부모[1]일 정도로 자녀

1　　중앙아동보호전문기관, 「2014년 시도별 아동 학대 현황(잠정치)」, http://www.korea

에게 폭력을 저지르는 사람은 동화에서처럼 계부모나 먼 사람이 아니다. 아동 학대가 많아지는 이유는 드라마 속에서 나왔듯 사회는 점점 힘들어지고 스트레스는 쌓여만 가는데 마땅히 해소할 공간이나 방법을 찾지 못하다가 자신보다 약한 존재에게로 화를 쏟아내기 때문이다. 근데 친부모 중 특히 학대를 하는 사람들이 대부분 엄마라고 한다. 엄마가 느끼는 스트레스가 아빠보다 더 크기 때문인데 이는 현재 여성의 사회 진출과 관련 있다. 예전처럼 더 이상 양육만을 신경 쓸 수 없는데 아직도 자녀를 도맡아 키우는 것은 엄마라는 사회적 프레임이 남아 있다. 사회와 집, 양쪽에서 짓눌린 무게가 아이에게로 전가되는 것이다.

그것을 잘 보여주는 것이 혜나(윤복의 본래 이름)의 엄마인 자영이다. 자영은 아동 학대를 하는 대표적인 엄마의 상이다. 자영의 경우 상황이 더 심각한데, 일단 미혼모다. 20대 초반에 윤복을 낳자마자 윤복의 아빠가 도망가고 사회적 약자인 입장에서 홀로 윤복을 키워야 했다. 물론 이런 상황들이 아동 학대를 할 수밖에 없는 이유가 되는 것은 아니지만 아동 학대의 주체가 되는 인물이 되게 하는 것이다. 엄마라는 존재가 보호막이 아닌 학대범일 때 아이는 주변 사람들에게 아무런 도움을 받지 못한다. 엄마가 있다는 이유만으로 학교, 아동 보호 기관, 심지어 경찰까지도 방관만 한다. 지금 바로 실질적인 도움이 필요함에도 불구하고 절차상의 문제로 행동을 하지 않는다. 그러한 상황에서 윤복이 도피할 수 있는 유일한 방법은 누군가에게 유괴되는 것밖에 없는 것이 실상이었다.

1391.go.kr/new/bbs/board.php?bo_table=stats&wr_id=23&sfl=wr_subject&stx=2014&sop=and

수진은 『백설공주』와 『흑설공주 이야기』 중 어느 쪽의 계모일까?: 엄마 되기

일반적으로 '엄마'라는 존재는 작품에서 자녀에 대해 헌신적인 사랑을 가진 사람으로 보여진다. 드라마 방영 기간과 비슷한 시기에 개봉 중이었던 영화 〈신과 함께: 죄와 벌〉이 가장 대표적인 예다. 엄마는 자신을 죽인다고 하더라도 그런 아들을 용서할 수 있는 타고난 모성애를 가진 것처럼 그려진다. 하지만 2012년 작 영화 〈케빈에 대하여〉는 모성애에 대한 새로운 관점을 제시한다. 에바가 아기 때부터 케빈을 키우는 장면들이 나온다. 하지만 기쁨과 행복한 장면이 아닌 계속 스트레스를 받는 것뿐이다. 에바의 모습을 통해서 우리에게 자녀를 낳는다고 해서 반드시 모성애가 생기는 것이 아님을 보여줌과 동시에 모성애가 없다면 사회가 끔찍하게 변할 수 있다는 것을 보여준다.

『백설공주』이야기의 계모는 여느 동화에서 마찬가지로 전형적인 계모의 표상을 보여준다. 거울에게 세상에서 제일 예쁜 사람을 물어보았는데 딸이 나오자 딸을 미워해서 죽이려고 한다. 그런데 기존의 동화를 뒤집어엎은 『흑설공주 이야기』에서는 계모임에도 불구하고 딸을 아껴서 딸을 범하려는 남자에게서 구해준다. 똑같은 계모였지만 전혀 다른 결과가 나타난다. 이것을 〈마더〉 속에 대입해보면 이렇다. 설악이 윤복에게 립스틱을 칠하고 매만지는 것을 보고 자영은 윤복을 비닐봉지에 넣어서 겨울날 밖에 내놓는다. 자신의 딸에게 질투를 느낀 것이다. 하지만 수진은 설악에게 잡힌 윤복을 구하러 자신이 인질이 되면서까지 윤복을 구해낸다. 한 작품 안에 두 동화의 엄마가 있다. 자영은 친모였지만 백설공주의 계모였고 수진은 흑설공주의 계모였다. 이를테면 윤복이는 흑설공주라고 볼 수 있다.

자영과 수진을 통해서 길러지지 않는 모성애에 대한 고찰과 동시에 엄마는 어떻게 되는가를 보여준다. 특히 수진이 하나의 엄마가 되어가는 과정을 보여준다. 더더군다나 수진은 엄마가 되고 싶지 않았던 인물이었다. 수진은 아동 학대를 받고 자라기도 했고 보육원에 버려졌다가 입양이 된 과거를 가지고 있다. 수진 스스로도 엄마가 되고 싶지 않다고 했지만 자신과 비슷한 처지에 놓인 윤복이를 보고 서로 교감을 하며 엄마가 되기를 결심한다.

일본 〈마더〉가 한국 〈마더〉가 되는 과정 1: 여기가 한국이었다면?

일본판 〈마더〉는 갈등 자체를 미니멀리즘하게 다룬다. 추운 겨울날 어린아이가 바닷가에서 실종되어 가방만 발견되고 시신을 찾지 못했다는 사건이 지방 신문에서조차 헤드라인이 아니라 조그맣게 기사가 난다. 친엄마와 계모가 서로를 알고 있고 가끔 만나기도 하는 등 가족과 가족 사이에서 이뤄지는 소소한 사건들이 일본 정서에 맞게 잘 짜여졌다. 하지만 한국이었다면 달랐을 것이다. 전자와 같은 일이 있다면 매일 뉴스에 오르내렸을 것이고 특별 팀을 꾸려서 내대적인 수사가 이뤄졌을 것이다. 유괴라는 사건이 발생하면 특히 미디어나 공권력이 주목받는 한국의 상황에 맞게 새로 생기거나 변한 인물들이 있다. 리메이크되면서다 조금씩 변화했지만 가장 크게 변화한 인물은 세 명이라고 보았다. 영신과 영신의 셋째 딸인 현진 그리고 경찰인 창근이다. 각각 인기 탤런트와 기자, 형사다. 사회적인 이슈를 몰고 올 수 있는 직업군임은 물론 사건을 공론화할 수 있다는 것이다.

먼저 수진의 계모인 영신이다. 영신은 원작에서는 사업가였다. 그러나 리메이크되면서 탤런트로 바뀐다. 탤런트가 되면서 조류 연구원인 수진과 정반대의 성격을 가지며 수진과 엄마와의 갈등이 조금 더 심화된다. TV라는 네모난 곳을 보면서 사는 영신과는 반대로 수진은 틀이 없이 자유로이 다니는 새를 보면서 산다. 그렇기에 영신은 주변 사람에게 강력한 프레임을 씌우는 사람이기도 하다. 초중반 갈등을 이끌어나가는 주 캐릭터다. 또한 영신이 인기 연예인이기 때문에 이슈화가 더 잘되고 사건이 더 극적으로 변한다. 재판을 할 때에 많은 사람의 이목이 집중되고 긴장감을 주게 된다.

현진은 원작에서 두 인물이 합쳐진 인물이다. 셋째 딸과 나오를 쫓던 기자가 합쳐진 것이다. 원작에서는 셋째 딸이 비중 있게 그려지지 않았지만 유괴 사건을 파헤치는 기자로써의 소신과 유괴범이 자신의 언니라는 사실을 알게 된 후 두 가지 역할 사이에서 고민하는 입체적인 인물로 그려진다. 중요한 것은 연예인과 기자라는 미디어에 가장 영향을 주고받을 수 있는 직업이 수진 옆에 있다는 것이 사회적인 이슈가 됨은 물론이고 아동 학대라는 문제를 공론화할 수 있는 시사점을 던져준다는 점이다.

마지막으로 창근이다. 원작에서 형사는 없는 인물이기도 하고 수진을 추적한다는 면에서 원작에서 기자의 느낌을 가지고 있기도 하다. 이 인물은 극의 긴장감을 주고, 쫓으면 쫓을수록 유괴범을 잡아야 한다는 형사의 신념과 유괴범이 아이를 더 생각하는 진실을 마주함으로써 아이러니함을 발견해낸다. 또한 곳곳에서 경찰이 사건을 다루는 방식을 보여주기도 한다.

이 세 인물의 직업이 유괴범이 나타났을 때 한국의 전반적인 사회상을 담아내고 사적인 정과 공적인 것에서 고민하는 모습들을 보여주며 절제되어 있던 극을 긴박감 있게 진행시켰다.

일본 〈마더〉가 한국 〈마더〉가 되는 과정 2: 윤복이가 계속 카레를 먹는 이유

한국의 〈마더〉는 원작에 없던 사물들을 반복적으로 등장시켜 복선으로 사용한다.

첫 번째가 마트료시카다. 마트료시카는 러시아 전통 인형이다. 끝말잇기처럼 인형 속에 인형이 있는 구조로 이루어져 있다. 나 아닌 나를 낳으면서 자신과 비슷한 존재를 낳는 엄마처럼 느껴진다. 마트료시카는 점점 작아진다. 아이에게 소중한 것만 전해주기 때문이다. 자신보다 더 나은 삶을 바라며 거짓됨을 걷어내기에 그렇다. 이러한 일차적인 의미를 줄 뿐만 아니라 윤복이는 마트료시카를 꺼내서 줄 세워놓고 엄마의 성장을 얘기한다. 아이가 바라볼 때 엄마는 자신을 낳은 후부터 엄마다. 그 이전은 엄마가 아니라고 생각한다. 하지만 7살 때의 엄마, 16살 때의 엄마, 38살 때의 엄마를 이야기하듯 아기를 낳은 후부터 엄마가 아니라 엄마는 계속해서 엄마인 것이다. 그렇게 아이가 자라는 것처럼 엄마도 커가는 것이다.

두 번째는 카레다. 윤복은 수진의 집에서나, 도망친 후 보육원에서도, 의사의 집에 숨어 지낼 때도 카레를 먹었다. 우연이라고 하기에는 지나칠 정도로 카레만 먹는다. 그 이유는 아마도 자신이 바꾼 이름 때문이라고 생각한다. 혜나였던 윤복은 밖에서 혼자 놀 때 가게 전단지를 모으곤 했다. 그때 모았던 전단지 중에 '윤복이네'가 있었다. 식당답게 여러 가지 메뉴가 있었는데 그중에 카레라이스가 있었다. 식당이지만 마치 윤복이네라는 어느 평범한 가정집처럼 엄마가 해주는 음식을 먹고 싶은 윤복이의 꿈이 담겨져 있는 것 같다. 그래서 윤복이는 줄곧 카레라이스를 먹는다.

세 번째는 윤복이가 외울 정도로 봤던 동화책 『엄마, 난 도망갈 거야』이다. 이 동화는 토끼가 물고기, 바위, 꽃으로 도망가고 엄마는 각각 낚시꾼, 등산가, 정원사가 되어 아이를 찾는다는 내용이다. 이 동화책을 삽입함으로써 드라마 전체의 흐름을 압축적으로 읽을 수 있다. 표면적으로는 극 초반, 혜나라는 이름까지 버리며 엄마에게서 도망간다는 맥락이 사는 동시에 극 후반에는 윤복의 엄마가 된 수진이 위험에 처해 있는 윤복을 찾을 것이라는 암시를 해준다.

〈마더〉를 통해 기존의 모성 신화를 무너뜨리고 새로운 모성 신화를 구축한다

왜 제목을 영어인 마더(mother)라고 했을까? 각각 '하하(はは)'와 '엄마'라는 말을 놓아두고 마더라고 한 이유는 모국어의 친숙함을 탈피하고 뜻을 되새겨볼 수 있도록 한 것 같다. 엄마라는 단어는 사람들이 태어나고 제일 빨리 배우는 단어 중에 하나다. 그만큼 익숙하다. 중요하지만 아무런 고찰 없이 엄마라는 존재를 받아들인다. 하지만 제3자의 언어인 영어를 씀으로써 낯선 감을 주고 마더(엄마)라는 뜻을 되새길 수 있다. 그럼으로써 엄마를 객관적으로 바라볼 수 있는 기회와 함께 엄마에 대해서 물음을 던질 수 있는 자리를 마련하는 것이다.

단어뿐만 아니라 기계적으로 받아들였던 엄마의 상도 함께 무너뜨린다. 자영은 엄마가 되지 않고 단지 엄마의 역할을 했던 것뿐이다. 외적으로 엄마가 되었으나 어떤 엄마가 되어야 하는지 모르는 것이다. 아마도 어렸을 때 기억에 박혔던 엄마의 이미지를 자신이 흉내 내어 밥만 해주면 되고 돈을 주고 나가 놀라고 한다. 반대로 수진은 무너진 엄마의 상을 딛고 새로운 엄마의 상을 세우는 인물이다. 하지만 수진은 자신이 직접 이상적인 엄마의 상을 그려내지 않는다. 이는 수진 또한 엄마가 되려고 하지 않았을 뿐더러 주입식처럼 느껴져 보는 사람으로 하여금 거부감이 들 수 있기 때문이다. 그런 의미로 〈마더〉는 엄마의 향연인 드라마다. 수진과 자영뿐만 아니라 수진의 세 명의 엄마, 동생인 이진, 설악의 엄마 등 여러 유형의 엄마가 나온다. 수진은 최상과 최악의 엄마들을 겪으며 나름의 엄마가 되려고 한다. 이제까지 트라우마로 인해 엄마라는 존재를 잊고 살았지만 엄마가 되려고 하자 주변을 되짚으며 자신이 어떤 엄마가 되어야 하는지 생각한다.

　수진에게 가장 영향을 많이 준 것은 세 명의 엄마다. 어렸을 때 수진을 버린 친엄마(홍희)와 보육원에서 키워준 수녀님, 수진을 입양한 영신이다. 수진의 엄마들은 바람직한 엄마로 나온다. 수녀님은 엄마가 찾으러 온다고 보육원에 들어가지 않으려 했던 수진의 눈높이를 맞춰주며 아껴주었다. 홍희는 아이를 버린 점에서 자영과 비슷해 보이지만 남편의 폭력에 시달리다 못해 수진을 지키려고 남편을 죽여버린다. 자신의 우발적인 행동 때문에 피해가 가지 않도록 보육원에 맡겼다. 탤런트인 영신은 또한 수진뿐만 아니라 나머지 두 딸을 입양해서 키워냈다. 영신이 자신을 포함해서 세 명의 엄마를 대변하듯 작은 존재에게 소중한 것을 내어주는 것이 엄마라고 규정하고 있다. 수진은 여러 엄마들과 부딪치며 스스로 엄마가 되려고 한다.

　수진이 엄마가 되는 순간 새들은 날았다. 윤복이를 처음 데리고 왔을 때 엄마가 아니었다. 윤복과의 대화에서 드러나듯 갑자기 수진을 엄마라고 부를 수 없는 것처럼 무작정 엄마가 될 수 없었다. 결국 엄마가 되다는 것은 돌아올 수 있는 기억을 만들어나가는 것이다. 밥을 차려주는 것 같이 습관적인 기억이 아니라 아이의 말을 들어주고 생각함으로써 머릿속에서 기억할 수 있을 만한 땅을 만들어줘야 한다. 수진과 윤복이 함께 해변에 있을 때 날아갔던 철새처럼 멀리 떠나도 다시 찾아올 것이다.

골목식당은 누가 살리는가

〈백종원의 골목식당〉

김대근

예능은 재미있기만 하면 될까?

영화 〈나이트크롤러〉에서 주인공 루 블룸은 각종 사건 사고 영상을 경찰보다 먼저 촬영해서 방송사에 파는 전문 촬영꾼 '나이트크롤러'이다. 루 블룸은 더 많은 돈을 벌기 위해 시청자들의 관심을 강하게 끌 수 있는 점점 더 자극적인 영상을 촬영하게 된다. 방송사도 시청자들의 시선을 끌 만한 자극적인 사건 영상이 시청률을 높이므로 더 높은 값어치를 쳐주기 때문이다. 루 블룸은 결국 더욱 자극적인 사건 영상을 만들기 위해 범죄 현장을 조작하여 연출하고 심지어 범죄자들의 범죄 행위를 묵인하고 유도하기까지 한다. 그리고 이렇게 만들어진 영상들을 그대로 메인 뉴스에 내보낸 방송사는 높은 시청률을 얻게 된다. 이처럼 시청률을 높이는 데에만 집중하여 만들어진 뉴스에는 언론 보도의 가치와 본질은 사라지고 없다. 공정하고 정확한 내용 전달 대신 시청자들을 자극하는 내용이 중심적으로 전달된다면 진정한 뉴스로서 역할을 한다고 볼 수 있을까? 답은 명확히 아니라고 할 수 있다. 그렇다면 뉴스같이 공정하고 정확하게 정보를 전달해야 하는 시사 프로가 아닌 예능은 어떨까? 뉴스와 달리 그저 재미있기만 하면 될까? 역시 답은 아니라고 말하고 싶다. 시에서 사용되는 시적 허용처럼 예능 안에서 재미를 위해 조금 과하게 연출되는 것은 충분히 납득될 수 있다. 그러나 단순히 시청하는 재미를 넘어서 시청자의 현실에 영향을 줄 수 있다면 얘긴 달라진다. 시청자를 TV 밖에서도 직접 움직이게 하는 방송이라면 예능일지라도 공정한 보도의 가치가 지켜져야 한다.

예능은 뉴스만큼, 때로는 그 이상의 파급력을 가지고 있다. 현재 큰 인기와 함께 많은 화제들을 낳고 있는 〈백종원의 골목식당〉은 포털사이트에 검색하면 출연한 식당들이 같이 소개될 정도로 상당한 파급력을 가지고 있다. 〈백종원의 골목식당〉의 기획 의도는 성공한 요식업자이자 성공한 방송인인 백종원이 죽어가는 골목상권을 살리는, 일명 지역경제 심폐소생 프로젝트이다. 우리 사회에선 대기업에서 직장 생활을 해도 퇴직 후엔 어차피 치킨을 튀긴다는 말이 있을 정도로 자영업이 서민들에게 큰 비중을 차지하고 있다. 그리고 그중에서도 폐업 업종 1위가 요식업일 정도로 서민들은 특히 요식업에 많이 도전하며 실패하고 있는 상황이다. 과포화되어 있는 요식업 분야에서 많은 식당들이 폐업하는 것은 시장 논리로 볼 땐 당연한 결과이다. 하지만 요식업에 종사하는 서민들 개개인에겐 생계가 걸려 있는 문제이다. 따라서 생계형 요식업자들을 도와 골목상권 자체를 살리고 지역 경제를 활성화시키는 것은 사회 전체의 효용성을 높이는 매우 가치 있는 일이다. 실제로 방송에서 다뤄진 이대 삼거리 꽃길과 충무로 필동 등은 방송을 통해 많은 사람들이 찾게 되어, 죽었던 골목상권이 살아나게 되었다. 그리고 또한 〈백종원의 골목식당〉은 예능적으로도 볼거리가 많다. 다양한 종류의 요리 정보, 장사 노하우들과 함께 백종원이라는 개성 강한 캐릭터가 골목식당들을 개선시키면서 발생하는 상황들을 재미있게 보여준다. 그리고 시청자들은 출연한 식당들이 실제 영업 중인 일반 식당이기 때문에 더 호기심을 갖고 보게 된다. 그런데 재밌는 예능 프로그램인 〈백종원의 골목식당〉을 보도의 관점에서도 바라봐야 하는 이유는 시청자들을 TV 밖에서도 직접 움직이게 하는 방송이기 때문이다. 방송 시청 후 시청자들은 단순히 시청하는 것에만 만족하지 않고 실제로 방송에 나온 골목식당들을 찾아가게 된다. 방송에도 나왔듯이 방송 이후 늘어난 손님들은 대부분 방송을 보고 온 사람들이었다. 즉, 시청자들이 골목식당의 직접적인 소비자가 되는 것이다. 〈백종원의 골목식당〉처럼 시청자의 지갑을 직접 열게 만들 정도의 파급력을 가진 방송이라면 공정성과 정확성은 방송의 재미만큼 지켜질 필요가 있다. 〈백종원의 골목식당〉의 공정성과 정확성은 예능적 재미를 위해 그저 희생되고 있는 것은 아닌지 좀더 비판적인 시선으로 고찰해볼 필요가 있다.

백종원, 그는 절대자(신)인가?

〈백종원의 골목식당〉은 백종원의, 백종원에 의한 프로그램이다. 백종원이 없다면 프로그램은 존립 자체가 불가능하다. 백종원은 출연하는 모든 식당들을 직접 평가하고 개선 방향을 제시한다. 이미 각종 음식 관련 프로그램에서 수없이 능력을 입증한 백종원이라는 인물이 프로그램을 이끌어가기 때문에 방송의 신뢰성은 보장된다고 생각할 수 있다. 그런데 백종원이라는 한 사람에 의해 모든 것이 결정되는 구조가 과연 공정할까? 되려 백종원이라는 한 사람에게 모든 것을 의존하는 구조는 많은 부작용을 낳을 수 있다. 마치 우리나라의 제왕적 대통령제 구조하에서 대통령이라는 하나의 주체가 절대적인 권위와 막강한 권력을 보장받았을 때 많은 사회문제들이 발생한 것처럼 말이다.

백종원이 매 시리즈마다 가장 처음 하는 일은 식당의 음식을 직접 맛보고 식당의 수준을 결정하는 것이다. 백종원이 식당의 음식을 처음 맛보고 음미하는 모습을 보여주며 그의 반응을 궁금하게 만드는 장면은 사실상 방송에서 시청자를 가장 긴장되게 만드는 순간이다. 음식을 맛본 뒤 때로는 웃으며 칭찬을 하고, 때로는 일그러진 표정을 지으며 심지어 입 안에 있던 음식을 뱉기도 한다. 이 최초의 맛 평가로 식당의 수준은 결정된다. 물론 다른 출연진이 음식을 함께 맛보는 경우도 간혹 있지만 이미 결론 내린 백종원의 평가를 거스르는 경우는 없다. 방송 안에서 그의 권위는 절대적이기 때문이다. 위생이나 서비스 상태와는 달리 음식은 한 사람의 주관적인 평가가 절대적인 기준이 될 수 없다. 그 한 사람이 대중적인 입맛의 전문가인 백종원이라고 할지라도 말이다. 이렇게 백종원의 음식 평가를 절대적인 기준으로 삼고 그의 권위를 끊임없이 강화하고 정당화하려는 제작진의 연출은 특히 요리 대결에서 크게 드러난다. 백종원의 맛 평가에 장사 경력이 오래된 골목식당 주인이 쉽게 수긍하지 않는다면 백종원은 식당을 납득시키기 위해 요리 대결을 제안한다. 일반 고객을 대상으로 하는 요리 대결에서는 매번 백종원이 승리하고 식당 주인은 백종원의 권위에 굴복하는 상황이 연출된다. 언뜻 보면 다수의 일반인 고객들을 대상으로 객관적인 평가를 받기 때문에 매우 신빙성이 있다고 생각할 수 있지만 이 대결은 애초에 공정한 대결이 아니다. 백종원과 요리 대결을 한 식당은 모두 상사 경력이 오래된 식당이었다. 장사 경력이 오래되었다는 것만으로도 이미 음식 맛은 어느 정도 보장된 식당이라고 봐도 무방하다. 음식 맛이 형편없는 식당이라면 오랜 기간 장사할 수 없었을 것이기 때문이다. 결국 이 요리 대결은 고객들의 취향의 문제인 것이다. 그렇기 때문에 다수의 대중적인 입맛에 강한 백종원에게 기본적으로 유리한 대결이다. 그리고 더욱 중요한 것은 백종원이 식당의 음식을 맛보고 대결을 한다는 점이다. 식당의 음식을 맛본 백종원은 문제점을 파악하고 본인의 노하우를 통해 더욱 대중적인 맛을 내놓게 된다. 지피지기 백전백승이라는 말처럼 상대를 정확히 파악한 상황에서 승부를 하는 백종원에겐 너무나 쉬운 승부이다. 결과를 받아들이는 데 있어서도 백종원은 본인의 완전한 조리법이 아니라는 점을 강조하는 것과 달리 식당은 본인의 오랜 장사 경력을 걸고 하는 싸움이다. 만약 백종원이 대결에서 진다고 하더라도 잃는 것은 없다. 본인의 완전한 조리법이 아니었다고 말하면 합리화되기 때문이다. 하지만 본인의 모든 경력을 걸었던 식당은 이 공정하지 못한 대결에서 패배하면 백종원의 완전하지도 않은 음식보다 맛이 떨어지는 식당으로 낙인찍힌다. 그리고 이 승부는 일반인을 대상으로 할지라도 짧은 시간 동안 적은 수의 고객에게 평가받는 대결이기 때문에 한쪽이 완전히 압도적이지 않다면 누구의 승리라고 보기 어렵다. 이대 삼거리 꽃길의 '제육덮밥집'과 충무로 필스트리트의 '멸치국숫집' 그리고 공덕 소담길의 '주꾸밋집' 같은 오랜 경력의 식당들과의 대결에서 백종원은 압도적인 승리를 하지는 못했다. 그럼에도 요리 대결에서 패배한 식당 주인들의 본인 음식에 대한 믿음은 괜한 고집이었던 것으로만 느껴지게 만든다.

요리 대결 같은 연출을 통해 백종원의 절대적인 권위가 계속 정당화된다면 식당의 개성과 특징은 간과되는 결과로 이어질 수 있다. 백종원은 실제로 다양한 종류의 요식업을 하여 성공한 사업가이다. 방송에서 그가 보여주는 요리 지식은 너무 방대해서 신기할 정도이다. 방송에 나온 식당들의 음식을 모두 평가하고 음식마다 부족한 점과 보완책을 제시해주는 백종원의 모습은 마치 음식의 신처럼 보인다. 그러나 인간은 한계가 존재하기 때문에 모든 분야에 대해 높은 전문성을 가질 수는 없다. 즉, 지식의 양과 깊이는 비례할 수 없다. 전문적인 셰프들도 한 장르의 음식을 주로 다루고 연구하는 것처럼 말이다. 즉, 백종원의 요리 지식은 전문성은 부족할 수도 있다는 것이다. 실제로 방송에서 백종원은 골목식당들에 대중성을 강조하며 좀 더 효율적이면서 대중적인 조리법을 제시해준다. 어렵게 생각하기 이전에 기본에 충실하라는 백종원의 가르침은 타당하지만, 음식에 대한 보다 전문적인 개선책은 보여주지 못하는 것 같아 아쉽다. 그리고 백종원의 대중성을 강조하는 솔루션은 자칫하면 식당의 개성을 위한 노력은 배제되고 불필요한 것으로 비춰질 수 있다. 세상엔 다양한 입맛이 존재하듯이 대중적인 백종원식 프랜차이즈 음식점 말고도 개성 있는 음식점들이 많이 존재해야 한다. 예를 들어 "대전 청년구단 편"에서 백종원은 막걸릿집에 기존의 판매되는 대중적인 막걸리와 비교하고 연구하여 비슷한 맛을 만들라는 솔루션을 내린다. 막걸릿집의 막걸리는 다른 평가단에 의해서 압도적인 결과가 나올 정도로 실제로 맛이 부족하긴 했다. 그러나 문제는 솔루션 과정에서 어떻게든 본인 막걸리만의 특성을 만들어 내려는 막걸릿집 사장의 의지는 철저히 무시되었다는 점이다. 백종원이 막걸릿집에 내린 솔루션은 물을 바꿔보라는 것과 시중에 판매되는 막걸리를 따라 해보라는 것뿐이었다. 막걸리 제조에 대한 전문성은 부족해 보였다. 차라리 다른 막걸리 제조 전문가의 전문적인 솔루션을 함께 사용해보는 것은 어땠을까 싶다. 기존에 판매되는 막걸리들과 차별화되는 수제 막걸리를 만들고 싶은 막걸릿집 사장의 큰 꿈은 백종원 앞에선 그저 쓸데없는 똥고집으로만 비춰질 뿐이다.

또한 전문성의 부족 외에도 백종원의 일관된 판매 전략 역시 문제가 될 수 있다. 백종원의 일관된 솔루션 중 하나는 메뉴를 간소화하여 효율적인 장사를 하자는 것이다. 그러나 백종원은 식당에 존재하는 모든 메뉴를 맛보거나 세밀한 분석을 하지는 않는다. 따라서 메뉴를 간소화하는 일관된 장사 전략은 여러 개성 있는 메뉴들을 대중성을 위해 희생시킬 수도 있다. "공덕 소담길 편"의 김치찌갯집은 메뉴를 선정하는 과정에서 '짤라'라는 소 내장 수육을 유지해야 한다고 강력히 주장했지만 백종원은 효율성과 대중성이 떨어져 보이는 소 내장 수육을 마땅치 않아 했다. 그러나 음식 맛을 본 후 백종원의 태도는 180도 변했다. 짤라는 바로 김치찌갯집만의 개성을 보여주는 맛있는 음식이었던 것이다. 새로운 메뉴에 충분히 선정되고도 남을 이 짤라는 백종원이 거들떠도 보지 않았던 메뉴였다. 만약 식당 주인이 강력하게 주장하지 않았다면 짤라는 메뉴판에서 사라져 짤라를 찾던 손님들의 선택권은 순식간에 사라지게 됐을 것이다. 이는 백종원이 메인 메뉴를 중심으로 메뉴를 간소화하려는 효율적인 장사 전략에만 집중하여 다른 음식에 대한 관심과 분석은 부족했기 때문이다. 이것은 백종원이라는 한 사람에 의해 모든 솔루션이 제시되기 때문에 발생하는 문제점이다. 백종원도 사람이다. 신처럼 모든 것을 전지전능하게 다룰 수는 없고, 사소한 부분일지라도 무조건 실수를 할 수밖에 없다. 백종원도 한 명의 인간으로서 실수를 한다는 점이 〈백종원의 골목식당〉의 역린인 셈이다.

미디어와 골목식당 간의 전략적인 거래

방송을 연출하는 제작진의 목적은 두 가지, 기획 의도대로 골목상권을 살리는 것과 시청률을 높이는 것이다. 〈백종원의 골목식당〉은 예능 프로이기 때문에 기획 의도가 아닌 시청자의 반응에 따라 방송의 운명이 결정된다. 아무리 좋은 기획 의도를 가진 예능이라도 시청률이 나오지 않는다면 방송은 유지될 수 없을 것이다. 결국 제작진은 예능 프로라는 특성에 의해 시청률을 높이는 것이 우선적인 목표가 될 것이다. 그리고 방송에 출연하는 골목식당의 목적은 방송을 통해서 장사가 잘되는 것이다. 실제로 방송 초반에는 골목상권에 위치한 식당들을 찾아가 직접 섭외했던 것과 달리 방송이 된 이후엔 방송의 효과를 보기 위해 수많은 골목식당들이 출연 신청을 했다. 〈백종원의 골목식당〉에서 방송사와 골목식당, 이 둘은 서로 상호이익 관계이다. 제작진은 다양한 식당들을 통해 재밌는 방송을 내보낼 수 있어서 이익이고 골목식당은 방송을 통해 장사가 잘돼서 이익인 상호 간의 윈윈(win-win) 거래이다. 그런데 이 관계는 양쪽에 모두 이익을 만들어주는 실제 주체인 시청자는 배제된 전략적인 거래가 되어서는 안 된다.

제작진 입장에서는 방송이 유지되기 위해선 골목식당이 잘되는 것 이전에 방송이 재밌어야 한다. 방송이 재밌기 위해서는 여러 예능적 요소들이 발생해야 한다. 〈백종원의 골목식당〉에서 가장 긴장감을 주고 가장 많은 화제성을 만들어주는 예능적 요소는 바로 백종원과 식당 간의 갈등이다. 좀 더 정확히 표현하면 백종원의 분노이다. 식당들에 대한 백종원의 분노는 시청자들을 더욱 자극하고 긴장되게 만든다. 백종원에게 심한 혹평을 들었던 식당은 인터넷상에선 호평을 들었던 식당 이상으로 큰 화젯거리가 된다. 즉, 시청자의 관심을 높이기 위해선 백종원과 식당 간의 갈등 양상이 지속적으로 많아야 하는데, 그러기 위해선 많은 문제점들을 가지고 있는 식당이 지속적으로 많이 출연해야 한다는 것이다. 예능적 연출만으로 갈등 양상을 만들어내긴 어렵기 때문이다. 골목식당 입장에서도 방송에 출연만 한다면 큰 홍보 효과를 얻기 때문에 일단 출연하는 것이 무조건 최선의 선택이다. 장사의 기본도 안 되어 있는 식당일지라도 말이다. 결국 제작진은 시청률을 위해 전략적으로 수준 미달의 식당들을 방송에 담을 것이고, 자격 미달의 식당은 기본적인 준비도 안 된 상태에서 출연하게 될 것이다. 바로 이렇게 수준 낮은 식당들이 출연하는 것이 제작진과 골목식당 간의 전략적 거래의 가장 큰 부작용이다. 골목식당들은 방송에 출연하면 결국엔 손님이 늘어나게 된다. 방송을 통해 충분히 개선되지 않은 식당일지라도 말이다. 방송을 통해 개선된 식당이라고 할지라도 식당의 근본적인 퀄리티는 백종원의 노하우 전수로 단기간에 늘어날 수 있는 것이 아니다. 그리고 방송 이후에 급격히 손님이 늘어나게 된다면 음식과 서비스의 퀄리티는 더욱 떨어질 수밖에 없다. 결국 이 전략적 거래의 피해는 시청자이자 소비자인 우리의 몫이 되는 것이다.

대표적인 사례가 뚝섬편의 장엇집이다. 질 떨어지는 장어를 시세보다 비싸게 팔고, 생선에 대한 기본적인 지식도 없이 생선구이 흉내만 내서 장사하려는 장엇집의 모습은 그야말로 충격적이었다. 특히 백종원에게만 미역국에 소고기를 평소보다 더 넣어주고 시치미 떼는 모습은 그저 방송의 홍보 효과만을 노리는 수준 낮은 식당으로 보였다. 그러나 이후 방송에서 이 장엇집은 백종원의 솔루션을 통해 점차 개선되어가는 성실한 자영업자의 모습을 보여준다. 그리고 방송 이후 많은 손님들이 찾는 가게가 되었다. 그런데 과연 백종원의 가르침대로 노력한다고 해서 단기간에 식당의 수준이 급격하게 향상될 수 있을까? 뚝섬 장엇집에 손님이 많아진 이유는 백종원이 그대로 전수해준 메뉴와 방송을 통해 찾아온 손님들 때문이다. 방송 이후에도 계속되는 성실한 노력을 통해 진짜 맛집이 될지도 모르지만 그것은 단기간에 알 수 없다. 시청자들은 그저 TV에 나온 식당이니 연예인 보는 심리로 골목식당을 찾아가는 것이다. 실제 후기들을 보면, 일부 식당을 제외하고 상당수의 가게들은 재미 삼아 가볼 만할 뿐 음식에 대한 평가는 방송에서 보이는 것만큼 좋지는 않다. 결국 방송 연출을 믿고 실제로 음식을 맛보러 갔던 시청자는 기대 이하의 음식을 맛보게 될 수도 있는 것이다. 마치 질소로 과대 포장된 과자처럼 말이다. 그리고 이렇게 수준 낮은 식당들이 흥행하게 되는 모습이 계속 보인다면 출연하는 식당들은 점점 더 무성의해질 수 있다. 어차피 방송만 나온다면 장사가 잘될 것이기 때문에 자발적인 노력의 필요성은 못 느끼게 되는 것이다. 그 대표적인 예가 가장 최근에 방영된 "대전 청년구단 편"이다. 백종원의 말대로 이제 막 장사를 시작하는 초보 장사꾼들이기 때문에 음식과 장사에 대한 기본이 부족한 것은 이해하지만 방송에 나오는 식당들의 안일한 태도는 이해할 수 없었다. 중요한 점심 장사에서 식당들은 본인 음식과 고객들의 반응에 집중하기보다는 방송을 촬영하는 연예인인 것처럼 편하게 즐기고 있었다. 심지어 함께 일을 도운 패널 조보아와 수다를 떨고 사진을 찍는 등 안일함을 넘어서 자만해 보이기까지 했다. 더 큰 문제는 이 식당들 역시 방송을 통해 많은 사람들이 찾게 될 것이라는 점이다. 방송에 출연한다면 무조건 흥행한다는 공식이 있는 한 수준 낮은 식당들의 출연과 무성의한 태도는 사라지지 않을 것이다.

백종원이 방송의 홍보 효과만 믿는 자격 없는 식당은 방송에 내보내선 안 된다고 말할지라도 제작진은 자격 없는 식당을 계속 내보낼 것이다. 예능적 재미를 위해서 말이다. 방송과 골목식당의 진정한 갑은 시청자이다. 제작진은 시청자가 곧 골목식당의 손님이라는 점을 잊어서는 안 된다. 따라서 제작진은 시청자에게 공정하고 정확한 내용을 전달해야 할 의무도 있다. 제작진은 공정하게 식당들 수준의 균형을 맞추거나 방송의 효과만을 노리는 식당이 아닌 보다 절실한 식당에 더 많은 기회를 줘야 한다. 그리고 불변의 공식을 깨야 한다. 무조건적인 흥행 대신 방송에 나와도 식당에 따라 실패하게 될 수도 있는 모습과 극적 연출을 위해 과대 포장된 흥행 대신 더 정확한 모습을 보여줘야 한다. 그래야 시청자들은 〈백종원의 골목식당〉을 더욱 신뢰하게 될 것이다.

골목식당은 시청자가 살리는 것이다

〈백종원의 골목식당〉의 본질은 골목식당은 백종원이 아니라 시청자가 살린다는 것이다. 〈백종원의 골목식당〉은 제작진, 출연하는 식당들 그리고 시청자가 함께 만들어가는 방송이다. 즉 '백종원의' 골목식당이 아니라 '시청자의' 골목식당이 되어야 한다. 시청자가 중심이 되는 시청자의 골목식당이 되기 위해선 예능적 재미만큼 방송의 공정성과 정확성도 확보되어야 한다. 제작진은 공정성과 정확성을 위해 더 많은 시도와 노력을 겸해야 한다.

제작진의 역할만큼이나 시청자의 역할도 중요하다. 영화 〈나이트 크롤러〉에서 루 블룸의 연출에 의해 현장에서 희생된 파트너 릭은 영상 속에서 죽어가면서 루 블룸과 뉴스 편집장의 만족스러워 하는 모습에 원망의 눈빛을 보낸다. 마치 이 장면은 릭이 둘의 전략적인 거래 관계를 원망하는 듯 보이지만 다른 한편으로는 화면 밖에 있는 우리를 바라보는 것처럼 느껴진다. 자극적인 보도에만 혈안이 된 뉴스의 보도에 따라 수동적으로 수용하기만 했던 뉴스 시청자들이 곧 자극적인 뉴스를 만드는 데 기여한다는 경고 메시지를 우리에게 보내는 것이다. 우리가 좋아하는 방송을 올바르게 만들기 위해선 시청자인 우리가 감시자 역할을 하는 능동적인 시청자가 되어야 한다.

뉴미디어 콘텐츠의 TV 상륙, 따라 하기를 넘어선 콘텐츠의 재창조를 기대하며

KBS 2TV 〈영수증〉과 JTBC 〈랜선라이프〉를 보고

김영주

'특정 일부'가 아닌 '모두'가 제작 가능한 콘텐츠로의 진화

방송사의 전유물로 여겨졌던 오디오 또는 영상 콘텐츠를 스마트폰과 애플리케이션의 발전으로 누구나 만들고 대중에 배포할 수 있게 되면서 콘텐츠는 범람의 차원을 넘어서 바다를 이루고 있다. 지상파 시청률은 10%만 넘어도 대단한 시청률로 화제가 될 만큼 전통 매체인 TV나 라디오를 통해 콘텐츠를 접하는 사람은 급격하게 줄어들고 있다. 반면 유튜브나 포털 TV캐스트 채널을 통해 보는 사람은 증가하고 있다. 「2018 인터넷 이용자 조사 보고서」(나스미디어)에 따르면 하루 평균 전체 모바일 인터넷 이용 시간 182.4분 중에 약 28%인 52.4분을 동영상을 보는 데 쓰는 것으로 조사됐는데 동영상 시청 시 유튜브를 이용한 시청 행태가 82.4%로 가장 높았다.

지상파 방송사의 전유물로 여겨졌던 콘텐츠 제작과 유통이 다양한 콘텐츠 제작사(혹은 개인)와 플랫폼으로 재분배되면서 방송사가 만든 콘텐츠가 다양한 유통 플랫폼으로 확대되는, '기존의 흐름'이 아닌 반대 방향의 콘텐츠가 선보이게 됐다. 팟캐스트나 유튜브 제작물을 원작으로 한 콘텐츠가 지상파 방송의 콘텐츠로 재탄생된, '역방향'으로 진행된 콘텐츠도 등장한 것이다.

팟캐스트에서 TV로: KBS 2TV 〈영수증〉의 탄생

방송인 송은이와 김숙에 의해 2015년부터 시작된 팟캐스트 콘텐츠 〈비밀보장〉은 '결정 장애를 앓고 있는 5000만 국민의 속 시원한 고민 상담소'를 슬로건으로 내세워 팟캐스트 코미디 분야에서 꾸준히 상위권을 유지했다. 그러던 중 2017년에 업로드된 102회 방송분에서 파일럿 코너로 내보낸 '김생민의 영수증'이 큰 호응을 일으키면서 2017년 6월 19일부터 〈김생민의 영수증〉(이하 〈영수증〉)은 독립 팟캐스트로 콘텐츠를 업로드하기 시작했다. 이후 국내 최대 팟캐스트 사이트인 '팟빵'에서 코미디 분야 1위의 기록을 이어갔다.

　〈영수증〉은 '돈을 아끼고 싶어 하는 일반인의 사연'이 가장 큰 축인데 해당 사연 제공자는 출연하지는 않는다.[1] 채택된 사연의 한 달 치 지출 내역을 검토하면서 한 회 분량의 에피소드를 채우는데, 출연자들은

---

[1]　이는 〈송은이&김숙 비밀보장〉에서 이 콘텐츠가 출발한 것과 관계가 있는데, 사연을 보낸 사람의 신분을 익명으로 보상해주는 콘셉트가 영향을 미쳤기 때문이다. 따라서 사연 제공자의 얼굴은 물론 이름조차도 공개하지 않는다.

그 사람의 소비 패턴을 보면서 질책하기도 하고 칭찬하기도 한다.

주요 출연자인 개그맨 김생민 씨의 대사인 "스튜핏(Stupid)!"과 "그뤠잇(Great)!"이 유행어가 되면서 이 음성 콘텐츠는 더욱 인기를 끌기 시작했고 독립 팟캐스트로 서비스된 지 단 2개월 만인 8월 중순부터 KBS 2TV에서 토요일 밤 10시 45분부터 15분간 TV 프로그램으로 편성받기에 이른다.

KBS를 통한 지상파 TV 방송이 시작되면서 〈영수증〉은 TV 콘텐츠를 우선 제작하고 팟캐스트는 TV 콘텐츠용 제작 이후에 추가로 덧붙여서 제작하는 방식을 취하게 됐다. 이 과정에서 〈영수증〉은 음성 콘텐츠에서 영상 콘텐츠로 매체 전이 과정이 일어났을 뿐만 아니라 방송사 외부에서 제작된 콘텐츠가 역으로 지상파 방송에 진출한 첫 사례로 기록되고 있다.

6회의 파일럿 방송을 마친 TV판 〈영수증〉은 인기를 얻으면서 스페셜 방송분 2회를 추가해 총 8회로 마무리를 지었다. 이후 정규 편성 논의가 계속되면서 2017년 11월 26일부터 KBS 2TV의 60분짜리 프로그램으로 정규 편성을 받아 2018년 1월까지 시즌 1의 총 10회분 그리고 3월부터 4월까지 시즌 2의 총 5회분 방송이 제공됐다.

TV판 〈영수증〉은 음성에서 영상으로 전환되면서 당장 화면용 스튜디오가 필요해졌다. 오디오에서 영상으로 전환되면서 가장 궁금한 부분은 바로 어떻게 시각화될 것이냐 하는 부분이었는데, 막상 TV판 프로그램이 시작됐을 때 화면 구성은 매우 단순했다. 좌우명이 걸려 있는 학교 교실 분위기 콘셉트의 스튜디오에서 세 명의 진행자가 각자 책상에 앉아 팟캐스트와 동일하게 사연을 읽고 이야기를 나누는 방식이었다. 오디오에서 영상으로 전환됐지만 영상 전환으로의 이점을 충분히 활용하진 못했다.

유튜브에서 TV로: JTBC〈랜선라이프〉의 크리에이터

〈영수증〉이후, 팟캐스트나 유튜브의 인기 콘텐츠는 지상파 방송사 제작자들의 모니터링 대상이 되어왔다. 인기 있는 유튜브 크리에이터의 억대 연 매출을 소개하기도 하고, 그들의 재능(예를 들어 온스타일의〈겟잇 뷰티〉에서 뷰티 크리에이터의 고정 패널 출연 등)이 방송소재로 활용되기도 했다. 시간이 흐르면서 초등학생의 희망 직업 1위가 유튜브 크리에이터가 될 정도로 콘텐츠 영향력이 점차 커지고, 유튜브 이용 시간이 증가하며, 크리에이터의 인지도와 영향력이 커지면서 이들을 주인공으로 한 프로그램이 기획되기에 이른다. 올 7월부터 방영된 JTBC의〈랜선라이프〉가 바로 그것이다.

'대한민국 상위 1%의 크리에이터가 사는 법'을 보여준다는 기획 의도로 우리나라 크리에이터 중 가장 인기 있는 대도서관, 윰댕, 밴쯔, 씬님을 고정 패널로 하고, 그들을 포함해 다른 인기 있는 크리에이터의 콘텐츠 제작 준비와 방송 과정, 일상생활을 보여주는 것이 프로그램의 기본 틀이다. 이들이 어떻게 방송하는지 그 과정을 통해 과연 그들이 이룬 지금의 인기가 '쉽게 얻어지는 것인가'를 고민하게 하며 유튜브 스타 이면에 숨겨진 어려움과 노력까지도 카메라에 담고 있다.

새로운 기획 추가의 부재에 대한 아쉬움

수작업 자영업자가 갑자기 대형 백화점으로 진출하게 된 것으로 요즘의 상황을 비유해보면 어떨까? 팟캐스트 혹은 유튜브의 지상파 방송 진출은 작은 스마트폰 화면을 TV라는 큰 화면으로 옮기는 과정을 필요로 하게 되었다. 또한 1인 미디어에 가까운 개인 제작 콘텐츠를 거대 인프라를 지닌 지상파 방송에서 가져와 제작한다는 것도 새로운 시도가 필요한 부분이었다. 마치 문화 산업의 창구효과(window effect)처럼 콘텐츠가 방송되는 플랫폼의 크기가 달라진 만큼 이에 대한 기획도 추가로 필요해 보였다.

하지만 앞서 언급했듯, 지상파 TV로 옮겨진 이들 콘텐츠는 기존 콘텐츠를 TV로 방영할 수 있을 정도로 약간의 장치만 추가하거나, 관찰 카메라를 가지고 크리에이터가 방송하는 과정을 그대로 보여주는 방식을 취하고 있다. 뉴미디어에서 시작된 기존 콘텐츠를 지상파 콘텐츠로 활용함에 있어 단순 차용에 머무르는 수준인 것이다. 재창조의 과정으로 거듭났다고 보기엔 아쉬운 부분이 있다.

〈영수증〉의 경우 2017년 파일럿 방송에서 하얀 바탕의 빈 스튜디오에 출연자 세 명의 MC가 각각 앉아 있는 책상을 배치하고, 학교의 급훈을 연상시키는 "돈은 안 쓰는 것이다"라는 액자를 중앙에 놓으며 매우 단순한 화면을 보여줬다. 이후 정규 60분 방송으로 확대되면서 연예인들의 집을 찾아가는 야외 영상이 추가되긴 했지만 신청자의 고민을 상담하는 프로그램의 핵심과 관련된 영상 부분은 초창기의 단순한 스튜디오 구성 방식에서 벗어나지 못했다.

〈랜선라이프〉 또한 크리에이터의 방송 모습을 보여줄 때의 화면 내용은 스마트폰 이상의 새로운 것을 보여주기에 쉽지 않아 보인다. 크리에이터 대부분이 주거 공간 중 방의 일부를 스튜디오로 사용하기 때문에 좁은 방의 모습을 TV 카메라로 모두 담기에 버거워 보인다. 게다가 넓은 화면을 담아내는 TV 카메라로 작은 화면에 승부를 거는 크리에이터의 모습을 담다 보니 굳이 화면에 잡히지 않아도 될 집안의 살림살이가 영상에 잡히고, 조촐한 집 안 스튜디오에서 방송하는 모습이 영상으로 나갈 때면 프로의 방송이 아닌 아마추어의 것처럼 느껴질 때도 있다.

화면 구성의 단순함 뿐만 아니라 재미의 반감 부분도 있다. 팟캐스트와 유튜브 제작물의 경우 방송통신심의위원회의 방송 심의를 따로 거치지 않는다. 이에 대한 논쟁 부분은 차치하고, 지상파 이외의 공간에서 자유로운 또는 심한 언어 표현이 이들 콘텐츠의 재미 요소가 되기도 하는데 지상파 방송에서는 이를 활용할 수 없다. 팟캐스트에서 인기 높은 진행자에게 그대로 지상파 라디오 프로그램의 진행자 자리를 줘도 팟캐스트만큼 인기나 화제를 얻지 못한다는 평가가 이를 증명하고 있다. 〈영수증〉도 팟캐스트로 방송될 때는 영수증 의뢰자에게 과하게 다그치는 표현을 사용하기도 하고 청취자의 웃음을 유발하는 욕설이 '삐' 효과음으로 처리됐으나 지상파 TV판에서는 당연히 이런 내용은 편집될 수밖에 없었다.

또한 크리에이터인 대도서관이 깨끗한 방송을 선도한다고 자처하고 있고 지상파 방송에 나온 크리에이터 대부분이 욕설이나 품행 논란에 휘말리지 않는 사람들이지만 역시 한계는 존재한다. 표현의 자유 수준이 지상파 방송보다 훨씬 높은 뉴미디어 플랫폼을 통한 콘텐츠에서 엄격한 법으로 규제를 받는 콘텐츠로 옮겨올 때는 지상파 방송에서는 표현할 수 없는 것들이 빠지게 되면서 재미의 반감이 발생하는 것이다.

이런 유사한 반응을 이용자 게시판에서도 볼 수가 있었는데, 팟캐스트 〈비밀보장〉 홈페이지(http://vivo.modoo.at) 내 〈영수증〉 전용 게시판인 '워렌 버핏 방'(현재는 방송 종료로 삭제됨)에 등록됐던 글을 보면 '지상파 방송용이 아닌 원래 팟캐스트에서 하던 대로 해달라'(17.8.28 ssas**** 님 게시글), '욕도 하고 싸우면서 막 얘기해라'(17.9.20 a**** 님 게시글)' 등의 내용을 심심찮게 확인이 가능했다. 바른 방송 언어와 관련된 심의 규정에서 자유로운 팟캐스트는 직설적인 진행과 지상파 방송보다 훨씬 거친 언행으로 화제를 얻기도 하는데, 〈영수증〉 또한 팟캐스트로 처음 출발하고 TV로 방영되기 전까지는 사연 의뢰자를 거칠게 혼내면서 얻는 재미를 청취자들은 느끼고 있었다. 그리고 그 기대를 가지고 TV 방송물을 봤는데 막상 그 재미가 떨어졌다는 내용이다.

그렇기 때문에 뉴미디어의 콘텐츠를 가지고 지상파 방송물로 역방향으로 콘텐츠가 제작될 땐 단순히 아이디어 차용이 아닌 재창조에 대한 고민이 필요한 부분이라고 생각한다. 엄연히 지상파 방송은 전 국민을 대상으로 누구나 접근할 수 있는 방송이기 때문에 심의 규정도 지켜야 하고 올바른 방송 언어를 사용하기 위해 노력해야 한다. 다만 지상파 방송으로 전환될 때 떨어질 수 있는 재미 부분을 다른 항목으로 채우는 것이 필요한데, 팟캐스트나 유튜브에서 제작된 콘텐츠를 단순히 가져와서 보여준다는 것만으로 제작에 의의를 두니 원작에서 덜어낸 만큼 재미 부분은 떨어질 수밖에 없는 것이다.

뉴미디어에서 젊은 세대에게 인기 있는 콘텐츠를 뉴미디어 혜택에 소외됐거나 또는 접근이 늦어진 소비 계층에 알려준다는 의미를 넘어선, 지상파 방송사만의 재해석과 창조를 원작에 더 부여해 넣는 것에 대한 고민이 필요하다. 이런 과정을 통해 신규 콘텐츠 개발에 기여할 뿐만 아니라 앞서 비유한 백화점의 위치와 같이 지상파 방송사로서 뉴미디어 시대에도 방송 콘텐츠 제작의 선두 자리를 지킬 수 있을 것이다.

기존 미디어와 뉴미디어의 공생을 위해

지금 이 순간에도 유튜브에는 평생 봐도 다 볼 수 없는 양의 콘텐츠가 끊임없이 올라오고 있으며 팟캐스트 사이트인 '팟빵'의 첫 화면에는 "1만 개가 넘는 콘텐츠 제작물이 방송 중"이라는 글이 상단 중앙에 게시돼 있다. 뉴미디어를 통한 콘텐츠 제작과 유통의 공습 속에서 기존 미디어인 지상파 방송의 고민은 더욱 깊어지고 있다. 이들이 만들어내는 콘텐츠를 활용할 것인지, 아니면 기존 지상파 방송의 인프라를 활용해 이들이 만들 수 없는 콘텐츠를 기획하고 만들 것인지 말이다. 더불어 젊은 청취자와 시청자의 지상파 이용률이 점차 떨어지고 있는 상황에서 기존 미디어는 뉴미디어 콘텐츠의 약진을 두고 볼 수만은 없을 것이다.

〈영수증〉으로 시작된 뉴미디어 콘텐츠의 지상파 콘텐츠로의 활용은 앞으로 더 활발해질 가능성이 크다. 앞으로는 '이런 것도 있더라' 하는 소개가 아니라 '이런 것도 있는데 이걸 활용해 이렇게 만들어 봤어!'라는 아이디어로 시청자·청취자를 찾아갈 수 있는 지상파 방송만의 재창조가 필요하다. 기존 제작 방식 콘텐츠물에 더하여 뉴미디어 콘텐츠를 활용한 재창조의 과정으로 탄생한 콘텐츠까지 더해진다면 다양성에서 오는 소비자의 선택 폭도 넓어지고 지상파 콘텐츠의 위기도 기회로 전환되는 계기가 될 것이다.

이제 다시 기본을 말할 때

tvN 수목 드라마 〈슬기로운 감빵생활〉

김완신

아이돌이나 스타급 연기자들의 출연을 알리는 거창한 제작발표회는 없었다. 주연 배우들이 예능에 출연해 작품을 홍보하는 일도 없었다. 있었다면, 소위 '응답 PD'로 불리는 신원호 감독이 홀로 참여한 기자간담회가 전부였다. 배우들에게 스트레스를 주고 싶지 않다는 감독의 배려가 인상적이었지만, 언젠가부터 믿고 본다는 tvN의 콘텐츠라는 점과 매번 새로운 연기자를 발굴해내는 안목에 대한 기대감이 홍보성 기사나 연예 매체에서의 화제성을 대신한 것도 사실이다. 교도소라는 특수한 공간, 마약이나 살인, 군대 폭력 같은 소위 사회의 '금기', 터부시되는 소재들에 대한 논란을 사전에 견제하려는 의도도 있었을 터였다.

이런저런 예단에도 불구하고 뚜껑을 열어본 〈슬기로운 감빵생활〉은 모호한 선악의 경계, 부조리한 삶이 가진 다면성의 틀 위에서 리얼리티와 해학이 씨줄과 날줄로 얽히고, 시대가 갖고 있는 문제와 이를 다루는 서사의 촘촘한 디테일이 내공 깊은 배우들의 탄탄한 연기력으로 생동감 있게 그려진 웰메이드(well-made) 드라마였다. 극본은 물론이고 형식과 내용에서 단연 차별성이 돋보였다. 가볍지만 경박하지 않은 블랙코미디, 단순한 에피소드의 나열이 아니라 치밀한 구성 속에 희비극의 요소들이 교차하고 인간에 대한 절제된 시선이 전체를 관통하는, 그러면서도 특유의 유쾌함을 놓지 않는 작품으로 기억될 만하다.

1. 드라마, 이야기의 힘

1950년대 미국에서 가루비누 제조업자들이 주부들에게 광고하기 좋은 시간대에 만들어 내보내기 시작했다는 10분짜리 드라마, '비누 오페라(soap opera)'는 다음 편에 대한 기대와 광고주의 이익이 결합하면서 현재의 TV 드라마 형태로 발전을 거듭해왔다. 무대 위에 등장한 인물들이 말하고 행동하는 것을 통해 이야기를 풀어가는 '극', '희곡'은 바야흐로 TV극을 총칭하는 확장성을 가진 말이 되었다. 무대가 갖는 시공간적 제약을 극복한 TV 드라마는 길고 복잡한 스토리라인과 막대한 제작비, 특수 분장과 가히 혁명적이라 할 만한 CG 기술의 날개를 달고 영화와 견주어도 뒤지지 않을 정도의 스케일을 가진 막강한 문화 콘텐츠가 되었다.

〈슬기로운 감빵생활〉은 야구 슈퍼스타였던 주인공 김제혁(박해수 분)이 하루아침에 범죄자가 되어 6미터 담장 안 교도소에 갇히며 맞닥뜨리게 되는 적응기로 요약된다. 갑작스레 낯선 상황에 놓이게 된 주인공, 교도소라는 좁은 공간, 범죄자라는 캐릭터 등 드라마의 재료로서는 단선적이고 식상한 서사가 예견되었다. 그러나, 예측은 틀렸을 때 더 자극적이다. 주인공보다 더 화려한 경력을 가진 등장인물들이 각자의 독립된 서사를 가지고 큰 틀에서 유기적으로 상호작용하면서 주인공 김제혁은 극의 중심에 있다기보다 다양한 인간 군상의 서사를 이끌어내고 비추는 거울, 내레이터로서의 역할에 보다 가까웠다. 신선한 접근이기도 했고, 버릴 것 하나 없는 캐릭터들이 자기 몫을 톡톡히 해내면서 드라마는 완성도를 높여갔다. 극히 제한적인 시공간은 인물들의 이야기로 채워지고, 배우들의 눈빛이나 절제된 숨소리마저 흡인력이 강한 스토리라인을 보강하며 더욱 풍성해졌다.

　　드라마가 삶과 이야기를 다루고 전개하는 방식은 창작자의 몫이겠지만, 그 서사가 개연성을 갖고 탄탄한 구성으로 극적 판타지를 달성하는 것은 시청자들이 동의하고 공감할 때에만 가능한 일이다. 개인의 삶은 절대 선, 하나의 가치, 단편적인 갈등으로 이루어져 있지 않고, 거대한 씨줄과 날줄 어딘가에서 머물며 전체 틀의 움직임에 따라 조금씩 이동하기도 하고 튕겨져 나가기도 하기 때문이다. 그렇기에 서사는 단순할 수 없고, 인간 군상으로서의 캐릭터들은 유기적으로 작동해야 한다. 〈슬기로운 감빵생활〉에는 복잡한 가치가 혼재하는 사회의 작동 방식에 대한 건조한 서사가 존재하는가 하면, 인간에 대해 편견을 두지 않는 따뜻한 시선이 바탕에 깔려 있다. 가벼운 동정이나 섣부른 판단, 드라마화(dramatize)하기 위한 극적 장치로서 작위적인 설정이나 개연성 없는 갈등 구조는 사용되지 않았다. 사람 사는 곳이기에 가능한 이야기, 냉소적이지 않은 시선, 그럴 법한 서사가 드라마의 토대임을 입증한 좋은 예라 하겠다.

2. 삶을 대하는 태도, 그래도 삶은 이어진다

각각의 에피소드를 이끄는 힘은 '그래도 삶은 이어진다'라는 평범한 명제다. 평생 자신을 원망했을 아들에게 '아빠' 소리 한 번 듣지 못한 문래동 카이스트(박호산 분)는 그 아들에게 자신의 간을 이식해준 병원에서 예고도 없이 이감 명령을 받고 TV에서 사라진다. 누구보다 열심히 약을 끊으려 노력했던 헤롱이(이규형 분)는 전혀 예상치 못한 시점에서 기대를 배반하며 또다시 그 어두운 세계로 추락해버린다. 준비하고 계획한 대로 흘러가지 않는 인생, 그렇다고 아무렇게나 살아갈 수는 없는 삶의 무게를 가장 희극적이고, 가장 비극적으로 그려낼 뿐이다. 김제혁의 삶도 그랬다. '다시 원래의 자리로' 돌아갈 뿐이다. 그가 다시 재기에 성공해 메이저리거의 꿈을 이뤄낼지 아니면 공백을 이겨내지 못하고 재기에 실패할지 드라마는 얘기하지 않는다. 마운드에 서는 것으로 끝을 맺음으로써 이야기는 긴 여운을 남겼다.

누가 온전히 선하고 정의로운가, 언제나 옳기만 한 가치란 존재하는가. 쉽게 대답할 수 없는 문제이고, 이런 고민은 삶이 지속되는 한 계속될 것이다. 드라마는 이런 것들을 그대로 보여주는 것으로써 더 많은 이야깃거리를 만들어낸다. 무엇보다 스스로 생각하고 비판할 수 있는 여지를 시청자에게 남겨두었다는 점에서 반가웠다. 노력하고, 실수하고, 이별하고 이겨내는 사람들이 미워하고, 사랑하고, 속이고, 서로 껴안으며 살아가는 삶의 모습을, 그저 그런 인간 군상을 드라마의 중심에 서 있는 그대로 보여준 노력과 용기는 높이 평가할 만하다.

3. 금기, 정말 피해야 할 것들

드라마가 방영되는 중간에도 '재소자를 미화할 우려', '청소년에게 자극적인 범죄의 노출', '방송에서 금기시되는 소재' 등의 문제 제기는 계속되었다. 그럼 동시간대 다른 지상파의 수목 드라마들을 살펴보자. 알러지를 가진 남자가 로봇을 만나 사랑에 빠지는 MBC 〈로봇이 아니야〉, 오빠의 비밀을 밝히려는 남녀 판사의 정의 찾기를 다룬 SBS 〈이판사판〉, 한 남자와 두 여자의 200여 년에 걸친 사랑 이야기인 KBS2 〈흑기사〉 등이 있었다. 픽션으로서의 다양성이 돋보인다. 시청률과 무관하게 선택의 기준과 기대치도 다르기 때문에 시청자의 입장에서는 그야말로 '슬기로운 선택'이 필요할 뿐이다.

재벌가의 암투와 탐욕, 출생의 비밀, 인간성의 파멸 등은 흔한 막장 드라마의 단골 소재다. 자극적인 만큼 반응도 뜨겁다. 콘텐츠로서 이러한 소재들은 어떠한가. 아이를 바꿔치기하고 불법을 넘나들며 복수를 자행하는 일들은 드라마에서 왜 금기로 여겨지지 않는 것일까. 금기(禁忌)란 '마음에 꺼려서 하지 않거나 피한다'라는 의미로, 다른 말로는 '하지 말라'는 것이다. 그럼 금기를 결정하는 주체는 누구여야 하는가. 시청자가 외면하거나 공동체 가치에 크게 벗어날 때, 그래서 공동체가 보기 싫다고 하는 것들이 바로 금기의 대상이 되어야 한다. 정치 풍자는 개그 프로그램에서 늘 논란이 된다. 방송을 수용하는 수요자들과 무관하게 적용되는 불필요한 제약들은 여기저기 여전히 존재하는 현실이다.

시청자는 진화한다. 방송이 감추고 있지만 하고자 하는 이야기를 찾아낼 수 있고, 포장하고 있지만 해서는 안 되는 것들을 지적할 만큼 충분히 '슬기롭다'. 콘텐츠로서의 드라마가 해야 할 일은 디테일의 시시비비를 극복하고 소재와 주제의 확장을 통해 스스로 발전해가는 일이다. 시청자는 드라마를 보면서 자신의 삶도 같이 본다. 인물들에 자신의 생각을 불어넣고 대신 화도 내며 같이 울고 웃는다. 드라마의 세상이 사람 사는 곳이라는 기본에 동의할 수 있어야 하고, 지향하고자 하는 가치가 상규에 크게 벗어나지 않아야 한다는 전제를 잊지 않는다.

작금의 시청자는 빠르고 감각적이다. 여기서 감각적이란 말은 무조건 자극적인 것을 선호한다는 의미가 아니다. 직관적으로 판단하고 호불호를 명확히 한다는 뜻이다. 다양성은 창작 콘텐츠의 기반이다. 새로운 소재, 참신한 주제 의식의 발굴은 드라마도 예외가 아니다. 〈슬기로운 감빵생활〉이 드라마의 소재나 콘텐츠 확장에 있어 유쾌한 트리거[1]가 되기를 바란다.

4. 기본을 지키다

누구나 한 번쯤 들어봤을 연극의 3요소는 배우, 관객, 희곡이다. 촘촘하고 디테일이 살아 있는 극본, 연극 무대에서 공력을 쌓은 실력 있는 배우들, 연출자를 신뢰하고 능동적으로 채널을 선택하는 시청자. 이런 점에서 〈슬기로운 감빵생활〉은 극으로서의 삼박자를 고루 갖추었고, 이는 시청률로 입증되었다.[2] 4%에서 시작한 시청률은 점점 오르기 시작하더니 종영 즈음엔 전 연령층을 대상으로 타 지상파 수목 드라마들을 제치고 시청률 1위에 오르며 전국 평균 12%에 육박하기에 이르렀다.

---

[1]   Trigger, 총알을 발사하게 하는 장치, 어떤 사건의 발단이 되는 것.
[2]   닐슨코리아, "시청률 순위(케이블 일일순위)", 2018년 1월 18일 자, https://www.nielsenkorea.co.kr/tv_terrestrial_day.asp?menu=Tit_1&sub_menu=3_1&area=00&begin_date=20180118

무엇보다 기본을 지킨 덕이다. 주인공 역의 박해수는 TV에서 낯설었고, TV 드라마에서 주연급이었던 정경호는 이런 역할이 낯설었다. 힘주어 외친 한 마디인 '배식'을 또렷이 각인시킨 소지(김한종 분), 똘똘이 캐릭터를 영리하게 체화한 법자(김성철 분) 등 재주 많은 연기자들은 잘 짜인 극본에 숟가락을 얹는 정도가 아니라 스스로 밥상을 차리고 제 몫을 부지런히 챙겨나갔다. 숟가락을 들고 즐기는 일은 오로지 시청자의 몫이었다. 배우는 연기를 잘해야 한다는 전제를 잊지 않은 덕분이다.

어디까지가 픽션이고 어디까지가 실제 수감 생활의 영역인지 논란이 있을 수 있고, 김제혁이 교도소에서 누리는 특혜에 대한 시시비비도 있을 수 있다. 수용 시설과 재소자의 인권과 같은 민감한 문제도 존재한다. 폐기 처분된 닭에 관한 기사가 실린 날, 재소자들의 밥상엔 닭 요리가 푸짐하게 올라오고, 목공소의 반장은 담당 교도관과 짜고 재소자들의 노동 임금을 착복한다. 또 다른 사회의 축소판인 교도소를 그려내는 데 있어 〈슬기로운 감빵생활〉은 게으르지 않다. 부지불식간에 이감(다른 교소도소 이동)이 결정되고, 재심 재판의 지리한 과정과 불합리한 교도 행정 등도 비교적 고르게 배치되면서 민감한 소재가 갖는 한계점들을 영리하게 메운다. 디테일을 꼼꼼히 챙기면서 전체 구조를 놓지 않는, 간단하지만 실현하기란 결코 쉽지 않은 글쓰기의 기본을 잘 지킨 극본이 있었다.

돈 300만 원에 김주혁 죽이기에 동참하기로 한 소지의 멈춰버린 배식 수레를 클로즈업했던 카메라의 서늘한 시선, 인기 많았던 마약 전과자 헤롱이가 출소한 날, 함정 수사에 말려 또다시 약에 손을 대는 장면, 재고의 여지를 두지 않는 섬뜩함은 압권이었다. 고박사나 문래동 카이스트의 갑작스런 이감 장면에서, 드라마는 캐릭터를 붙잡아두기 위한 꼼수를 부리지 않는다. 기본을 지키는 결단은 탄탄한 극본, 그 서사에 대한 자신감에서 출발하는 것이다.

드라마가 모든 문제를 완벽하게 다룰 수는 없다. 리얼리티를 추구하든 판타지를 완성하든 그 시작은 꼼꼼하게 준비된 극본이다. 이런 점에서 〈슬기로운 감빵생활〉은 기본을 가장 충실히 지킨, 그러면서 시대에 맞는 감각적인 요소들을 놓치지 않고 빼곡히 채워 넣은 완성품의 지위를 갖게 되었다.

5. 드라마가 삶을 위로하는 방식

가난한 취준생 김민성(신재하 분)은 악덕 업주를 만나 교통사고를 내고 복역 중이다. 죽도록 노력해도 되는 일이 하나도 없는데 착하고 성실하기만 한 그에게 김제혁은 말한다. 최선을 다했는데 기회가 없었을 뿐이니 세상에 대해 욕을 하든 펑펑 울든 다 해도 자신을 탓하지 말라고 ……. 과거 선수 선발전에서 뽑힌 김제혁은 그것이 오롯이 자신의 실력이 아니라, 그 당시 팀에 좌완 투수가 필요했었고 그가 유일한 좌완이었음을 떠올린다. 늘 자신을 채찍질하듯 다그치는 청년에게 그가 건넨 독백은 그 어떤 위로보다 더욱 강렬했다. 억울함에 적응을 하지 못하던 유대위에게도 억울한 것은 알겠는데 살고 싶으면 그 화를 다스려야 하지, 안 그러면 못 버틴다고 담담하게 말하는 그의 어눌한 진심은 동시대를 살고 있는 다수의 시청자들을 함께 다독여주었다.

각종 오디션에서부터 음식 맛에 이르기까지 TV 채널을 돌릴 때마다 화려한 수사의 평가, 비판, 잘되라는 전제를 달고 행해지는 비수 달린 말들이 참가자들의 눈물을 자극하고 시청자들은 어느 편엔가 이입되어 그 광경을 지켜보고 있다. 정글 같은 세상을 살기 위해 누구나 애를 쓰지만, 결과는 기대에 늘 부합하지 않는 것이 인생이기도 하다. 그 간극에서 아파하고 좌절한 동시대의 누군가를 위로하는 방식은 조심스러우면서도 진정성이 필요한 일이다. 그 지점에 머물러 있는 것 자체를 인정하고 보여주는 것, 더 잘해라 다그치지 않고 기다려주는 여유, 그것뿐인 인생이어도 인정해야 한다는 것을 〈슬기로운 감빵생활〉은 가장 어수룩한, 그것도 죄수복을 입은 김제혁의 입을 빌어 담담히 전해준다. 가시 돋친 전문가의 독설 앞에서 쩔쩔매는 또 다른 '나'를 바라보는 불편함보다는, 자신도 다르지 않음을 나지막이 되뇌는 사람 냄새 나는 '그'의 위로 방식이 시청자들에게 길고 깊은 공감을 남겼다.

채널은 다양화되었고 자본은 막대해졌으며 방송 인프라는 엄청나게 규모가 커졌다. 이에 비해 극본, 소재, 연출 등 소프트웨어 영역의 '크리에이티브(creative)'는 하드웨어의 속도를 미처 따라가지 못하고 있다. 때로는 방송 자체보다 이를 보는 시청자들의 평가가 보다 '창의적'인 경우도 많은 것이 사실이다. 비지상파 방송의 드라마들이 각광받고 있는 것도 이런 맥락이다.

가치의 기준이 다양화되고 현실 세계가 복잡해지면서 기존의 정형화된 서사 구조, 획일화된 연출 방식으로는 이미 앞서 있는 시청자들의 공감을 얻을 수가 없다. 검증 안 된 인기 스타와 이를 뒷받침하는 노련한 조연 배우들의 뻔한 구성, 광고 유입이 용이한 드라마적 장치들을 덧대는 안이한 연출 방식, 독한 대사, 자극적인 캐릭터와 같은 게으른 제작 방식은 시청자들로부터 점차 외면받고 있다.

자본이 몰리고 첨단의 기술이 동원되는 이 시점에 군이 기본을 강조하는 것은 드라마가 단순히 PPL[3]을 위한 광고 패널이 아니라 사회와 사람을 비추는 반사판 역할을 해야 하기 때문이며, 문화 콘텐츠란 과거 성공 모델의 답습이 아니라 새로운 것들에 대한 끊임없는 추구의 과정 그 자체이기 때문이다. 시청자는 더 이상 비누 광고 대상이 아니다. 훌륭한 '창작' 콘텐츠를 적극적으로 찾아다니는 소비자인 동시에 그 피드백이 콘텐츠의 일부를 구성하는 문화 제작자다. TV 콘텐츠로서의 드라마가 풍성한 이야기와 세련된 연출, 준비된 연기자들의 노력이 한데 어우러지는 신명나는 무대로 거듭나기를, 관련자들의 건투를 기대해본다.

3   Product Placement, 간접광고.

환상의 정글 생존 판타지

〈정글의 법칙〉

고은정

게리 폴슨(Gary Paulsen)의 『손도끼』에서 손도끼는 아주 중요한 도구이다. 조난당한 주인공 브라이언이 살아남기 위해 사용한 유일한 도구이자, 스스로 살아남고자 하는 강한 의지의 횃불이 되어주었기 때문이다. 강제로 문명에서 벗어난 곳에 떨어진 주인공은 손도끼 하나로 스스로 치유하고 버티는 법을 배운다. 과연 나라면? 아무도 없는 오지에서, 그리고 문명을 벗어난 곳에 준비 없이 툭 떨어졌을 때, 나는 살아남을 수 있을까? 『손도끼』가 잔잔한 울림을 주는 이유는 아마 스스로 위험을 헤쳐나가고 회복하며 자아를 찾아가는 과정에서 오는 게 아닐까. 마냥 긍정적인 건 아니더라도 그러한 막연한 두려움과 알 수 없는 기대감에 부풀어 오르는 상상의 순간은 거부할 수 없는 호기심을 자극하곤 한다.

운이 나쁜 사고나, 작정하고 무소유의 삶으로 돌아가지 않는 이상 실제로 문명의 영향에서 벗어나기란 굉장히 어렵다. 현대인들의 필수

품은 핸드폰이고, 인터넷은 사방에 깔려 있다. 전파가 닿지 않던 곳도 이제는 찾아보기가 많이 힘들다. 그런 상황에서, 정말 사소한 문명의 손길도 거의 닿지 않을 '오지'로 떠나게 된다면? 그런 인간의 호기심을 즐겁게 충족시켜줄 수 있는 프로그램이 바로 〈정글의 법칙〉이었다.

아파트로 이루어진 숲에 살며, 바로 옆집에 있는 이웃의 얼굴조차 모르는 사람들에게 간접적으로 일탈의 순간을 맛볼 수 있게 한다. 또한 잊고 있던 공동체라는 것의 의미를 생각해볼 수 있게 한다. 문명과 비문명, 나와 우리의 대립을 명확하게 보여주며, 생존이란 무엇인가, 더 나아가 자연과의 공존이란 무엇인지 알 수 있게 한다.

문명사회에서 잊혀져버린 값진 가치

〈정글의 법칙〉은 첫 방송 이래로 수많은 오지를 탐험했다. 쉽게 떠올리는 아프리카부터, 마다카스카르, 그리고 최근에는 사바나, 인도양까지. 방송에서 보여주고자 하는 점은 '여행'보다는 '생존'의 개념으로, 김병만을 중심으로 한 병만족이 열악한 상황을 어떻게 극복하는가를 리얼하게 보여준다. 현대인들이 쉽게 접하지 못하는 오지를 탐험하고, 더 나아가 완전히 탈문명화한 환경에서 자력으로 살아남는 이들의 모습은 여러 가지 신화적 구조를 띤다. 충분히 발달한 문명사회에서 벗어나 오지에서 힘겹게 살아남는 모습은 세 가지 메시지를 줄 수 있다고 생각한다.

그중 첫 번째는 문명을 뒤로 하고 대자연 속으로 뛰어든 이들의 고통(힘거운 생존)을 보며 느끼는 안도감일 것이다. 이는 저런 살아남기 힘든 오지가 아닌 문명사회에 우리가 속해 있음에 대해 자각하며, 인간의 한계를 깨닫는 것이다. 그러나 그 열악한 환경 속에서도 좌절치 않고 끊임없이 방법을 찾아내고 협력하며 소소한 것에도 행복을 느끼는 모습을 통해 공동체 신화를 만들어낼 수도 있다. 이것이 내가 생각한 두 번째 메시지다. 마지막으로 힘겨운 상황에서도 좌절하지 않고, 그 속에서나마 자신이 할 수 있는 일을 찾아가는 과정에서 자아를 찾는다. 더해서 한 걸음 더 성장하는 자아 발견 신화 또한 만들어낼 수 있다. 이것이 내가 생각한 세 번째 메시지다.

'문명 대 오지', 그리고 '혼자 대 다 함께'라는 이항 대립적인 요소를 잘 사용해 신화적 구조를 만들어낸 점에서, 그리고 그것이 효과적이라는 점에서 〈정글의 법칙〉은 웃음을 주는 예능으로서도, 교훈을 주는 다큐멘터리적 성격으로서도 잘 작용하고 있는 프로그램이라 할 수 있다.

시청자가 원하는 것은 연출된 거짓이 아니다

김병만은 작은 칼 하나로도 집을 짓고, 아무것도 주어지지 않은 상황에서도 먹고 살아남을 수 있는 방법을 능숙하게 연구한다. KBS 개그 프로그램 〈개그콘서트〉에서 생긴 '달인'의 이미지에서 시작된 기대에 부합하는 모습이다. 보통 예능과 달리 때를 꼬질꼬질하게 묻혀가면서 실제 생존기를 다루는 모습은 사람들의 가슴을 울리고 조마소마하게 느낄 수 있는 여지가 충분하다. 물론 시청자들은 김병만을 비롯한 '병만족'들이 무사히 문명사회로의 복귀를 야기할 것을 알지만, 그럼에도 불구하고 그 속에서 벌어지는 수많은 사건·사고들(현대사회에서는 보통 떠올리지 못할 대자연의 모습)을 기대한다.

그러나 그런 모습을 충실하게 보여주었어야 할 〈정글의 법칙〉에도 꾸준히 붙어 다니는 악명은 바로 조작 방송의 여지다. 실제로 몇 개의 시즌에서 불협화음을 낳은 적도 있었는데, 가장 대표적인 예로는 박보영이 출연했던 "뉴질랜드 편"이다. 당시 촬영을 함께 갔던 박보영의 소속사 대표가 SNS에 '〈정글의 법칙〉은 조작'이라는 식의 글을 개제했다가 삭제했는데, 이는 곧 불씨가 되어 수많은 증거들까지 등장하기 시작했다. 문명인을 본 적 없는 원주민으로 소개된 이들은 실제로 돈을 받고 원주민 체험을 하게 해주는 이들이기도 했다.

이것은 〈정글의 법칙〉이 가지고 있던 생존 신화적 구조의 근간을 무너뜨릴 수 있는 부분이다. 사람들은 아무것도 주어지지 않은 상황에서 위험을 극복해가고, 작은 그늘과 어렵게 사냥하고 채집해 얻은 식량에도 행복해하는 출연자들의 모습을 보며 메시지를 받는다. 그렇기 때문에 이러한 포맷을 가진 프로그램에서 가장 기본이 될 '리얼함'이 '연출된 거짓'이라는 것은 문제가 될 수 있다. 물론 예능이니만큼 정말 위험에 닥칠 때까지 출연진을 방치할 필요는 없으나, 과도한 조작은 사람들에게 말하고자 하는 프로그램의 기획 의도마저 망칠 수 있다.

정글의 법칙이 아닌 놀이의 법칙

기존의 〈정글의 법칙〉은 리얼함이 강점이었다. 꾸며지지 않은 정글을 헤치고, 나뭇가지로 집을 만들고, 혹시 찾아올지 모르는 위험에 마음을 졸이곤 했다. 요즘 예능에서 자주 보이는 게임이나 내기, 복불복 등은 거의 찾아볼 수 없었다. 하지만 이건 당연한 이야기이기도 하다. 생존은 목숨과 연결될 수 있는 상황이니만큼, 어느 정도의 진중함은 분명 필요한 요소였다.

그러나 이 탓에 프로그램이 장기 제작이 될수록 포맷의 진부함을 야기하기도 한 모양이다. 그 때문에 최근 방영되는 시즌에는 많은 게임적 요소나, 일반 예능에서 볼 수 있는 다양한 예능적 요소들이 추가되었다. "보르네오 편"에서 '헝거게임'을 비롯해, "브라질 편"에서는 '블라인드 퀘스트'라는 장면을 추가했다. 하지만 이는 프로그램의 또 다른 면을 드러내는 방법일 수도 있지만, 동시에 스스로의 정체성을 좀먹을 수 있는 위험한 시도이기도 하다고 생각한다.

최근에 방송된 "라스트 인도양 편"에 출연한 돈 스파이크는 정글에 가고 싶었다는 이야기를 하며 '낚시 대학원 수료'에 대한 인터뷰를 했다. 이전에도 그런 사람은 많았다. 정글에 가기 위해서 스킨 스쿠버를 배우고, 자격증을 딴다. 그리고 사람들은 그것에 대해 준비성이 좋다며 감탄한다. 〈정글의 법칙〉에서 식량을 모으는 주된 방법이 낚시와 사냥이었다는 것을 감안하면 틀린 반응은 아니다. 하지만 실제 정글에서 누군가가 겪게 될 것들은 안전 장비가 모두 갖추어진 스포츠가 아니다. 프로그램 제작에 참여하는 출연자들의 태도는 가볍다. 소꿉놀이라도 하는 것처럼 자신만만하다. 말 그대로 '놀이'에 참여하는 것처럼 보인다. 과연 그것이 생존기에 어울리는 모습일까?

6월경 방송된 "멕시코 편"도 마찬가지이다. 브라질의 경우에는 일반적으로 땅에서 시작하던 프로그램의 포맷을 해적선으로 바꾸어 엔터테인먼트적인 요소를 더했다. 하지만 이는 우리가 흔히 생각하는 정글 같은 이미지에서 벗어남은 차치하더라도, 생존에 대해 열정적이지 않은 태도나(정말 굶주릴 수도 있는 상황에서도 입맛을 따지는 모습이나, 소극적인 출연진의 태도), 리얼한 상황 대신 미션과 게임을 주어 연출된 장면, 게임이라도 하듯 맡은 일에 대해 장난스럽게 대하는 모습을 보여주게 됨으로써 생존 신화에 대한 시청자의 기대를 배신할 수 있다. 재미는 줄 수 있을지 모르나, 시청자들이 기대하던 정글 생존에 대한 절박함은 줄어들기 때문에 예전과 같은 의미의 지지는 받기 힘들기 때문이다.

정글에서 멘토를 찾는 출연진

실제 재난 상황에 맞닥뜨리게 되었을 때, 혹은 실제로 내게 '생존'의 위협이 닥쳤을 때의 상황을 가정해보자. 누구나 할 수 있는 상상이지만 그것에 이입하기는 상당히 힘들다. 그렇기 때문에 사람들은 그러한 상황을 가정했다고 볼 수 있는 〈정글의 법칙〉에 집중하게 되는 것이다. 실제로 내게 다가오지 않을 것 같지만, 동시에 어떤 일이 벌어질지 모른다는 묘한 긴장감은 프로그램의 재미를 더하기도 한다.

하지만 객관적으로 보아 위험한 상황일 수 있다는 긴장감은 하나의 요소로 인해 완화되어 재미로 다가온다. 바로 김병만이다. 김병만은 프로그램의 중심축으로 지금까지 존재했다. 김병만이 빠진 〈정글의 법칙〉은 상상하기 힘들 정도다. 누구나 좌절할 것 같은 곳에서 끈질기게 살아남을 방법을 강구하고, 사냥하며, 그리고 지친 부족원들의 쉴 곳을 마련해준다. 족장이라는 이름에 걸맞은 역할을 수행하고 있다.

그러나 동시에, 회를 거듭할수록 프로그램이 '김병만의' 〈정글의 법칙〉에서 벗어나지 못하고 있다는 것은 장점이 아니라 단점이다. 해외에서 촬영되는 비슷한 포맷의 프로그램을 비교해본다면, 〈윤식당〉의 경우 직접적으로 윤여정의 이름을 사용하면서도 모든 출연자들의 협동이 돋보이고, 〈꽃보다 청춘〉의 경우도 마찬가지다. 중점을 두되 다양한 사람들을 조명한다. 그러나 〈정글의 법칙〉 주인공은 독보적으로 김병만 혼자다. 출연자 중 스스로 제 몫을 해나가려고 하는 이들도 많지만, 그들이 정글에서 생존하는 동안 필요한 많은 부분을 김병만에게 기대게 되는 경향이 있다. 잘 풀리지 않는 일에도 필요한 것은 김병만이다. 김병만은 프로그램의 주축이자, 해결사이자, 멘토로서 프로그램 내에 존재한다. 실제로 〈정글의 법칙〉을 시청하다 보면 사냥에 고전하거니 실수를 한 장면에 대한 해결을 바라며 김병만 족장을 부르는 장면을 쉽게 떠올리게 된다. 자연에는 김병만과 같은 멘토가 없을 수도 있다. 김병만은 리더로서의 역할을 수행하되 프로그램 그 자체가 되는 것은 지양해야 할 것이다. 프로그램의 스토리텔링 요소를 늘리기 위해서도 필요한 부분이라고 생각된다. 공동체 신화를 완성하는 데에 걸림돌이 될 수 있기 때문이다.

김병만은 〈정글의 법칙〉 내에서 데우스 엑스 마키나(deus ex machina)로서 존재하게 된다. 해답을 찾지 못하는 문제는 김병만 혼자로서 해결해낼 수 있고, 불가능할 것 같은 곳에서도 가능함을 이끌어내는 존재가 된다. 이는 공동체적 가치를 추구하는 〈정글의 법칙〉에서 지양해야 한다. 프로그램의 재미와 서스펜스를 떨어뜨리는 장치가 될 수 있기 때문이다. 〈정글의 법칙〉에 김병만이 필요한 존재이더라도, 김병만이 〈정글의 법칙〉 그 자체가 되어서는 안 된다. 이는 곧 프로그램의 생명을 김병만이라는 브랜드의 수명과 함께할 수밖에 없게 되기 때문이다. 장기적으로는 프로그램 자체의 발전에도 방해가 될 수 있기 때문에, 다양한 부족원들이 화합하는 모습을 비추며 김병만에게 쏠리는 시선을 분산시킬 수 있어야 한다.

생존 신화에서 여성의 자리는 어디에 있는가

대한민국 모든 텔레비전 프로그램에서 보이는 공통적인 문제점이지만, 이는 〈정글의 법칙〉도 피해가기가 어렵다. 몇 가지 논란에도 불구하고 〈정글의 법칙〉은 꾸준히 좋은 성과를 내고, 사람들이 새로운 세계에 대한 견식을 넓힘과 더불어 직접 가보지 못하는 대자연의 신비에 대해서도 볼 수 있는 좋은 프로그램이다. 그러면서 사람들은 적은 확률으로라도 그들에게 닥칠 수 있는 재난 상황(혹은 생존에 대한 기술이 필요한 상황)을 가정해보곤 한다.

그러나 그들의 신화에서도 여성의 자리는 적다. 세계 인구의 절반이 여성임에도 마찬가지다. 소위 '병만족'으로 구성되는 시즌별 출연진의 구성에서 여성 게스트는 없거나, 최근에 들어 세 명 정도로 늘어났다. 그나마도 "통가 편"에 출연한 홍윤화를 제외한다면 거의 아이돌이거나 배우로, 비교적 다양한 직업과 외모적 특성을 가진 남성 출연자와 구성에 차이가 난다. 프로그램 특성상 민낯을 보여야 한다거나, 육체적 노동을 하는 등의 이유로 섭외가 어렵다는 이유도 있겠으나, 그것보다는 '여성은 힘든 일을 싫어할 것이다'라는 고정관념 또한 한몫했을 것이라 생각한다. 실제로 프로그램상 여성 출연진보다 일을 못하거나, 허당으로 구는 캐릭터를 맡는 출연진이 있음에도 마찬가지다.

또한 프로그램에 출연한 여성 출연진에게 씌워지는 이미지에도 문제가 있다. 치열하게, 위험천만하게 살아남는 이야기를 하는 와중에도 여성 출연진이 듣는 평가는 주로 '민낯인데도 예쁘다', '섹시한 여전사같다'는 이야기다. 놀랍게도 남성 출연진에게는 민낯을 주목하지 않고, 메이크업을 한 얼굴과 프로그램상의 얼굴을 비교하거나 행동거지에 성적 어필을 할 수 있는 메시지(외모적인 부분)를 던지지 않는다. 이는 여성 출연자들에게 한정되어 있다. 몸매나 정글 탐험 당시에 쓰이던 패션 아이템들은 기사화된다. 자연스럽게 언급이 한쪽으로 쏠리다 보니 여성 출연자들은 정글을 탐험하는 와중에도 화면에 그들이 비치게 될 모습에 더욱 신경을 쓰는 악순환을 반복한다. 프로그램의 주된 목적을 완전히 벗어나게 되는 것이다.

정말 모든 것을 진실하게 담아낼 의무는 없다. 그러나 그것을 감안하더라도 실제 재난 상황에서 여성이 만날 수 있는 특수한 상황(생리 등의)은 예능임을 감안하더라도 언급조차 되지 않는다. 오래도록 많은 사랑을 받고 있는 프로그램인 점에서 〈정글의 법칙〉은, 앞으로도 꾸준한 지지를 받길 원한다면 여성 출연진의 비율 및 그들을 어떻게 조명할 것인가를 조금 더 신경 쓸 필요가 있을 것이라 생각된다.

〈정글의 법칙〉은 보기 드문 예능 포맷으로서 충분한 역할을 하고 있고, 삭막한 현대사회에서 공동체 신화를 일깨워줄 수 있다는 점으로서 교훈적이기도 하다. 탈문명화한 환경에 떨어진 사람들의 생존 일기는 그 자체로서 심장의 울림을 준다. 대자연과 문명이라는 이항 대립을 통해 사람들에게 주는 메시지는 아주 단순하면서도 강렬하다. 그렇기에 여러 비판이 있었음에도 불구하고 순항하며 여기까지 올 수 있던 것이 아닐까. 사람들이 보고 싶어 하고, 기대하는 점이 있기 때문일 것이다. 그것만은 확실하다.

하지만 리얼리티적 요소를 강조하는 프로그램임에도 끊이지 않는 의문점과 논란이 있다는 것 또한 사실이다. 예능 프로그램이면서도 다큐멘터리적 모습을 표방하는 이상, 그리고 그들이 최초에 가졌던 기획 의도를 바꾸지 않는 이상, 사람들은 〈정글의 법칙〉에서 꾸준하게 리얼리즘을 가지고 있으면서도 환상적인 생존 신화를 기대할 것이다. 그 자체로서 매력 있는 〈정글의 법칙〉 신화 말이다. 그러니 프로그램 변화구를 예능적으로 추구하는 것은 독이 될 수 있다. 과도한 예능적 요소를 밀어 넣어 그러한 바람과의 괴리감을 넓히거나, 단순히 자극적인 방송만을 추구하게 되지 않아도 된다. 다만 새로운 시대에 맞추어 〈정글의 법칙〉에서 보여줄 수 있는 다양한 가치를 더해 나간다면 무리 없이 꾸준한 프로그램의 순항을 기대할 수 있지 않을까 기대해본다.

스타 혼자 산다

MBC 금요 예능 〈나 혼자 산다〉

이은지

> 그들은 하숙집에서 서둘러 점심을 먹고는, 식후 약간의 사치가 필요한 까닭에 여기에 와서 주사위 놀이나 포커를 하면서 커피를 마신다. …… 그들이 존재하기 위해서는 몇 명이 어울려야 한다. 나는 혼자서, 철저히 혼자서 살고 있다. 절대로 아무에게나 말을 하지 않고, 아무것도 받지 않고, 아무것도 주지 않는다.
>
> 장 폴 사르트르(Jean Paul Sartre), 『구토』 中

살다보면 홀로 남겨지는 순간이 있다. 친구들과 와자지껄 떠들다가 홀로 집에 돌아가는 길이나, 길에서 넘어져 무릎을 다쳤지만 아무도 나를 신경을 쓰지 않을 때, 친구들은 모두 취업하고 나만 백수로 남았을 때, 부모님의 늘어진 주름을 새삼 헤아릴 때, 잠들지 못한 새벽에 편의점 맥주 한 캔으로 이유 모를 불안을 씻어내야 할 때 …… 인간은 누구나 혼자가 된다. 다만 착각할 뿐이다. '누군가와 함께 살고 있으니 나는 외롭지 않다'고 말이다. 이러한 착각을 사르트르는 '혼자서도 존재하는 사람'의 시선으로써 발견했다. 사르트르가 본 사람들은 시간을 채우기 위해서 필사적으로 포커를 치고, 커피를 마시며 수다를 떤다. 마치 우리가 SNS를 붙잡고 화려한 삶을 필사적으로 찾아 모으는 일과 같다. 그렇게 혼자라는 기분을 잊는다. 하지만 이 필연적 외로움을 인정하지 못하면 혼자됨 자체를 부정하게 된다. 과거 〈나 혼자 산다〉가 처음 나왔던 2013년에도 1인 가구는 급증하고 있었지만 여전히 '혼자인 사람들'에 대한 인식은 부정적이었다. 불과 5년 전만 해도 혼자 밥을 먹고, 혼자 영화를 보고, 혼자 여행을 가는 사람들을 괴짜로 보았던 것이다. 그 당시의 공통 이념은 대대로 내려오던 대로 삶의 어느 시기가 되면 '정상적'으로 가정을 꾸리는 것이었다. 이때, 혼자 사는 사람은 경제 사정이든 성격이든 어딘가 문제가 있는 사람들로 여겨졌다. 이런 시기에 솔로 라이프를 발굴한 〈나 혼자 산다〉는 1인 가구 또는 '혼ㅇ족'(예: 혼밥족, 혼술족, 혼놀족 등)의 억울함을 채워준 단비 같은 프로그램이라고 할 수 있다.

나, 혼자 살았었나?

〈나 혼자 산다〉를 보면 특이한 메시지를 읽을 수 있다. 분명 게스트는 혼자 사는데, 혼자 사는 것 같지 않다. 1인 가구가 급증하는 현재, 시청자는 〈나 혼자 산다〉에 한 가지 물음을 남길 수 있다. 단순히 말하자면 '그래서 혼자로만 남을 것인가?'이다. 혼자 사는 개인들에게 화합과 조화는 어떻게 형성할 것인가? 단순히 스펙 화려한 연예인이 나와서 혼자 사는 일상을 보여주기만 한다면 그건 〈나 혼자 산다〉가 아닌 〈스타 혼자 산다〉가 될 것이다. 아직까지 제작진은 이를 영리하게 파악하고 있다. 〈나 혼자 산다〉는 '나래바'부터 시작해 무지개 회원들끼리의 돈독한 우정을 제시하는 한편 혼자 사는 이들의 시선으로 함께 사는 이들을 주목한다. 〈나 혼자 산다〉가 조명하는 '따뜻한 우리'는 묘하게 마음을 끈다.

2018년 9월 15일 방송분에서 기안84는 차기작을 준비하며 하하·별 부부와 이말년 부부를 인터뷰한다. "결혼은 왜 결심했어요?", "같이 살다가 다른 이성에게 설레게 되면……" 날것 그 자체로 반감과 지지를 동시에 사는 작가 기안84의 질문이 기막히다. 이를 나름 진지하게 해석해서 "믿고 함께 살 수 있는 사람이라 여겼다", "중요한 질문이다. 부부간 대화가 많이 필요하다"라고 답하는 기혼자들의 모습도 인상적이다. 2018년 9월 7일에 방송된 유노윤호의 방송분 역시 마찬가지다. 50일 된 조카를 돌보는 동생부부는 밥도 편히 못 먹고 하루를 육아로만 보내는 삶을 이야기한다. 그러면서도 그들은 어린 포도알 같은 아기의 발가락을 쓸고, 작은 얼굴에 이목구비가 오목조목 들어찬 모습을 보며 웃는다. 여기에는 혼자서는 도저히 얻을 수 없는 삶의 감동이 녹아 있다. 무지개 동호회는 어떤가? 특히 동호회라는 단어는 현대의 공동체를 가장 잘 보여주는 단어다. 성격, 성별, 나이, 사는 곳 모두 달라도 취미가 비슷하거나 뜻이 맞는 사람들이 삼삼오오 모여 이루어진 모습이 동호회니까. 혼자 살더라도 함께 모여 웃고 떠든다.

여기서 누군가는 혼자 사는 삶을 묘사하는 프로그램에서 '혼자'가 누락됐다는 점을 비판할 수 있을 것이다. 혼자 멍하니 생각에 잠긴 모습, 게으르게 늘어져 있는 주말의 모습은 사라지고 게스트들은 꼭 새로운 취미를 만들어보고, 친구나 가족을 찾아간다. 그도 안 되면 무지개 동호회 회원을 만나 노닥거린다. 게스트는 무언가를 해야만 한다. 안다, 예능 프로그램 성격상 홀로성에 과한 탐구를 연출하면 재미 요소가 줄어들고, 보여줄 것도 없다. 하지만 홀로성에 대한 탐구나 고찰이 녹아난 장면이 지워진다면, '나 혼자 산다'고 말할 수 없다. 혼자란 무엇일까? 혼자 산다는 건 어떤 의미를 가질까? 자본주의 사회 아래 스포츠, 취미, 여행, 차 한잔 마실 공간까지 소비 상품이 되어버린 이 시대에서 혼자란 문화 상품을 소비하는 일일까? 예능 제작진에게 다소 이상적인 화두일 수는 있지만, 〈나 혼자 산다〉가 더욱 빛나기 위해서는 절대적인 홀로됨 역시 필요하다. '우리'가 완벽하지 않듯, 혼자 역시 그렇게 화려하지 않다. 늘 생산적이지만도 않을뿐더러, 가끔은 지독하게 외롭고, 두려움에 잠조차 쉬이 들지 못한다. 젊은 세대에서 1인 가구의 증가는 공동체 사회에서 더 이상 잊히지 않겠다는 개인의 선언과 같다. 개인은 주체로서 혼자 판단하고 사고한다. 이사한 '새 집'이 아닌 새 집으로 이사하는 과정에서 녹아난 고난을 묘사해야 '나 혼자 산다'에 가까워질 것이다.

스타 혼자 산다

〈나 혼자 산다〉가 프로그램 초기에 '혼자남'들을 게스트로 삼아 '웃기지만 짠한 혼자의 삶'을 이야기했다면 2018년 현재는 '당당한 1인 가구의 싱글라이프'를 전면으로 내세우고 있다. 젊은 1인 가구가 점점 확대되는 대세에 합류한 이 메시지는, 개편 이전 〈나 혼자 산다〉가 보여줬던 '1인 가구는 역시 짠하네'라는 감상을 '누가 뭐래도 당당한, 멋진 혼자'로 전복시켰다. 2018년 9월 15일 방송분에서 쌈디는 버킷리스트 중 하나인 홀로 여행가기를 시도했다. 카메라는 그 모습을 탐험을 떠나는 개인으로 담아낸다. 살다보면 평일에 남이섬에서 홀로 고기를 구워 먹는 날도 생길 수 있다. 〈나 혼자 산다〉에서는 그런 소소한 일상을, 번지점프를 뛰고 후련하게 미소 짓는 게스트를 카메라에 담아서 '혼자는 흠이 아닌 평범한, 때로는 특별한 삶의 순간일 수 있음'을 보여준다.

하지만 나는 '〈나 혼자 산다〉가 진정 혼자 사는 삶을 이야기하거나, 1인 가구를 대변하는가?'라는 질문에는 회의적이다. 물론 서로 다른 삶을 사는 개개인의 이야기를 묶어 한 편의 예능으로 얽어내는 과정이 쉬울 거라고도 생각하지 않는다. 다른 삶을 조화롭게, 일상으로 끌고 온다는 점에서 프로그램 제작자들이 그 누구보다 노력하고 있다는 점을 부정하고 싶지 않다. 묶어낸 그 삶들이 결국 '스타의 삶'이라는 점을 짚고 싶을 뿐이다. 〈나 혼자 산다〉가 보여주는 혼자란 어떤 사람들인가? 톱모델, 대배우, 엘리트 아나운서이자 프로 MC, 월드스타 가수, 스타 개그우먼, 인기 만화가다. 사회적으로 인정받으며 안정적인 생활을 누리는, 비교적 젊은 사람들이다. 일반적인 1인 가구는 어떤 형태인가. KB금융지주 경영연구소가 최근 발간한 「2018 한국 1인 가구 보고서」를 살펴보았다. "1인 가구들이 혼자 살게 된 동기는 스스로의 의지로 의한 자발적인 이유보다는 학교나 이혼 등 사회 및 경제적 환경으로 인한 비자발적인 사유가 더 많다",[1] "20대의 74.5%, 30대는 62.3%가 15평 미만에 거주하고 있다"[2]고 한다. 개편된 〈나 혼자 산다〉가 주로 젊은 1인 가구의 삶을 보여주는 만큼 주목해야 할 결과라고 생각한다. 프로그램이

---

[1] "[솔로소사이어티] 우리나라에 1인 가구가 많아진 사연, 그리고 그들이 걱정하는 것은 무엇일까?", ≪데일리팝≫, 2018년 10월 2일 자, http://www.dailypop.kr/news/articleView.html?idxno=35521

[2] "1인 가구 자가비율 28.2% ⋯ 2030 대부분 15평 미만 거주", ≪헤럴드경제≫, 2018년 10월 3일 자, http://news.heraldcorp.com/view.php?ud=20181002000684

비추는 화려한 혼자의 삶과 현실은 많은 차이가 있다.

〈나 혼자 산다〉의 관찰 카메라들이 보여주는 스타들의 일상은 남다르다. 깨끗하고 넓은 집 평수부터 다르다. 일반인은 다른 스케줄이 없는 평일에 여행을 떠나거나, 외국에 나간 다른 친구를 만나러 가는 김에 촬영장을 구경하거나, 차기작 준비를 위해 스타 연예인과 인터뷰를 하지는 않는다. 정제된 듯 화려한 스타들의 모습은 진짜 같은 가짜 일상이다. 달리 말하면 일반인이 아닌 스타의 일상이다. 방송이 보여주는 일상은 환상적이고, 신화적이다. 시청자들은 방송이 내세우는 '당당한 1인 가구의 삶'에 공감하기보다는 스타들의 일상을 보고 즐거워하고 동경한다. 대부분 비자발적으로 1인 가구가 된, 15평 미만에 거주하는 젊은 1인 가구의 일상과는 당연히 멀다. 아름답고 당당한 1인 가구의 삶에는 돈이라는 조건이 선행된다. 여행, 스포츠, 쇼핑, 인테리어, 전부 소비활동이다. 안타까운 점은, 〈나 혼자 산다〉 프로그램에서 게스트들이 혼자의 시간을 견뎌낼 때 대부분 새로운 경험을 위해 이런 소비활동을 계속한다는 것이다. 시청자들은 여가를, 혼자 사는 삶을 소비활동으로 지속하기를 은밀히 주입당한다. 또, 이 '멋진 홀로 라이프'라는 환상은 경제적 문제로 분투하는 빈곤층 1인 가구, 나아가 고령층 1인 가구의 삶을 잊게 만든다. "1인 가구의 절반 이상이 은퇴자금 준비가 부족한 수준이라고 느꼈고 주요 장애 요인으로 60% 이상이 '경제적 여력 부족'을 거론했다. 이어 절반가량이 '생활비 충당 후 여력이 없다'고 응답했다"[3]는 한국 1인 가구 보고서의 결과와는 다른 모습이다. 비정규직 채용 비율이 증가하고, 청년실업률이 급증하는 현실에 〈나 혼자 산다〉의 삶은 지

---

3 "1인 가구 금융 전성기? '예·적금 많지만 은퇴자금은 부족'", 《파이낸셜투데이》, 2018년 10월 1일 자, http://www.ftoday.co.kr/news/articleView.html?idxno=103126

나치게 매끄럽고 조용하다.

물론 시청자들이 공감하는 지점은 다르다. 시청자는 나와는 완전히 다른 삶을 살 것만 같은 사람들이 옆집 형, 누나처럼 친숙하게 느껴지는 지점에 큰 매력을 느낀다. 가끔은 더럽고, 가끔은 너무나 친숙한 스타들의 허물없는 모습은 시청자들이 느낄 삶의 간극을 줄이기 위해 제작자들이 부단히 노력의 결과다. 그렇게 공감한 시청자들은 스타들의 사소한 삶을 모방한다. 박나래가 프랑스식 아침을 차려 먹길 시도하면 이를 보고 따라하며 일상을 꾸미는 시청자 역시 생기기 마련이다. 시청자의 일상, 특히 고독과 생활난에 각박해지기 쉬운 1인 가구의 삶에 활력을 불어넣어 준다는 것이 〈나 혼자 산다〉의 매력이자, 무시할 수 없는 긍정적인 면이다.

비로소 혼자에서 마침내 함께로

〈나 혼자 산다〉의 기획 의도가 1인 가구의 삶을 대변하는 것은 아니다. 1인 가구가 유행이니 혼자 사는 연예인들을 조명해 그 삶을 보여주겠다는 것이 그 목적이다. 하지만 대다수 경제적 빈곤의 위기에 처한 1인 가구와 스타 혼자 사는 삶에 연관성은 보이지 않는다. 그 간극을 줄이려 〈나 혼자 산다〉는 스타의 허물없는, 소소한 삶을 보여주고 있지만 이는 근본적인 해결책이 될 수 없다. 혼자 사는 사람의 시선을 잃는다면 〈나 혼자 산다〉의 정체성이 흔들릴 것이다. 방송은 고독을 받아들이고, 개성을 지키는 한 사람이 되겠다고 결심한 개개인을 더 세심하게 보여줄 필요가 있다. 〈나 혼자 산다〉가 말하는 '함께하는 삶'을 더 효과적으로 전달하기 위해서, 시청자는 우선 온전한 자신을 찾아야 한다.

시청자가 〈나 혼자 산다〉를 외면하지 않는 이유는 '우리 같이 산다'를 전달하기 때문이다. 한 집에 살지 않더라도, 각자 개인의 삶을 살면서도 함께 살 수 있다. 〈나 혼자 산다〉는 옛날 예능처럼 구질구질하게 '우리는 한 가족'이라는 메시지를 던지거나, 억지로 끼워 맞추지 않는다. '우리가 남이가?'라는 물음이 '우리는 남이 맞지만 함께 살아가는 사람들입니다'라는 정중한 메시지로 바뀌었다고 표현할 수 있다. 〈나 혼자 산다〉는 '쿨'하지만 알고 보면 따뜻한 눈으로 유대를 말한다. 오히려 그렇기 때문에 내 곁에 있어주는 사람을 의식하게 된다. 가끔은 찌질하고, 민망할 정도로 궁색한 게스트의 모습에도, 5년이 넘도록 방영된 와중에 생겼던 여러 논란에도 불구하고 여전히 사랑스러운 눈으로 〈나 혼자 산다〉를 바라보게 되는 이유가 아닐까.

많은 논란이 있어도 '우리 같이 산다'를 말하는 이상 방송의 인기는 식지 않을 것이다. 반대로 비로소 얻은 개인의 삶과 마침내 함께 살 미래를 그리지 않는다면 지금처럼 시청자들에게 따뜻한 웃음을 남기긴 어려울 것으로 보인다. 〈나 혼자 산다〉가 지향해야 할 지점은 라이너 마리아 릴케(Rainer Maria Rilke)가 언급한 미묘한 경계일지도 모른다.

우리의 사랑은 두 개의 고독이 서로를 보호해주고 서로의 경계를 그어놓고 서로에게 인사를 하는 사랑입니다.
라이너 마리아 릴케, 『젊은 시인에게 보내는 편지』 中

배우 손예진의 작품을 통해서 본 2000년대부터 현재까지 멜로드라마의 변화와 한계

MBC 〈맛있는 청혼〉과 JTBC 〈밥 잘 사주는 예쁜 누나〉의 비교

정낙영

지난해 드라마의 특징을 살펴보면 한 장르 속에서 또 다른 장르를 취합한 이종 교합이 두드러지며 한국 드라마의 병폐 혹은 특색으로도 볼 수 있는 '기-승-전-로맨스' 구도가 점차 사그라지는 추세이다. 그런 분위기 속에서 한 장르, 특히 어느 정도 결말이 예상 가능하고 빠르게 변해가는 세태 속에 아무리 잘 그려봤자 남녀의 '꽁냥꽁냥'으로밖에 안 보일 함의가 짙은 멜로물을 선보이는 건 상당한 모험을 건 기획이라고 할 수 있다 (2000년대 대중성을 확보하고 한류 드라마로 거듭났던 드라마의 주류가 멜로물임을 감안한다면 격세지감이다). 그럼에도 〈밥 잘 사주는 예쁜 누나〉는 '그냥 아는 사이로 지내던 두 남녀가 사랑에 빠지면서 그려가게 될 진짜 연애에 대한 이야기'라는 당차다 못해 뻔뻔하기까지 한 기획 의도를 갖고 여타 장르와의 이종교배를 거부하고 정면 승부를 선보인다. 그리고 결과는 대성공. 〈밥 잘 사주는 예쁜 누나〉는 2018년도 상반기 히트작

200

으로 자리매김해 창사 이래 높은 광고 수익률을 올리며 JTBC가 뉴스 전문 채널이 아닌 드라마도 만들 줄 아는 채널로 대중 인식을 확산하는 데 일조한다.

〈밥 잘 사주는 예쁜 누나〉는 '신예 배우 정해인의 재발견'이 눈에 띄지만 그 모든 것을 가능케 한 밑바탕에는 베테랑급 연기자 손예진이 있다. 2000년대 멜로물에서 주로 '첫사랑 여신'으로 소구되었던 그녀가 다양한 이력과 연기 스펙트럼을 거쳐 이제 어느덧 밥 사줄 정도로 어유 있고 원숙미까지 풍기는 예쁜 누나로 성장한 것이다. 또 다른 그녀의 놀라운 점은 데뷔 이후, 17년의 세월이 흐른 지금까지 1년 동안 통상 1.5 작품을 내놓아 소처럼 일한다는 '소예진'으로 불릴 정도로 왕성한 연기 활동을 펼치며 대중과 함께 해왔다는 것이다.

한 배우가, 특히 여성 배우가 이토록 오랜 시간을 사랑받아온 건 본인 스스로의 노력도 있겠지만 시대상과도 밀접한 연관성이 있다고 본다. 1930~1940년대 할리우드에서 두드러진 활약을 펼쳤던 마를렌 디트리히(Marlene Dietrich). 독일 출신의 그녀는 2차 대전 당시 독일과 미국 병사들 사이에서 유행했던 평화와 인류 양심의 상징적인 노래 「릴리 마를렌」을 부르며 나치에 반대해 미국 망명길에 오른 전설적 인물이자 시대의 아이콘이었다.

2001년 데뷔자부터 현재까지 줄곧 다양한 연기, 특히 멜로물에서 불세출의 재능을 선보였던 배우 손예진, 그녀의 데뷔작이기도 했던 2001년 작 MBC 〈맛있는 청혼〉과 2018년 작 JTBC 〈밥 잘 사주는 예쁜 누나〉 작품을 통해 드라마가 그리는 시대상을 반추해봄과 동시에, 2000년대부터 현재에 이르기까지 멜로드라마의 변화와 한계, 이를 통해 앞으로 나아가야 할 방향성을 타진해보고자 한다.

프로타고니스트의 사랑과 일에 관한 묘사

멜로드라마는 18세기 후반 시민 계급의 대두와 민중의 요구에 부합해 생거나 '사랑-불행-선한 자의 승리'라는 일정한 극작법의 형태로 발전하게 된다. 이 글에서는 멜로드라마의 태동에서부터 내려온 형식을 기반으로 해 프로타고니스트의 묘사, 안타고니스트와의 대립과 갈등, 그 과정을 통해서 본 메시지 등, 세 분야에 걸쳐 살펴보고자 한다.

2001년 작 〈맛있는 청혼〉의 프로타고니스트는 여주인공 손예진(장희애 역)의 극 중 성장도 눈에 띄지만 남주인공 정준(김효동 역)의 시점과 변화로 인해 이야기가 전개되기에 진정한 프로타고니스트는 남주인공 정준이라 할 수 있다. 멜로드라마의 소비 주체는 대부분 여성인데 2000년대에 만들어진 드라마의 외피를 벗겨보면 '남자의 시각으로 된 사랑과 성공'이라는 것이 아이러니하다. 정준은 손예진에게 첫눈에 반해 요리학원까지 쫓아다니며 지극정성으로 사랑을 일구는 한편 아버지 대부터 내려온 효동각을 재건하기 위해 최고의 요리사를 꿈꾼다. 여주인공 손예진 역시, 현모양처가 되라는 집안의 바람과 달리 요리, 일에 대한 성취를 중요시하는 현대 여성상을 구현한다. 그러나 여자 주인공 손예진은 드라마 초반 사람들이 행복했으면 좋겠다는 생각으로 요리를 시작하지만 드라마 말미 효동이 행복했으면 좋겠다고 생각을 바꿔, 집안에서 바라던 대로 가정으로의 안주를 간접적으로 시사하며 가부장제 사회 구조를 공고히 한다.

그에 반해 2018년 작 〈밥 잘 사주는 예쁜 누나〉는 손예진(윤진아 역)의 시점과 성장 과정을 담고 있다. 손예진은 맥주 바에서 상대남 정해인(서준희 역)의 손을 잡아 연애를 시작하는 능동성을 보여주며 여자 주인공의 전문적인 직업(커피 회사 슈퍼바이저) 세계 및 사회적 이슈가 되고 있는 남자친구 성 동영상, 회사 내 성추행 문제를 부각해 달라진 시대상을 보여준다. 손예진은 일적인 성취감보다는 가맹본부와 점주 간의 갈등 속에서 갑-을 도식관계로 치부할 수 없는, 이윤을 창출해야만 살아남는 적자생존˙자본주의의 민낯, 그리고 직장 내 성추행 문제를 수면에 올리면서 사회의 부조리를 설파하는 데 열을 올린다. 즉, 2000년대는 경제성장과 더불어 '사회적 성공'을 중요시했지만 이제는 그 성공 속 이면을 살펴보기에 이른 것이다. 돈이 안 되는 것은 더 이상 존재할 수 없는 사회적 시스템, 그리하여 회사에 불이익을 끼치면 시말서 따위 필요 없고 직원이 직접 피해 보상액을 변상해야 하는 현실의 냉혹함, 회사에서 공공연하게 벌어지는 여성에 대한 성폭력을 고발함으로써 양적인 팽창이 아닌 질적인 팽창을 바라는 시대상을 반추할 수 있다. 극 중 손예진은 정해인과의 연애를 계기로 직장 상사에게 '윤 탬버린'이 아닌 '사이다 윤 대리'로 변모, 직장 내 성추행 문제를 공론화하는 데 성공한다. 그러나 연인 정해인과 헤어진 후, 지방으로 발령 나 회사 내 경쟁 구도에서 제외되고 결국 사표를 쓰기에 이른다. 또한 내적으로는 수동적인 연애에서 능동적인 주체자로 변신을 꾀하나 이 역시 정해인 효과의 일시적인 현상으로, 이전과 다름없이 수동적인 연애를 지속해간다. 미투 운동의 현실을 반영했다고 하나 일말의 가시적인 성과도 없이 피해자인 여주인공이 무너지고 상처받는 모습은 카타르시스는커녕, 패배감까지 느끼게 한다. 2001년 드라마에서는 재능과 노력만 있다면 '일적인 성취감과 연애 성공'이라는 두 마리 토끼를 잡을 수 있다는 핑크빛 미래를 제시했었다. 그러나 17년이 흐른 지금은 외적인 성장보다는 회사 내 시스템의 불합리함과 모순, 여성의 사랑 주체성을 주 주제로 삼아 한 단계 진일보한 면모를 선보이지만 르포 형식의 고발에 국한되어 문제의 해결을 위해선 그 어떤 실마리도 제공하지 않는 암울한 자화상을 표현하고 있다.

안타고니스트와의 대립과 갈등 해결

19세기에 태동했던 멜로드라마의 장르적 특징은 '선과 악의 대결과 승리'이다. 그런 연유로 인물의 성격보다는 플롯이 중요했다. 또한 멜로드라마의 재난은 내부의 적이 아니라 악한, 계모, 부모 반대 등 외부적 요인이 많았다. 그렇기에 우리나라 멜로의 효시로도 볼 수 있는 신파극 1913년 작 〈장한몽(이수일과 심순애)〉, 1936년 작 〈사랑에 속고 돈에 울고(홍도야 우지 마라)〉는 가난과 시어머니의 박해로 인해 사랑이 파국을 맞는다. 우리나라 신파극은 일제강점기 당시 상황에 맞게 비극미를 강조했지만 결말에서는 '왜 착한 사람이 고통받는가', '왜 악한 사람은 벌을 받지 않고 끝나는가'에 대한 회의가 들지 않을 도덕적 감상과 낙관으로 해피엔드를 맞는 것이 일반적이다. 그러나 현대의 현실적 연애는 이성 통제가 불가능한 운명적 사랑으로 시작해 외부 환경보다는 두 남녀의 내부적인 변화로 종말을 고한다. 즉, 현실의 멜로는 내부에서 시작되어 외부의 적이 아닌 내부의 적 때문에 끝난다고 볼 수 있으므로 현실을 반영한 드라마와 현실에는 괴리가 있다고 할 수 있다.

어쨌든 각설하고, 비교하고 있는 두 드라마 역시, 외부의 환경, 드라마에서 자주 사용하는 부모의 반대에 의해 난관에 봉착한다. 〈맛있는 청혼〉은 부모 대부터 이어져 온 두 집안의 오해와 경쟁이 흡사 〈로미오와 줄리엣〉의 갈등 구도를 연상케 했는데 여기에 더해 안타고니스트라 할 수 있는 손예진 부 김용건(장태광 역)은 프로타고니스트 정준의 학벌과 배경에 마땅치 않아 한다. 〈밥 잘 사주는 예쁜 누나〉 역시 손예진 모길해연(김미연 역)이 가장 강력한 안타고니스트다. 흔히 빽 없고 돈 없는 주인공에 대한 일방적인 가해의 전형성을 보여주는데, 흥미로운 점은 그간 일일 연속극과 주말극에서 봐온 결혼을 반대하는 부모의 속물성을 제도 안의 생존 방식으로 푸는 데 있다. 길해연은 딸의 연애 반대를 자식 키우는 대가를 바라서가 아닌 자본주의 사회에서 자식세대, 그 다음 세대까지 안락하고 윤택하게 살게 하기 위함이라고 말한다. 자본주의의 공고한 사회에서 그 질서에 순응해 사는 것만이 최선의 길이라는 기존 세대의 사고방식과 이를 거부하는 신세대의 충돌을 드라마의 주 갈등으로 삼아 직설적으로 표현한다.

〈맛있는 청혼〉은 이런 난관을 사랑에 대한 진정성과 요리 열정으로 극복한다. 그러나 〈밥 잘 사주는 예쁜 누나〉는 좀 더 복잡하다. 부모의 반대와 회사 내 성추행과 같은 사회적 문제, 즉 외부의 환경에 의해 그들의 사랑은 침식당해 스스로 붕괴되어가는 과정을 보여준다. 다만 모든 멜로물의 전형이 그러하듯 다시 그들은 극적으로 만나고 화해해 종지부엔 해피엔딩으로 끝난다. 그러나 그들이 화해하고 사랑을 맺는 과정을 리얼하고 설득력 있게 보여주는 데에는 실패한다. 정해인이 갑자기 손예진의 이전 녹음 파일을 듣고 제주도로 간다거나, 이미 한차례 상처를 경험한 손예진이 그를 달갑게 맞이하는 것에 대한 시청자의 이해를 도울 만한 근거가 없어 멜로물의 함정을 고스란히 보여준다. 멜로물은 왜 논리성이 결여되어야 하는지 의문이 드는 대목이다. 멜로물은 '남녀 간의 강한 끌림'이라는 매개체로 시작되어 비이성적이라는 생각이 들지만 외부 환경에의 노출로 인해 더 단단해지고 뭉쳐지는 과정은 논리적으로 전개되어야 '비이성적인 감정의 현실성'을 획득하는데 말이다.

멜로드라마는 누구의 시각에서 본 성장 드라마인가

"당신은 내가 더 좋은 남자가 되고 싶게 만들어요."

1998년 작 할리우드 영화 〈이보다 더 좋을 순 없다〉에서 강박증 증세 남주인공 잭 니컬슨(Jack Nicholson)이 여주인공 헬렌 헌트(Helen Hunt)와 사랑에 빠진 후, 한 대사이다. 멜로드라마의 종착지를 표현하는 데 이보다 더 좋은 대사는 없는 것 같다. 현대의 멜로는 두 남녀의 사랑으로 시작해 한 인간의 성장스토리로 진화한다.

〈맛있는 청혼〉의 남주인공 정준은 손예진과의 사랑을 통해 요리를 하는 궁극적 목표를 획득한다. 〈밥 잘 사주는 예쁜 누나〉 역시 손예진은 정해인과의 사랑을 통해 자신을 사랑하는 방법을 알게 되고 회사 내 성추행 사건에 자신의 커리어를 걸고 정면 돌파로 승부한다. 정해인은 손예진의 도움으로 재혼한 아버지와 감정적인 화해를 시도한다. 그러나 정해인의 아버지 화해는 어설프다. 감정의 격한 충돌과 이완, 그 과정을 통과한 용서가 농밀하게 그려지지 않았기 때문이다. 이것은 어쩐지 낯익다. 정해인과 사귀기 전, 성추행 사건에 둔감했던 '좋은 게 좋은 것'이라는 마인드의 손예진식 해결법 아닌가. 정해인은 손예진과의 사랑으로 아버지를 용서할 수 있는 마음을 갖지만 자신의 것으로 체득하지 못한 방증이다. 그리고 손예진은 '회사 내 성추행 사건'의 총대를 메지만 결과는 참패. 재판에선 '성추행 사건'이 승소하지만, 현실에서 그녀는 지방 발령 후 사직하고 제주도로 귀향한다. 이보다 더한 건 그녀의 연애 문제이다. 손예진은 정해인과의 연애를 통해 '자신을 사랑하는 법'을 알게 되었다고 하나, 정해인과 헤어진 후 남자친구에게 끌려 다니는, 정해인과 사랑하기 이전의 비슷한 연애 행태를 보여준다.

앞서 말했듯 멜로드라마는 여성이 소비 주체임에도 대부분 멜로물이 그러하듯 〈맛있는 청혼〉은 남성 시점의 성장 이야기를 보여준다. 시대상의 변화와 함께 〈밥 잘 사주는 예쁜 누나〉는 여성 시점의 멜로물을 보여주나, 일적인 면에선 미완의 완성, 내적으로는 '일시적 정해인 효과'에 머무른다. 가장 여성적인 장르라고 할 수 있는 멜로물에서 〈밥 잘 사주는 예쁜 누나〉 기획 의도인 '그냥 아는 사이로 지내던 두 남녀가 사랑에 빠지면서 써내려가게 될 그들만의 평전'에 여성이 주체가 되어 제대로 된 여성의 성장을 담을 판타지를 우린 언제쯤 목도할 수 있는 것일까.

드라마는 시대상의 거울인가, 시대를 이끌어나가는 지표인가

드라마는 현실을 기반으로 해 등장인물의 캐릭터와 행보를 납득시켜가며 종지부엔 카타르시스, 혹은 감동을 주는 장르이다. 특히 최근처럼 현실을 기반으로 한 드라마가 히트 드라마로 급부상하는 상황 속에서는 현실성을 담아내는 것이 무엇보다 중요하다. 〈맛있는 청혼〉은 시대의 공기 흐름에 맞춰 전문 분야 요리를 주제로 사랑 이야기를 펼친다. 물론 최근 드라마처럼 전문 분야를 살피기보단 '기-승-전-로맨스'로 끝나는 형식을 취하지만 말이다. 〈밥 잘 사주는 예쁜 누나〉는 현실을 기반으로 하지만 대중의 바람을 철저히 기만한다. 미투 운동의 현실성을 감안했다는 제작진의 변이 있다 치더라도 대중이 드라마에서 바라는 것은 살벌한 르포가 아닌 현실을 기반으로 한, 앞으로 일어날 수 있는 가능성일 것이다. 설령 그것이 판타지일지라도. 하지만 지그문트 프로이트(Sigmund Freud)는 판타지를 "진리라는 잉어를 낚아 올리는 허구적인 미끼"라고 정의한 바 있다. 판타지는 현실을 정확하게 파악할 수 없게 만드는 장애물이 아니라 진리를 가능하게 하는 구조적 조건이다. 그렇기에 현실을 기반으로 한 끝맺음이 아니라 하더라도 드라마를 통해 사회적 문제를 제시하고 대안의 한 방편을 제시하는 것은 그 나름대로의 의미가 있다.

앞에 소개했던 1930~1940년대 할리우드를 풍미했던 마를렌 디트리히 얘기로 다시 돌아가보자. 그녀는 현실에선 나치 정권을 반대하고 평화를 사랑하는 아이콘이었지만 은막에선 당대 최고의 각선미와 허스키한 목소리의 섹스 심벌로 소구되었다. 그만큼 현실과 다르게 대중매체는 배우를 대중에게 각인된 일정한 캐릭터로 소비하는 경향이 짙다. 우리 시대의 배우 손예진. 그녀는 청순하고 가녀린 외모 때문인지 타 장르보다 멜로 장르에서 두각을 나타내, 여러 장르를 거쳐왔음에도 여전히 우리 기억 속엔 멜로 퀸 이미지다. 하지만 그녀가 "〈킬빌〉의 우마 서먼(Uma Thurman) 같은 액션을 해보고 싶어요. 지금까지 다른 옷들을 입어왔지만 아직 해보지 않은 배역에 대한 설렘이 있거든요", "저는 오랫동안 배우 생활을 하고 싶어요. 그러려면 지루해하지 않게, 손예진의 이런 모습은 어떨까 새로운 궁금증을 계속 유발하는 배우가 되어야겠죠"라고 인터뷰했듯 그녀의 꿈은 현재진행형이다.

부디, 배우 손예진이 지금까지 해왔듯 시대 공기의 흐름을 영민하게 짚으며 오래 대중에게 사랑받는 배우로 남길 바란다. 아울러 그녀가 선보이는 드라마에서는 좀 더 다양한 캐릭터로 미래의 시대상을 제시하면서 말이다.

당신의 이야기는 이것뿐이 아니다

SBS 예능 〈미운 우리 새끼〉를 통하여

박소현

어머니, 당신은 어디로 가셨나요?

고구려의 시조인 동명왕 주몽의 어머니 유화는 천랑왕 해모수와 정이 들어 그의 아내가 된다. 유화의 아버지 하백은 유화가 해모수와 정분이 난 것에 화를 내 딸을 우발수로 귀양을 보냈다. 유화는 그곳에서 햇빛을 받고 임신하여 주몽을 낳는다. 주몽이 처음 든 활은 어머니가 만들어준 것이며 두 길이나 되는 난간을 뛰어넘는 주몽의 준마는 어머니가 골라준 것이다. 주몽의 영웅성을 돋보이게 하는 재능과 운과 환경은 어머니로부터 비롯되었다. 하지만 주몽이 부여에서 도망치고 난 후로 유화는……?

할머니의 전래동화처럼 거창하게 시작했지만 지금부터 이야기할 '아들들'은 단군왕검 같은 영웅과는 전혀 다르며, 아들들이 어떤 인물인지는 중요하지 않다. 다시 고민해봐야 할 것은 이것이다. 어머니는 과연 어디에 있었고 어디에 있으며 어디로 가는가? 주몽이 부여에서 도망치고 난 뒤로 유화는 이야기에서 자취를 감추었다. 그렇다면 수천 년이 지난 이 시대에서는 어머니의 미래를 어떻게 그리고 있는지 알아보고자 한다.

SBS의 인기 예능 〈미운 우리 새끼〉(이하 〈미우새〉)에는 다섯 아들과 다섯 어머니가 나온다. 다섯 어머니는 스튜디오에서 다섯 아들의 VCR을 보며 경악하기도 하고 칭찬하기도 하고 잔소리를 하기도 한다. 그런 엄마의 마음을 아는지 모르는지 아들들은 여전히 (어머니의 눈에는) 철없는 행동을 반복하며 싱글로서의 삶을 즐긴다. 시청자들은 그들의 우스운 행위에 웃고, 그 아들들을 보는 어머니들의 여러 반응에 공감한다.

언뜻 보면 〈미우새〉는 요즘 트렌드에 발맞춘 듯하다. '혼족'이라는 개념이 생겼을 만큼 최근엔 1인 가구의 비중이 높아졌다. 그에 따라 여러 문화 현상이 등장했는데 '욜로(YOLO)'라는 단어도 혼족 유행과 관련이 깊다. 욜로란 'You Only Live Once'의 줄임말로, 현재 자신의 행복을 가장 중시하고 소비하는 태도[1]를 말한다. 욜로족(族)에게 내 집 마련, 결혼 준비, 노후 준비보다는 지금 나를 행복하게 만들어주는 취미생활 따위가 더 가치 있다. 〈미우새〉의 아들들도 일종의 욜로족이다. 방송 속에서 그들은 결혼하지 않았지만 충분히 행복해 보인다. 좋아하는 친구들을 만나고, 여행을 떠나고, 누구의 간섭도 받지 않고 논다. MBC의 인기 예능 〈나 혼자 산다〉와 비슷한 궤를 지니고 있다고 봐도 좋다. 그러나 한 번 더 들여다보면 〈미우새〉가 재생산하는 의미는 절대 〈나

---

1   "욜로", NAVER 지식백과, https://terms.naver.com/entry.nhn?docId=3548848&cid=43667&categoryId=43667(검색일: 2018. 10. 2).

혼자 산다〉와 같지 않다는 걸 알 수 있다. 오히려 정반대다.

끝나지 않는 육아일기

"엄마의 다시 쓰는 육아일기! …… 걸음마를 뗀 지 470개월이 지났고 ⋯ '엄마' 입을 뗀 지도 480개월이 지났지만 ⋯ 엄마는 아들의 성장기를 다시 쓰려고 합니다."[2] 〈미우새〉에서 어머니라는 존재가 무엇인지는 기획 의도만 보아도 알 수 있다. 이곳에서 어머니의 역할은 나이를 먹어도 여전히 철부지 같은 아들을 걱정하고 보살피는 것뿐이다. 어머니는 그 자체로 콘텐츠를 생산하지 않는다. 주인공은 어디까지나 아들들이고 어머니는 아들의 주변인으로 남는다. 기획 의도부터가 모성신화에 기대고 있으니 방송 또한 그것에게서 벗어나지 못하는 것은 당연하다.

　'나잇값 못 한다'는 말이 있다. 물론 '나잇값'이라는 모호한 개념에 대한 논의가 필요하긴 하지만, 이 구어에 대한 정확한 개념을 짚어보려는 것이 아니다. 어떤 태도를 사회 구성원들이 '어른스럽다'고 평가하는지에 대한 이야기다. 〈미우새〉의 아들들은 사회적으로 '어른스럽다' 혹은 '나잇값 한다'고 받아들여질 만한 태도를 보여주고 있지 않기 때문이다. 앞서 말했듯 그들은 비슷한 또래가 일상적으로 수행하는 가장이나 아버지로서의 짐을 지고 있지 않다. 480개월이라는 표현이 어울릴 법하게 그들의 행동이나 언행은 무척 자유분방하다. 그들이 〈나 혼자 산다〉에 나온다면 시청자들로부터 한 소리깨나 듣고 하차할 법하지만 〈미우

2　"미운 우리 새끼 프로그램 정보," SBS 미운 우리 새끼, http://programs.sbs.co.kr/
　　enter/woori/about/52021(검색일: 2018. 10. 2).

새〉에서는 그런 한심한 모습이 콘텐츠가 된다. 어떻게 그럴 수 있는 걸까? 아들들이 저래도 '괜찮은' 이유는 바로 그들이 어떤 모습이든 결국 감싸주고 마는 어머니가 있기 때문이다. 〈미우새〉의 어머니들은 아들을 한심하게 여기면서도 다른 어머니가 안 좋게 말하려고 하면 바로 "그쪽 아들을 신경 쓰라"고 제 아들을 감싼다. 이런 어머니들의 모습은 어머니 아래서 영원히 아이가 되고 싶은 남성들의 환상을 충족하면서 부족한 아들이라도 감싸고 품어야 한다는 모성신화를 강화한다. '미운 우리 새끼'라는 제목만 보아도 알 수 있지 않은가.

'연애는 필수, 결혼은 선택'이라는데

〈미우새〉가 재생산하고 있는 것은 그뿐 아니다. 2018년 9월 24일 방송된 〈미우새〉에서 김건모는 '건모마을'을 찾아가 어르신들과 함께 식사를 한다. 김건모는 그날도 결혼 잔소리에서 피해 갈 수 없었다. 한 어르신은 "이제 오지 마, 아기 안 낳고 오려면!"이라고 호통친다. 2018년 9월 2일 방송분에서는 김건모가 맞선을 보는 VCR을 보며 답답해하고 열 받아하는 어머니의 모습이 등장한다. 2018년 6월 10일 방송분에서 김종국은 하하의 "외롭지 않냐"는 질문에 "전혀 외롭지 않다"고 대답하면서도, "내년에 결혼 딱 하면 좋은데"라고 말한다. 2018년 5월 6일 방송분에서는 박수홍과 윤정수에게 엄용수가 결혼에 대한 조언으로 "무조건 하고 봐라, 손해 볼 거 하나도 없다"고 한다.

수많은 예시를 통해 보다시피 〈미우새〉 속 아들들은 끊임없이 '결혼'에 매달린다. 맞선을 보고, 커플을 만나 그들의 알콩달콩한 신혼 이야기나 결혼에 대한 조언을 듣고, 미혼 친구들과 결혼을 할 수 있을지를 고민하고 걱정하기도 한다. 어머니들은 그 모습을 보며 안타까워하기도 하고 답답해하기도 한다. 이런 모든 장면은 자연스럽게 하나의 의미를 구성한다. 결혼을 못 한 남자=철없는 남자=실패자, 결혼한 남자=철든 남자=성공자. 〈미우새〉 속의 아들들은 혼자 사는 생활에 충분히 만족한다 할지라도 결혼을 하지 않은 이상 '철부지 아들'이라는 딱지를 벗지 못한다. 결혼은 나이가 차면 무조건 해야 하는 통과의례라는 것이 〈미우새〉의 숨겨진 명제다. 심지어 결혼 생활이 불행하여 이혼할지라도, 한 번은 가야 한다고 말한다.

남자와 여자는 나이가 차면 결합하여 건강한 자식을 생산하고 자식을 기르며 살아가야 한다는 가족신화로부터 결혼에 대한 집착이 비롯된다. 가족신화는 가부장적 이데올로기를 포함한다. 그 이데올로기는 방송 곳곳에 영향을 끼치는데 내용뿐 아니라 형식도 조종한다. 〈미우새〉에서 여성 출연자는 주 게스트로 나올 수 없다. 기획부터가 어머니가 아들의 사생활을 보는 것이기 때문에 어머니를 제외한 여성 출연자는 보조 MC나 기존 패널이 초대한 게스트 정도로 남을 수밖에 없다. 자리마저도 그러한데 〈미우새〉에 출연한 여성 출연자들이 취하는 태도 또한 얌전하고 착한 며느리 수준에 머무른다. 다른 방송에서 화통한 캐릭터일지라도 〈미우새〉 스튜디오에 앉은 이상 예의 바르고 순진한 태도로 온갖 당황스러운 질문을 견뎌야 한다. 2018년 8월 5일 방송에서는 출연한 신혜선(그녀는 지금까지 나온 여자 게스트 중에서 최연소였다)에게 서장훈이 신혜선과 김건모, 박수홍의 나이 차이를 언급한다. 그때 신혜선은 "진짜 사랑한다면 아빠보다만 어리면 된다"고 말한다. 그녀의 생각이 정말 그러할지는 모르겠지만, 그녀의 발언은 나이 어린 여성을 취하고자 하는 나이 많은 미혼 남성들과 그런 아들을 둔 어머니들에게 아주 흡족했을 것이다. 만일 출연하는 여성이 기혼 게스트라면? 2018년 8

월 12일 방송에서는 이상민이 채리나, 나르샤, 김지현 세 사람과 만나 결혼과 출산에 대한 솔직한 이야기를 듣는다. 김지현은 "자연적으로 임신이 힘드니 약을 먹는다"고 하고 채리나는 "이 여자와 결혼하겠다는 느낌이 오면 난자를 얼려라", "우리 셋 모두 아기를 가지려고 노력한다"고 말한다. 이러한 장면은 결혼하면 당연히 아이를 가져야 한다는 사회적 통념을 그대로 답습한 것이다. 이런 통념 또한 행복한 가족이란 엄마·아빠·아이로 구성된 것이어야 한다는 가족신화로부터 온다. 게스트로 부부가 나란히 출연했을 때는 우리의 결혼 생활이 얼마나 행복한지를 자랑한다. 부부에게 그들 사이를 완벽하게 갈라놓을 갈등이란 존재하지 않는 것처럼 말이다. 부부싸움 에피소드를 이야기한다 하더라도 그 결말은 "그래도 화해하고 지금 잘 지냅니다"로 귀결된다. 〈미우새〉에 출연하는 부부의 역할은 결혼 생활을 더 괜찮아 보이게끔 하는 역할이지 결혼을 부정하는 역할이 아니기 때문이다.

어머니, 당신은……

〈미우새〉는 이러한 문제점을 2년이 넘어가는 시간 동안 해결하지 못했지만 그럼에도 불구하고 일요일 저녁을 책임지는 SBS의 대표 예능이 되었다. 만일 시청자들이 〈미우새〉 기획에 항의하고 반발했다면 금방 폐지되었을 것이다. 그러나 시청자들은 방송이 재생산하는 모성신화와 가족신화에 오히려 맞장구를 치며 그 신화의 주체가 되었다. 이러한 과정을 '호명'이라고 부른다.[3] 구조주의적으로 주체란 신화나 지배 이데올로

---

3   원용진, 『텔레비전 비평론』(한울, 2000), 162쪽.

기의 대상을 의미한다. 즉, 〈미우새〉가 재생산한 모성신화에 시청자들이 반응하면서 신화와 이데올로기의 대상이 스스로 되었다는 것이다. 재생산의 사이클을 끊고 싶다면 방송이 호명할 때에 대꾸하지 않으면 된다. 그러나 우리는 신화를 보는 순간 아주 손쉽게 그 신화에 사로잡혀 버리기 때문에 호명에 응하지 않기란 어려운 일이다. 〈미우새〉의 주 시청자층이 50대 여성임을 생각해보았을 때, 이미 모성·가족 신화와 가부장적 이데올로기를 오랜 시간 받아들인 상황일 테니 더욱 그럴 것이다.

여기까지 〈미우새〉를 통하여 재생산되는 모성·가족 신화와 가부장적 이데올로기를 분석해보았다. 이제 처음의 질문으로 돌아가 보자. 어머니라는 존재는 오래전부터 아이를 잉태하고 낳아 기르는 역할에 얽매어 있었다. 그러나 가족의 개념이 점점 해체되어가고 페미니즘 사상이 전파되었으며 여성이 사회 진출을 시작하면서 어머니로서의 역할도 많이 흐려졌다. 그러한 시대 흐름에 맞추어 미디어에서 비추는 어머니의 모습도 달라졌다. EBS에서 2017년 4월부터 2018년 2월까지 방송했던 〈엄마를 찾지 마〉에서 어머니의 새로운 모습을 조명하여 화제를 모으기도 했다. 〈엄마를 찾지 마〉에서 어머니는 100만 원을 들고 가정을 떠나 혼자 시간을 보낸다. 그곳에서 그녀는 좋아하는 커피를 마시러 가기도 하고 친구를 만나기도 한다. 어머니가 '어머니'를 벗어던지고 잠깐의 자유를 만끽하는 모습에서 시청자들은 그녀에게 짐 지워져 있던 무게를 다시 생각해보게 된다. 〈미우새〉도 어머니라는 존재가 무엇인지 다시 한번 생각해보게끔 해야 하지 않을까? 지금처럼 우리가 알고 있던 어머니의 모습을 답습할 뿐에 그친다면 〈미우새〉가 더 많은 사람에게 사랑받는 프로그램이 될 기회를 놓치게 될 것이다. 더는 어머니를 '어머니'로 덮어 지우지 말라. 어머니가 그녀 자신만의 발자국을 남길 수 있도록 대신 질문을 던져보는 건 어떨까. 어머니, 당신은 어떤 사람인가요?

고등래퍼에서 〈고등래퍼〉로

〈고등래퍼2〉를 통해 본, 미디어가 청소년을 재현하는 방식

박상우

올해 두 번째 시즌을 맞은 〈고등래퍼 2〉(이하 〈고등래퍼〉)는 기존의 힙합 오디션 〈쇼미더머니〉와 달리 청소년이 주축이 되었다. 〈장학퀴즈〉나 〈도전 골든벨〉(이하 〈골든벨〉), 〈자유선언 주먹이 운다〉(이하 〈자유선언〉) 등 지금까지 청소년을 소재로 한 방송 프로그램은 비록 소수일지라도 꾸준히 제작되어왔다. 그럼에도 〈고등래퍼〉가 특별한 이유는 바로 청소년과 힙합, 그리고 미디어의 기묘한 동침(同寢)이다.

'고등래퍼'

〈고등래퍼〉는 수동적이고 불완전한 존재들로 간주되던 청소년들에게 공론장이 되기를 자저한다. 청소년들은 힙합을 자신들의 언어로 삼아 적극적으로 발화한다. 물론 그동안 방송 프로그램에서 청소년들의 목소리가 부재했던 것은 아니다. 〈골든벨〉은 기본적으로 퀴즈를 풀어 우승자를 가리는 포맷이지만 학생들의 장기자랑과 인터뷰들이 프로그램의 주요 원동력이고, 2005년 종영한 〈자유선언〉은 보다 직접적으로 청소년들의 목소리를 조명한 프로그램이었다. 그러나 〈고등래퍼〉는 이들과는 조금 다른 결을 갖는다.

힙합은 문화적으로 독특하게 구성된다. 태생부터 저항정신에 뿌리를 둔 힙합이 청소년을 위한 공론장의 매개체로 등장한 것은 필연일지도 모른다. 힙합은 〈고등래퍼〉에서 청소년들의 주체성을 담아낼 세련된 그릇으로 탈바꿈한다. 〈고등래퍼〉의 참가자들은 콤플렉스나 트라우마 같은 개인적 서사부터 인생에 대한 나름의 철학까지 방대한 스펙트럼의 소재를 가사로 삼아 뱉는다. 〈골든벨〉이나 〈자유선언〉처럼 학교라는 프레임을 통해 입시 스트레스, 교우 관계 등 단편적인 어젠다에서 청소년이 호명되었던 것과는 대비된다.

〈고등래퍼〉는 제도권 바깥의 청소년들을 가시화했다는 측면에서도 의의가 있다. 미디어가 재현하는 청소년은 늘 학교라는 시스템 내에서만 존재해왔다. 앞서 예로 든 〈골든벨〉이나 〈자유선언〉뿐만 아니라, 각종 드라마 역시 예외는 아니다. 반항기 어린 일탈 청소년마저도 교복을 입은 채 학교 선생님의 지시에 불복종하는 모습으로 묘사된다. 이쯤 되면 학생이라는 자격은 청소년으로서 존재하기 위한 필요조건으로 봐도 무방할 듯하다. 결국 신화화되어버린 학교라는 질서에 포섭되지 않은 존재들은 비가시화되고, 질서는 더욱 공고해진다.

〈고등래퍼〉는 프로그램 이름에서도 드러나듯이 '국내 최초 고교랩 대항전'을 표방하지만, 실제로 참가 자격은 학적이 아닌 연령을 기준으로 제한한다. 물론 〈고등래퍼〉의 포맷에서도 참가자들을 예비 고1부터 3학년까지 나눠 경쟁시키거나, 자체 제작한 교복을 유니폼으로 제공하는 등 익숙한 클리셰를 반복하는 경향은 분명히 있다. 〈고등래퍼〉의 파이널 진출자 5명 중 학교를 다니지 않는 자퇴생이 무려 4명이라는 점은 그래서 커다란 의의가 있다. 〈고등래퍼〉의 제작진은 학교 밖 존재들의 삶을 조망하는 데 많은 시간과 노력을 할애했다. 그들이 자퇴 전까지 어떤 고민을 했는지, 부모님을 설득하기 위해 어떤 노력을 했는지뿐만 아니라, 자퇴 이후 어떤 삶을 살고 있는지 섬세하게 보여준다. 시스템에서 소외됐었던 그들이 미디어에서 주류로 재현되는 순간은 분명 전복성을 갖는다. 〈고등래퍼〉를 통해 시청자들은 외면해왔던 시스템 바깥의 존재들의 삶과 정면으로 마주하게 된다. 그렇다면 이에 대한 수용자의 의미작용은 어떤 방식으로 일어날까?

발화는 정치적으로 기능한다. 미디어에 재현된 청소년들의 발화 역시 종적(縱的)으로 구성된다. 미디어에서 재현된 청소년들의 발화 행위가 소비되는 양상은 두 가지로 나뉜다. 〈골든벨〉과 〈자유선언〉의 경우 청소년의 발화는 풋풋함 혹은 철없음으로 포장된 채 소비된다. 반면, 〈고등래퍼〉의 경우 그 양상이 조금 다르다. 〈고등래퍼〉의 멘토들은 참가자들의 무대를 보고 "고등학생 맞아?", "어떻게 저 나이 때 저렇게 랩을 하지?"라며 끊임없이 감탄한다. 〈고등래퍼〉에서 힙합을 통한 청소년들의 발화 행위에 대한 수용자들의 반응은 미성숙하고 불완전한 존재라는 프레임을 드러냄과 동시에 깨뜨리는데, 이는 개인적인 차원을 넘어선 일종의 카타르시스를 선사하는 계기가 되기도 한다.

〈고등래퍼〉

〈고등래퍼〉는 청소년을 리브랜딩(re-branding)하겠다는 소기의 목표를 어느 정도 달성한 듯하다. 하지만 우리는 〈고등래퍼〉의 성과에 드리워진 그늘을 간과해서는 안 된다. 물리법칙에서 '작용'에는 항상 '반작용'이 수반되듯, 하위주체의 저항성과 전복성은 필연적으로 거센 반작용에 부닥치게 된다. 바로 〈고등래퍼〉의 경쟁 구도와 편집 권력이다.

청소년이 미디어에서 재현될 때, 그 배경은 대부분 학교와 유사한 경쟁의 공간으로 구성된다. 정답을 맞히지 못하면 떨어지는 퀴즈 프로그램들은 물론이고, 청소년들의 자유로운 발언을 조명한 〈자유선언〉조차 링 위에 누군가를 불러내 언쟁을 벌이는 포맷을 취하고 있다. 익숙하다 못해 이제는 진부해져 버린 신자유주의 담론의 굴레는 특히 청소년을 강력하게 옥죈다. 〈고등래퍼〉의 참가자들 역시 예외는 아니다. 경쟁에서의 패배는 곧 공론장에서의 도태를 의미한다. 한 치의 실수도 용납하지 않는 처절한 콜로세움 속에서 벌어지는 피 튀기는 전투에 주체성은 소멸한다. 경쟁이라는 시스템이 청소년을 재현하는 일반적인 문법으로 통용되는 이상 역설적으로 〈고등래퍼〉의 참가자들은 담화 공간이라는 트로피를 쟁취하기 위해 주체성을 내려놓아야 하는 딜레마에 빠지게 된다.

경쟁 구도보다 더 영악한 함정은 바로 편집이다. 철 지난 '악마의 편집' 타령을 하려는 것은 아니다. 〈고등래퍼〉의 편집은 더 교묘하고 정교하다. 〈고등래퍼〉는 학년별 사이퍼(cypher), 팀 대표 결정전, 1차·2차 팀 대항전, 세미파이널(semi-final), 그리고 우승자를 가리는 파이널(final)까지 총 6번의 무대를 선보이는데 6번의 무대 모두 마지막 순서는 항상 우승자 김하온의 몫이었다. 총 8회 분량에 6번의 무대. 〈고등래퍼〉 2·4·5화의 경우 하나의 라운드가 그 다음 화까지 연장되었다. 이들의 편집 방식을 살펴보면, 순서와 무관하게 프로그램의 종반부에 김하온의 무대 전 인터뷰를 보여주면서 마무리하고, 다음 화에서는 정작 라운드의 마지막, 프로그램의 중간에 김하온의 무대를 보여주는 형식을 고수했다. 프로그램의 흥미 유발을 위한 가장 합리적인 편집 방식이었다고 볼 수도 있지만, 관객 투표가 승패를 좌우하는 상황에서 제작진의 '띄워주기 편집'은 우승자 결정뿐만 아니라 방송 이후의 행보에 대해서도 지대한 영향을 끼쳤을 것이다.

　　방송 프로그램, 그중에서도 오디션 프로그램의 경쟁과 편집을 문제 삼는 건 우스운 일일지도 모른다. 하지만 거시적으로 보면 논점은 분명 존재한다. 미디어는 경쟁과 편집을 통해 청소년들의 주체성을 소멸시키고 가치를 왜곡한다. 미디어가 선호하는 가치는 무엇인지에 대해 비판적인 시각에서 접근하는 것은 분명 중요하다. 수많은 참가자들 중 왜 하필 김하온인가? 그동안 없었던 특별한 캐릭터라는 이유는 뻔하다. 김하온이 선택된 이유는 수용자가 이상적으로 그리는 인간상과 가장 유사하기 때문이다. 화가 날 때면 명상을 하며 자신을 돌아본다거나, 1등이 욕심나느냐는 사회자의 질문에 "저는 욕심이 없습니다"라고 대답하는 김하온은 무저항성과 낙관주의의 대명사다. 힙합의 가장 우선시되는 덕목이었던 저항정신과 과시적 자기표현은 구매되지 못하고 폐기된다. 〈고등래퍼 1〉에 참가해 자신감 넘치는 모습으로 주목받던 윤병호가 〈고등래퍼 2〉에 재참가해서 지난 행동들을 후회하고 이미지를 개선하려는 모습은 시사하는 바가 크다. 〈고등래퍼〉는 청소년들의 주체적인 공론장인가, 아니면 사회가 부여한 가치와 기준에 부합하는 청소년들을 선별하고 재단하기 위한 또 다른 시스템인가?

고등래퍼에서 〈고등래퍼〉로

인도 출신의 탈식민주의 이론가인 가야트리 스피박(Gayatri Spivak)은 서발턴이 말할 수 있지만, 말할 수 없다고 했다. 불행히도 목소리는 의식을 투명하게 반영할 수 없고, 권력이 강제한 질서에 의해 굴절되기 때문이다. 고등래퍼들이 〈고등래퍼〉로 틀 지어지는 과정도 이렇듯 양가적일 수밖에 없다. 그렇다고 해서 〈고등래퍼〉가 갖는 사회적 함의가 오도되어서는 안 된다. 하위주체가 수행하는 전복 담론은 늘 양가적이며, 그 양가성이 갖는 미묘한 긴장감 속에 의의는 존재한다.

고등래퍼는 저항하고 〈고등래퍼〉는 틀 짓는다. 〈고등래퍼〉는 틀 짓고 고등래퍼는 저항한다. 이처럼 저항과 틀 짓기는 선후관계에 따라 얼마든지 그 의미가 역전될 수 있다. 중요한 것은 저항과 틀 짓기가 양립할 수 있고, 또 그래야만 한다는 사실이다. 고등래퍼와 〈고등래퍼〉의 동상이몽. 같은 침상에 누웠으니 변화는 이제 시작이다.

랜선 넘어 TV속으로

조수인

1999년 초등학교에 입학하던 날, 내가 자기소개서에 적어 낸 꿈은 '선생님'이었다. 20년이 지난 지금, 2018년 초등학생들의 꿈은 '1인 크리에이터'이다. 실제로 올해 1월 시행된 통계청의 한국표준직업분류 개정·고시에 따르면 '미디어콘텐츠창작자', 즉 1인 크리에이터가 신설돼 하나의 직업군으로 포함됐다. 1인 크리에이터는 유튜브, 아프리카TV, SNS 등 1인 미디어를 기반으로 개인이 콘텐츠를 기획, 제작하여 올리고 이를 통해 수익을 창출한다. 콘텐츠 제작의 전반적인 모든 과정을 1명이 수행한다는 점, 1인 미디어를 이용한다는 점에서 기존의 미디어를 이용해 콘텐츠를 제작하던 방식과는 전혀 다른 모습이다.

그만큼 1인 미디어, 1인 크리에이터 시장이 커졌고 사회적 영향력 또한 커지고 있다. 스타강사로 유명한 '최진기' 강사는 유튜브를 통해 통계청의 통계를 비판했는데 이례적으로 정부인 통계청이 적극적으로 해명하고 나섰다. 또 유튜브 계정을 운영하고 있는 '양예원'은 자신이 성범죄 피해자라는 사실을 영상을 통해 알렸고 사회적으로 아주 거센 파장을 불러일으켰다. 두 가지 사건은 그 진위 여부를 떠나 유튜브라는 1인 미디어를 통해 개인이 불특정 다수를 대상으로 얼마나 큰 사회적인 영향력을 끼쳤는가 하는 것이 중요한 논점이다.

이렇듯 이제 1인 미디어 안에서 활동하는 1인 크리에이터는 개인으로만 취급해버리기엔 엄청나게 큰 사회성·시장성을 갖춘 마치 기업 같은 모습으로 변화하고 있다. 특히 그들의 TV 지상파 방송 진출은 우리에게 큰 충격을 주었다. 유튜브 구독자 수 191만 명을 보유한 뷰티 크리에이터 '이사배'와 아프리카TV 실시간 생방송에 10만 명이 동시에 접속한 엄청난 기록을 보유한 인기 축구 BJ '감스트'가 MBC〈라디오스타〉에 출연했다. 그들은 그날 TV 방송에서는 처음 모습을 공개했지만 이전부터 1인 미디어를 이용하고 있던 수많은 사람들은 그들의 방송 진출이 처음엔 생경해도 또 낯설지 않았다. 그 이유는 이미 유튜브와 아프리카TV라는 온라인 플랫폼에서 그들은 스타였기 때문이다. 방송인도, 배우도, 가수도 아닌 그들이 방송에 출연하기 시작했다. 이후 더 많은 1인 크리에이터들이 지상파와 케이블 할 것 없이 TV 프로그램에 출연하기 시작했다.

유튜브, 아프리카TV라는 1인 미디어 즉, 스마트폰 속의 작은 세상에서 벗어나 TV 속으로 진출한 1인 크리에이터들은 많은 주목을 받기 시작했고 그들의 삶에 관심을 갖는 사람들이 더욱 많아졌다. 영상을 기획하고 제작, 편집, 업로드하는 등 방송국에서는 20~30명이 하는 역할을 혼자서 해내는 사람들의 정체는 과연 무엇일까? 어떤 모습으로 영상을 만들고 있을까? JTBC〈랜선라이프-크리에이터가 사는 법〉은 그 궁금증을 풀어주기 위해 탄생했다.

1인 미디어가 비약적인 발전을 하고 사회적인 영향력을 끼치고 있는 것은 사실이지만 그렇다고 해도 엄연히 TV라는 기존의 대중매체와는 그 성격이 아주 다르다. 그렇기 때문에 1인 미디어에서 활동하던 1인 크리에이터들이 그 성격이 완전히 다른 TV라는 매체로 옮겨 왔을 때 생겨나는 많은 문제점들이 있다. 그래서 현재 1인 미디어를 만드는 크리에이터의 삶을 가장 잘 보여주고 있는 JTBC 〈랜선라이프-크리에이터가 사는 법〉을 통해 1인 크리에이터들의 TV 프로그램 진출이 미치는 영향력을 파악하고 거기에서 생겨나는 문제점들은 없는지, 문제점이 있다면 서로 상호 보완해서 상생할 수 있는 방법은 없는지 그 현주소와 과제들을 찾아보고자 한다.

우아한 백조의 부지런한 발놀림

현재 우리나라 1인 미디어, 1인 크리에이터 시장은 엄청난 수준으로 발전하고 있다. 처음부터 1인 미디어 플랫폼인 아프리카TV나 유튜브가 주목받았던 것은 아니다. 스마트폰이 등장한 이후에도 선정적인 내용이나 게임, 중계를 다루고 단순한 정보검색이나 리뷰, 감상 정도에 그치는 플랫폼이었다. 하지만 소셜 네트워크가 발달하고 모바일 플랫폼이 확장되고 변화하면서 많은 사람들이 아프리카TV와 유튜브를 즐겨보기 시작했고 더불어 콘텐츠를 만드는 크리에이터도 다양화되고 전문화되었다.

　　2018년 8월 기준 국내 유튜브 월간 실사용자 수는 3093만 명인 것으로 나타났고 100만 명이 넘는 구독자를 가진 국내 유튜브 채널은 100여 개가 넘는 것으로 조사되었다. 매일, 매시간 국민 대다수가 유튜브를 통해 무언가를 보고 있다는 것이다. 엄청난 수의 실사용자 수는 결국 그들이 보는 콘텐츠를 만들어내는 누군가가 있다는 뜻이고 많은 사람이 이용하는 만큼 유튜브가 단순한 시간 때우기, 취미가 아니라 엄청난 시장성, 수익성을 가진 플랫폼이라는 사실을 방증한다.

현재 〈랜선라이프〉에 출연 중인 4명의 크리에이터는 대부분 100만 명이 넘는 구독자 수를 보유하고 있다. 이들을 방송을 통해 처음 본 사람들이 가장 먼저 깜짝 놀란 것은 바로 그들의 '수익'이다. 17억 원의 사나이라고 불리는 크리에이터 '대도서관'은 1인 크리에이터의 성공 신화로도 불리며 영상 광고를 통해 엄청난 수익을 얻고 있다. 그의 아내인 크리에이터 '윰댕'의 수익까지 합하면 이들 부부를 걸어 다니는 기업이라고 해도 과언이 아니다. 그래서 1인 미디어를 통해 자신의 영상을 만들고 싶어 하는 1인 크리에이터 대다수가 수익에 큰 관심을 갖는 이유다. 수많은 크리에이터들이 있지만 성공한 크리에이터들은 아주 극소수이다. 그 말은 결국 아무나 도전할 수 있지만 아무나 성공할 수 없다는 사실을 말해준다. 수익만 듣고 시작해 성공할 수 있는 쉬운 일은 아니라는 뜻이다.

호수에 떠 있는 우아한 백조의 부지런한 발놀림처럼 화려해 보이지만 그 뒤에 숨겨진 엄청난 땀과 노력들을 〈랜선라이프〉에서 보여주고 있다. 2시간 먹방 방송을 위해 매일 5시간씩 엄청난 강도의 운동을 하는 '밴쯔'와 10분 정도의 메이크업 영상을 촬영하기 위해 며칠씩 준비하는 '씬님'의 모습은 100만 구독자를 만족시키기 위한 그들의 엄청난 발놀림인 것이다. 카메라 뒤에 숨겨진 크리에이터들의 모습을 보여준다는 제작 의도는 결국 크리에이터를 꿈꾸는 10대와 20대 청소년들에게 아주 큰 직업교육이자 교양 다큐멘터리가 되어준다, 그런 측면에서 〈랜선라이프〉는 꽤나 긍정적인 면을 가지고 있다.

TV로 날아든 크리에이터

하지만 1인 미디어를 통해 성장한 크리에이터들의 TV 프로그램, 지상파 방송 진출이 썩 반갑지만은 않다. 일단 기본적으로 1인 미디어 플랫폼과 TV라는 매체는 그 토양부터가 다르다. 대표적인 1인 미디어 플랫폼인 아프리카TV나 유튜브는 개방성과 자율성을 갖는다. 어떤 이야기의 콘텐츠든지 자기가 만들고 싶은 대로 만들면 된다. 크리에이터 자신이 정하고 말하는 것은 무엇이든지 영상의 주제가 되고 콘텐츠가 된다. 어느 누구의 제재도 받지 않을뿐더러 누군가의 눈치를 볼 필요도 없다. 또 그 플랫폼을 이용하는 불특정 다수에게 엄청난 속도로 콘텐츠가 공유되는 확장성을 가진다. 누가 언제 어디서 이 영상을 볼지 모르지만 업로드를 하고 전혀 모르는 사람들에게 댓글과 '좋아요'를 통해 아주 빠른 피드백을 받는다. 빠르면 1초만에도 피드백이 가능하다. 가장 중요한 특징은 법적 제재에서 꽤나 멀리 떨어져 있다는 사실이다. 정부에서 인터넷 방송, 1인 미디어 플랫폼의 문제점에 대해 파악하고 조치에 나서고 있지만 유통되는 속도를 따라잡기엔 역부족이다.

반대로 TV는 개방적인 것처럼 보이지만 굉장히 폐쇄적이다. 이미 우리가 보는 프로그램들은 몇 번에 걸친 검사, 검열, 편집의 과정을 거치고 또 거친다. 내용엔 자율성이 보장되지 않는다. 방송법의 엄격한 규제를 받고 1, 2초의 방송사고도 허용되지 않을뿐더러 사회적 물의를 일으키는 내용이 담기는 날엔 프로그램이 폐지되는 경우도 허다하다. 또한 TV가 받는 시청자들의 피드백은 아주 느리고 그 피드백이 즉각적으로 반영되는 경우도 굉장히 적다. 그 와중에 시청자들의 영향력을 전면 거부하는 100% 사전제작 프로그램도 있다. 1인 미디어 플랫폼과 TV의 만남이 썩 유쾌하지 않은 이유도 이렇게 근본적으로 서로 다른 특징을 갖는 것에서부터 출발한다.

　1인 미디어를 유통하고 있는 온라인 플랫폼과 TV라는 매체의 형태가 근본적으로 다르다는 것도 문제지만 그 플랫폼에서 콘텐츠를 생산하는 1인 크리에이터와 방송인의 특성도 서로 너무나 다르다. 1인 크리에이터는 방송인, 연예인과 달리 일반인이다. 구독자가 1명이었던 때부터 자신의 이야기를 좋아하는 사람들이 자신의 채널로 찾아와 콘텐츠를 소비했고 그런 사람들이 모여 100만 명의 구독자가 되었다. 결국 1인 크리에이터들의 인기는 이미 자신들을 좋아하는 사람들에게서 꾸준히 쌓여 얻어진 것이기 때문에 방송이라는 TV 매체에서 자신을 좋아할 수도 혹은 안 좋아할 수도 있는 사람들 앞에서 얻는 것과는 차원이 다르다는 것이다. 그래서 일반인인 크리에이터들이 적절한 교육과 경험 없이 TV 방송 매체로 진출할 경우 작은 말실수, 행동 실수들이 구설에 오르고 그것이 그들을 쉽게 무너뜨릴 수 있는 위험성이 더 크다.

　반대로 그들을 보는 시청자들도 그들이 무슨 일을 하는 사람인지, 어떤 것에 관심이 있고, 어떤 콘텐츠를 만드는지, 왜 이런 일을 하게 되었는지 등 크리에이터 개인에 대한 정보 없이 방송에서 짧게 만들어져 편집된 화면으로 그들을 이해하게 된다면 크리에이터라는 직업을 온전히 알지 못하는 것이다. 그저 어딘가에서 유명한 사람을 소개하는 수준밖에 될 수 없다. 〈랜선라이프〉 역시 이미 그들을 잘 알고 있는 사람들은 초창기 그들이 어떤 생각으로 어떤 모습으로 이 일을 하게 되었는지 크리에이터 본인을 잘 알기에 말과 행동을 이해할 수 있지만 완전히 그들을 모르는 상태에서 방송 프로그램을 시청한 사람들은 도저히 이해할 수 없는 말과 행동들, 부족한 설명 탓에 채널을 돌려버리게 된다. 결국 〈랜선라이프〉라는 프로그램이 원래 유명한 사람들을 데려다가 다시 설명해주는 수준에서 그치는 것은 아닌지, 원래 그들을 잘 알던 구독자,

10대와 20대 주 타깃층만을 위한 콘텐츠를 다시 만들어 재방송하는 수준인 것은 아닌지 염려스럽다. 나아가 유튜브와 아프리카TV에서 만났다면 굉장한 팬이 되고 구독자가 되었을 사람들이 그들의 단편적인 모습만 보이는 편집된 방송 화면에서 만난 크리에이터들에게 충분한 이해 없이 반감을 갖게 될 위험성도 있다.

무엇보다도 크리에이터들의 방송 진출에서 가장 위험한 것은 〈랜선라이프〉에서 알 수 있듯이 그들의 좋고 긍정적인 면만 보이고 있다는 점이다. 몇 년 전 아프리카TV를 활용해 1인 미디어와 TV 방송 프로그램의 적절한 컬래버레이션을 보여주었던 MBC 〈마이리틀텔레비전〉에서도 인터넷 생방송에서 문제가 되었던 몇 가지 장면들이 있다. 하지만 방송 프로그램만 본 사람들은 그 문제를 알지 못했다. 모두 편집되었기 때문이다. 현재 1인 미디어 온라인 플랫폼에서는 자율성을 남용해 선정적이고 폭력적인 내용들이 무분별하게 콘텐츠로 만들어지고 있다. 이런 내용들은 주 시청자층인 10대, 20대 등 자라나는 청소년들에게 악영향을 미친다. 또 어떤 크리에이터는 먹방을 하다가 위장에 문제가 생겨 구토를 하고 병원 신세를 지는 모습을 보이기도 했다. 그래서 지금 TV를 통해 보이는 편집된 화면들이 1인 크리에이터들의 좋은 모습, 긍정적이고 화려한 모습으로만 비춰져 과도한 환상을 심어줄 수 있다는 것이 큰 문제라고 생각한다.

새에게 채워진 족쇄

앞서 말했던 것처럼 뷰티 크리에이터 이사배와 축구 BJ 감스트의 〈라디오스타〉 출연 이후 많은 크리에이터들이 TV의 지상파, 케이블 방송 곳곳에 진출해 큰 활약을 하고 있다. 이사배는 tvN 〈겟잇뷰티〉에서 뷰티 코너를 맡기도 했고 감스트는 〈라디오스타〉를 인연으로 MBC 디지털 축구 해설위원이 되었다. tvN 〈놀라운 토요일〉이라는 프로그램에서는 먹방 크리에이터로 유명한 '입짧은햇님'을 출연시키고 있다. 그뿐만 아니라 JTBC 〈방구석1열〉이라는 영화 소개 프로그램에서는 영화 크리에이터를 앞세워 영화 소개 내레이션을 맡기기도 했다. 특히 1인 크리에이터들의 TV 방송 프로그램 진출에 가장 큰 역할을 하고 있는 것은 JTBC 〈랜선라이프〉이다. 뷰티 크리에이터 씬님, 먹방 크리에이터 밴쯔, 대도서관과 윰댕 부부가 고정 패널로 활약 중이고 게스트로 육아 크리에이터 '비글부부'와 쿡방 크리에이터 '소프', 약사지만 춤 크리에이터로 이중생활을 하고 있는 '고퇴경'까지 다양한 크리에이터들이 참여 중이다.

1인 미디어의 발달로 너 나 할 것 없이 크리에이터를 꿈꾸고 있다. 억대의 수입을 올리는 크리에이터도 속속 생겨나고 있는데 이것은 이제 1인 미디어가 단순한 취미나 재미의 공간을 넘어서서 사회적 영향력을 끼치는 한 공간이 되었다는 것이다. 그곳에서 활동하는 1인 크리에이터들의 영향력 또한 함께 높아지고 있다. 그들의 말과 행동, 내뱉는 목소리가 사회적 반향을 일으키고 누군가에게 큰 용기를 주기도 하고 큰 상처를 주기도 하는 중요한 매체가 되었음에는 틀림이 없다. 그래서 이들의 TV 방송 프로그램 진출이 더 조심스러운 것이다. 자신을 좋아해주는 사람들과 함께 있으며 자유롭고 개방적인 공간에서 활동하던 사람들이 세상 밖으로 나와 야생 한가운데 던져진 것이나 다름이 없다. 야생에서 살아남는 법은 물론 자기 자신이 온전한 경험을 통해 배우고 익혀야겠지만 이미 사회적으로 영향력 있는 온라인 플랫폼이 된 만큼 그들의 울타리가 되어줄 수 있는 사회적 안전망, 정부의 법적 조치와 규제들이 필요하다.

　1인 크리에이터들과 함께 TV 방송 프로그램을 만드는 사람들은 시청자들이 그들을 온전히 이해하고 받아들일 수 있도록 신중한 자세로 프로그램을 만드는 것이 중요하다. '악마의 편집'이라는 말이 있었던 것처럼 또 그들이 어떤 방송 프로그램의 희생양이 된다면 그것은 너무나 안타까운 일이고 미래로 나아가지 못하는 도태된 모습일 것이다. 통합 방송법을 통해 1인 미디어를 생산하는 온라인 플랫폼과 1인 크리에이터들의 권리를 보장할 수 있어야 하고 그들이 진출한 TV라는 대중매체가 개연성이 없고 억지스러운 모습을 만들어내지 않기 위해, 밝은 면과 어두운 면을 모두 다 조명해줄 수 있는 프로그램을 만드는 노력을 해야 한다. 자유로운 공간에서 훨훨 날아다닐 수 있는 새에게 족쇄를 채운 것은 아닌지 다시 한번 고민해봐야 한다. 자라나는 새싹들의 꿈이자 장래 희망 1위인 크리에이터라는 사람들의 모습을 어떻게 하면 더 잘 소개하고 더 잘 보여줄 수 있을지 끊임없는 노력이 필요하다. 그 싹을 틔우기도 전에 잘라버리는 일은 없어야 하지 않겠는가.

캐스팅당한 개들

SBS 〈그녀로 말할 것 같으면〉의 '윌리엄'으로부터

허민선

드라마에서 배우의 연기 분량과 캐스팅 효과는 어떤 관련이 있을까. 배우에 따라 달라지겠지만, 이 글에서의 배우는 SBS 〈그녀로 말할 것 같으면〉에서 윌리엄 역할을 맡았던 개(시베리안 허스키)를 내재한다. 40부작으로 종영한 이 드라마 속에서 윌리엄의 분량은 적다. 그럼에도 불구하고 윌리엄의 잔상이 사라지지 않는 이유는 무엇일까?

　드라마 속에는 주인공이 정해져 있다. 주인공을 중심으로 이야기가 전개된다. 장 폴 사르트르(Jean Paul Sartre)는 "인생은 B(Birth)와 D(Death) 사이의 C(Choice)"라고 했는데, 이 글에서는 다른 C(Casting)를 사용하려고 한다. 드라마의 방영과 동시에 배우의 연기는 시작되고, 드라마의 종영과 동시에 배우의 연기는 끝난다. 그 사이에는 캐스팅이 있다. 개의 경우 캐스팅은 어떻게 부각되는가. 아이러니하게도 개는 개다울 때보다 인간다울 때, 의외의 캐스팅 효과가 나타난다. 개가 연기 잘하는 개로 빙의하는 것보다 개가 인간처럼 보이도록 빙의할 때 드라마틱한 감동이 생긴다. 개가 개의 (본능으로의) 감정을 하고 있을 때 카메라가 우연히 개를 잡는 것이라면 굳이 그 개를 캐스팅하지 않아도 된다. 개의 움직임을 포착하고 편집하는 것으로 충분하기 때문이다. 개를 캐스팅하는 이유는 그 개의 역할에 기대하는 것이 있기 때문이다. 드라마의 깊이에 조금이라도 영향력을 행사하는 개의 연기는 어떻게 탄생할까.

드라마에서 접할 수 있는 개의 대부분은 주연이나 조연의 애완견으로 등장한다. 잠깐의 의사소통으로도 친근하고 부드러운 분위기가 연출된다. 주인의 경제적 상황에 맞춰 개의 생김새는 물론 개가 처한 상황도 달라진다. 부유할수록 개의 미용과 옷차림에 신경을 쓴다. 한층 귀엽게 꾸며 전시용으로 동원되는 인상을 받기도 한다. 개가 외적으로 얼마나 사랑스러운지는 가까이 촬영할수록 실감나게 그려진다. 그렇다면 그 개가 구체적으로 어떤 역할을 하고 있을까? 단순히 캐릭터를 설명하기 위해 필요한 도구로 쓰인 것은 아닐까. '이 캐릭터는 이러한 개를 키우는 사람입니다, 이 캐릭터는 개에게 이렇게 하는 사람입니다'를 알리는 것이 목적일까. 물론 그런 개의 면면들이 개를 좋아하는 사람들과 뷰니멀족(동물을 직접 키우지 않고 온라인상에서 영상과 게임 등을 통해 반려동물 문화를 즐기는 사람)이라는 시청층을 확보할 수도 있다.

주연으로서의 역할을 위해서는 조연이 필요하듯 개 또한 마찬가지다. 개를 뒷받침하거나 연결해주는 배우들이 있어야 한다. 서로의 연기가 앙상블을 이뤄야 한다. 개의 속마음이 꼬리나 눈빛으로 자유자재로 구현되려면 훈련이 선행되어야 한다. 그렇게 훈련된 개를 캐스팅하는 것이 우선이지만, 대사를 말풍선을 통해 재치 있게 넣는 방법도 있다. 영화 〈비기녀스〉에서는 주인공의 반려견으로 '아더'(잭 러셀 테리어)가 등장한다. 아더의 대사는 일방향이 아닌 쌍방향으로 처리된다. 영화는 아더의 바뀌는 속마음을 자막으로 대신 표현한다. 그것은 감독이 개의 눈빛 연기에 먼저 매료되었기에 가능했다. 각본 없는 드라마에서 각본이 추가된 것이다. 개의 연기는 그렇게 감독과 작가와 배우 간의 긴밀한 소통을 전제로 풍부해진다. 능동적으로 개가 연기를 펼칠 수 있도록 지속적으로 자극을 주어야 한다. 개가 스트레스를 받지 않도록 주의하면서. 훌륭한 연기를 했던 명견들은 작품 뒤에 세상을 떠나는 경우가 많았다.

프레셔스 vs 윌리엄

뒤늦게 명작 〈양들의 침묵〉을 보았다. 영화가 끝나고 올라가는 엔딩 타이틀에서 한 이름을 보고 영화에 대한 신뢰가 더해졌다. 빠르게 뜨며 사라지는 캐스팅 리스트에는 '프레셔스'도 속해 있다. 다른 배우들의 이름과는 구분되어 큰따옴표로 강조되어 있다. 우물에 갇힌 피해자가 살기 위한 몸부림의 매개로 (가해자의 반려견인) 프레셔스를 간절하게 부를 때, 이름을 듣고 다가온 프레셔스가 우물 위에서 피해자를 빤히 내려다보는 시선과 피해자가 프레셔스를 올려다보는 시선을 번갈아 체감할 때 프레셔스의 움직임은 이 스릴러 영화에 중요한 긴장이 된다. 프레셔스의 진짜 이름은 달라(Darla). 인터넷 영화 데이터베이스에 등록된 소개를 일부 옮기자면, 그녀(1975~1992)는 비숑 프리제이고 1991년 스릴러 영화 〈양들의 침묵〉의 프레셔스 역으로 널리 알려진 동물 어배우라고 나와 있다. 프로필 사진과 이름 옆에는 'Actress'라고 표기돼 있다. 이것은 동물을 우대하는 형식이 아닌 모든 배우를 존중하는 형식이라고 생각한다. 이와는 다르게 〈그녀로 말할 것 같으면〉에 나오는 윌리엄의 경우엔 생년, 성별조차 알 수 없다. 실제 정보가 공개되어 있지 않다. 드라마의 캐릭터보다 그 캐릭터를 연기한 배우의 실제 이름은 드라마 방영을 전후로 실시간 검색어에 오른다. 많은 사람들은 그 배우의 캐릭터를 포함해 개인정보 또한 궁금해한다.

프레서스의 연기도 윌리엄의 연기도 액션보다는 리액션에 가깝다. 스스로 움직이기보다는 누군가 이름을 부르거나, 흥미를 끄는 것으로부터 반응하기 때문이다. 프레서스가 직접적인 위험을 주지는 않지만 언제든지 일어날 수 있는 위험에 노출되기 때문에 긴장을 만든다면, 윌리엄은 그와는 다른 성질의 긴장을 만든다. 드라마의 실제 주인공 지은한 (남상미 분)은 살기 위해 성형수술을 했다. 수술 후유증으로 기억을 잃어버린 상황인데 은한의 남편도, 엄마도, 남동생도, 시어머니도, 딸마저도 알아보지 못한다. 그러나 윌리엄은 알아본다. 남 앞에서는 쉽게 보이지 않는 배를 보이며 반가워한다. 이 장면이 지은한의 정체가 불확실한 상황에서라면 반전이 되면서 실마리가 되었겠지만, 지은한의 정체가 이미 많은 부분 추측 가능한 상황이었기 때문에 윌리엄의 스릴 연기는 짜릿하지 않았다. 윌리엄에게는 주인의 얼굴이 바뀌었다는 점이 중요한 단서가 아니었기에, 잠시나마 시간을 함께 보내는 평상시의 반려견의 모습이었다. 의외로 두드러지는 점은 이중인격인 남편에게 들키지 않기 위해 연기의 연기를 해야 하는 지은한의 내면이었다. 윌리엄이 지은한에게 보이는 행동이 남편의 의심을 샀기 때문이다. 스릴은 그 지점에서 흐르기 시작했다.

프레서스가 서사의 자기장으로 당겨지는 존재의 연기라면 윌리엄은 개의 시선보다 주인의 시선에서 실 대신에 목줄로 조종당하는 마리오네트처럼 보인다. 인형술사들이 인형을 움직이며 상징과 은유로 사회를 풍자하는 공연을 한 것처럼 윌리엄의 연기가 같이 연기한 배우들과 화학작용을 만들어내지는 못했지만, 의도치 않은 틈 사이로 윌리엄만이 알아보는 상황, 지은한의 진짜 정체를 지은한의 가족들은 몰라보는 상황 속 모순이 드러났던 순간은 흥미로운 지점이었다. 윌리엄의 눈빛이나 으르렁거림, 킁킁거림은 의도하지 않았지만 말이다.

캐스팅의 변수: 득과 실

캐릭터에 성공해서 세상 밖으로 재출현이 아닌 재'출연'하는 개가 있다. 윌리엄처럼 시베리안 허스키였던 〈개그콘서트〉의 '브라우니'다. 동네 카페에는 브라우니가 문지기로 있기까지 했다. 어느 곳을 가도 쉽게 마주칠 수 있었고, 마주칠 때마다 인기를 실감했다. 브라우니가 인기에 힘입어 복제될 수 있었던 것은 살아 있는 연기가 아니었기 때문이다. 형식적으로 연기할 수는 있어도 영혼을 담는 연기는 똑같이 따라할 수 없다. 베토벤이나 모차르트의 악보를 저마다 다르게 연주하는 피아니스트들처럼. 그렇다면 배우의 연륜이 언제나 연기의 깊이로 이어질까? 무대에서 즉석으로 만들어지는 웃음은 인기를 끌 수 있어도 지속적인 울림을 만들어내지 못한다. 브라우니가 지금도 누군가에게 사랑받을 수 있다면 그것은 브리우니가 만들어낸 환상의 힘 때문일 것이다. 브리우니는 무대 위에 수동적으로 (앉아) 있지만, 남자 개그맨이 정 여사로 분한 코너에서 상황극 속 짜여진 유머로 인해 존재감이 극대화되면서 생동감을 준다. 살아 있는 것처럼 보이고 그것이 관객의 상상 속에 머무르기 때문에 웃음 코드로 기능할 수 있었다. 브라우니가 한 일 역시 연기에 가깝다. 웃음을 주기 위해 캐스팅된 인형이 신스틸러가 된 것이다.

특정 (개의) 종이 인기를 끌면 그 개에 대한 입양 문의가 많아진다고 한다. 그렇다면 그로 인해 단지 같은 종이라는 이유로, 어쩌면 그 개와 닮았다는 이유로 입양되는 개들은 누군가의 캐스팅으로 덕을 보는 것일까? 입양의 이면에는 파양되는 개들 또한 생긴다. 인기는 한때지만 입양한 개를 보살피는 일은 오랜 기간에 걸쳐 막중한 책임이 뒤따라야 한다. 개를 교묘하게 우회하여 상품화하는 것에는 쉽게 눈을 감는 게 아닐까? 올해는 개의 해다. 개의 생물학적인 수명은 다음 개의 해가 돌아오는 기간과 맞먹는다. 그러나 잘 캐스팅된 개의 연기가 연속적으로 기억에 존재하는 한 그 개의 죽음은 덜 애처롭다.

캐릭터가 모순을 드러내는 것은 캐스팅에 적합하지 않은 옷을 입었을 때이다. 캐스팅에서 배제된 또 다른 선택의 불가능성에 있다. 캐스팅되었던 배우들이 여러 가지 문제로 드라마 방영 도중 하차하는 일이 종종 발생한다. 제작진은 외모는 다르지만 그 역할에 어울릴 수 있는 다른 배우로 교체한다. 배우가 교체되면 당연히 이야기에도 크고 작은 변동이 따른다. 감정 몰입에도 시행착오가 생긴다. 시청자는 기존에 떠오르는 이미지와 싸우며 낯선 인물을 낯익은 듯이 만나야 한다. 톱스타가 된 배우들이 신인시절 누군가의 대타였다는 이야기는 흔하다. 그 배우에 대한 상세 소개를 보면 알 수 있다. 충분히 흥미로운 정보다. 드라마에서는 실제로 연기하지 않았지만 이 배우가 그 역할로 연기할 뻔했다는 사실은 드라마 밖에서 새로운 퍼즐을 끼우듯 상상해보는 뜻밖의 즐거움을 주기 때문이다.

개의 경우에도 캐스팅이 바뀌는 일이 있다. 개는 종에 따라 이미지가 급변한다. 영화 〈패터슨〉으로 팜도그상을 수상한 '넬리'(잉글리시 불도그)도 원래는 감독이 잭 러셀 테리어를 염두에 두었다고 한다. 넬리와 직접 만나본 결과 견종은 바뀌었다. 잭 러셀 테리어는 무성영화 〈아티스트〉로 역시 팜도그상을 수상한 '어기'를 비롯한 다양한 영화의 연기견으로 유명하다. 프랑스 칸 국제영화제는 2001년부터 팜도그상을 수여했다. 올해 수상은 실제 사건을 모티브로 만들어진 〈도그맨〉에 나오는 개들이라고 한다(이 영화에서 강아지 미용사를 연기한 마르첼로 폰테는 칸 영화제에서 남우주연상을 수상했다). 영화 속 개의 연기에 대해 주는 상이지만, 그 개의 캐스팅이 해당 영화에 공헌했다는 것을 간접적으로 증명한다. 연말이면 연기대상 시상식이 열린다. 국내에도 그해에 드라마 속 개의 연기를 종합하고, 개의 연기에 고마움을 표시하는 취지로 시상 범위를 넓혔으면 한다.

배우는 인생의 캐릭터를 연기한 이후에도 그 캐릭터에 머물지 않고 자신을 대표하는 캐릭터를 갱신해야 한다. 안타깝게도 개에게는 그런 기회가 인간보다 적다. 그래서 한 번 캐스팅된 개가 드라마에 들어가 연기를 하는 일에는 보다 깊은 관심이 필요하다. 드라마에 필요해서가 아닌 드라마에 절실해서. 적은 분량이라도 연기의 밀도가 짙어질 수 있도록. 그 개가 잘 맞는 캐릭터의 옷을 입고 연기할 수 있도록.

개가 주체적으로 보일 수 있도록 개의 관점으로 접근하는 방법도 있다. 최근 개발된, 개의 시야를 원형으로 재현한 것으로 알려진 '아이보'(일본어로 친구, 반려자라는 뜻)처럼 접근해 촬영하는 길도 대안이 될 수 있다. 시청자가 개의 감정을 느끼려면 개에게 일어나는 미세한 표정 변화를 감지할 수 있도록 장치해야 한다. 개의 감정선이 드라미에서 흐트러지지 않으려면 개의 시선을 놓치지 않는 카메라의 집요함과 강약 조절이 필요하다. 시간과 제작비와 공간은 제한적이기에 그것을 감수하는 일에는 어려움이 있을 것이다. 그럼에도 불구하고 개의 연기를 이끌어내기 위한 많은 기다림과 기술적인 보완이 가능해졌으면 한다. 개의 연기가 캐릭터를 확장하는 계보를 이을 수 있도록. 개의 연기가 드라마에서 정서적인 호소력을 가질 수 있도록.

함무라비는 여자의 얼굴을 하지 않았다

───────────────── 송다정 ─┐

드라마는 우리가 살고 있는 세상을 반영한다. 있는 그대로 '재현'할 수도 있고, '문제 제기'를 할 수도 있고, 그 문제를 '전복'시켜 저항적 의미를 만들어낼 수도 있다. 드라마를 통해 우리 사회를 간접 경험할 수 있을 뿐 아니라 문제를 제기하고 저항할 수 있는 계기를 마련할 수 있다는 점에서 드라마는 우리 사회에 아주 중요한 역할을 한다. 지금 우리 사회는 '페미니즘'이 큰 화두이다. 여성의 인권 문제, 더 나아가 사회적 약자들의 인권 문제는 사회적으로 매우 중요한 안건이다. 〈미스 함무라비〉는 지금의 사회적 이슈에 응답하고자 한다. 이 드라마는 첫 방송 때부터 '페미니즘 드라마'로 많은 입소문을 타고 호평을 얻었다. 사회가 외면해 왔던 문제, 혹은 공론화하면 마녀사냥을 당할 정도로 혐오가 일상화된 사회에서 함부로 이야기할 수 없는 문제들을 전면으로 내세웠다는 것에 많은 사람들이 기대했다.

드라마를 통해 느끼는 카타르시스

〈미스 함무라비〉는 직관적이고 직접적인 방식으로 문제를 제기하고 해결한다. 복선이나 은유와 같은 눈에 보이지 않는 방식으로 은근하게 말하지 않는다. 연령 불문, 학력 불문, 성별 불문하고 모두가 이해하기 쉬운 방식을 택한다. 모두가 즐길 수 있는 드라마인 셈이다. 이것은 드라마의 내용과도 직접적으로 연결된다. 이 드라마는 많은 사회적 약자에 대해 이야기한다. 경제적으로 약자일 뿐 아니라 때로는 글을 읽지도 못하는 사람들이 등장한다. 그들의 이야기를 하면서 소위 '고급문화'를 향유하는 사람들의 방식을 취한다는 것은 모순이다.

남성 등장인물이 시장에서 일하는 여성들의 성희롱 대상이 되는 것, "그러게 남자가 뭔 옷을 그렇게 딱 붙게 입노. 당할 만하네. 당할 만해" 등의 대사, 남성 등장인물의 당황하고 두려워하는 모습은 성차별 문제를 어떤 논리적인 설명보다도 직관적으로 시청자에게 보여준다. 등장인물의 이름도 주목할 만하다. 한세상, 박차오름, 임바른, 정보왕, 성공충, 배곤대(꼰대)와 같은 이름은 직관적으로 그들의 성격이나 캐릭터를 유추할 수 있게 한다. 또한 "짧은 치마를 입은 피해자가 문제가 아니라 이상한 짓을 하는 추행범이 문제라고 생각합니다", "성적 굴욕감이라는 거, 그건 힘에 굴복해야 하는 굴욕감이기도 하네요", "부사장과 인턴사원 같은. 힘의 차이" 등 말을 통해 시청자에게 직접 문제를 설명해주기도 한다. 시청자들이 〈미스 함무라비〉를 보는 가장 큰 이유는 바로 이런 직관성과 직접성을 통해 이야기를 쉽게 이해하고 쾌감과 희열을 느낄 수 있기 때문이다.

여기에 〈미스 함무라비〉는 특유의 유쾌함과 통쾌함을 더한다. "……아까부터 이 여학생이 자기 엉덩이를 막 아저씨 손에 막 비비는 것 같더라고요. …… 연약한 남자라고 당하고만 사시면 안돼요"라며 지하철 성추행범을 잡는 모습, "여자들이 음란하게 살을 내놓고 다니면 되겠어요? 남자한테 무슨 잘못이 있겠어요"라며 니캅을 쓰는 모습 등은 웃음을 유발하면서 미러링(가해자와 피해자를 뒤바꾸어 보여주는 방식)을 통해 시청자에게 통쾌함을 선사한다.

드라마 속 여성/남성의 성 역할

시청자들이 페미니즘 드라마로서 〈미스 함무라비〉를 기대하는 이유 중 하나는 여성 캐릭터에 대한 기대이다. 많은 한국 드라마에서 여성은 남성에 비해 전문직에 종사하는 경우가 드물며 능력이 부각되는 남성에 비해 여성은 인간성(다정하고 착한)이 부각된다. 〈미스 함무라비〉에서 박차오름(고아라 분)은 뚜렷한 신념과 소신을 가진 주체적인 여성 판사로 등장한다. 시청자들은 새로운 주체적 여성 캐릭터로 인해 여성과 남성의 성 역할이 전복되길 기대한다. 하지만 드라마가 시청자들의 기대에 응답하는 방식은 피상적인 수준에서 그친다. 표면적으로는 여성이 여러 가지 사회문제를 제기하고 해결하는 주체적 인물로 그려지지만 실제로는 지금까지 수많은 한국 드라마에 나타난 여성과 남성의 고정된 성 역할에서 크게 벗어나지 못한다. 〈미스 함무라비〉의 주인공인 박차오름과 임바른(김명수 분)을 비교해보면 이 드라마가 어떤 식으로 성 역할을 재생산하는지 볼 수 있다.

　박차오름은 여성이며 초임 판사로 미숙하고 감정적이다. 공감 능력이 뛰어나 사람들의 아픔을 함께 슬퍼하고 남의 일에도 발 벗고 나서 도와준다. 반면에 임바른은 남자 판사이자 박차오름의 선배다. 그는 이성적이며 냉철하고 논리적이다. 후배/선배, 미숙/숙련, 감성/이성 등의 이항대립은 대표적인 가부장 이데올로기다. 이미 우리가 수많은 드라마에서 봐왔던, 그리고 실제로 사회에 존재하는 가부장 이데올로기를 그대로 답습하고 있다. 감정을 표현하는 데서도 여성과 남성은 서로 다른 방식을 취한다. 한세상(성동일 분)은 남성이지만 감정적이다. 법정에서 호통을 치거나 화를 내는 장면이 대표적이다. 하지만 이것 역시 여성은 눈물, 남성은 호통 혹은 권위적 가르침이라는 가부장 이데올로기 안에 존재한다.

평강공주와 바보온달 이야기

단순히 등장인물의 성격만이 문제는 아니다. 많은 시청자들은 극에 긴장감을 불어넣거나 갈등을 일으켜 극을 진행해나가며 그를 통해 변화하는 입체적 여성의 모습을 기대한다. 〈미스 함무라비〉는 겉으로 보기에는 여성 캐릭터인 박차오름을 중심으로 이야기가 진행되는 듯 보인다. 그는 항상 모두가 그냥 지나치는 것에도 문제를 제기한다. 그리고 그로 인한 갈등이 이 드라마를 이끄는 주된 원동력이다. 하지만 이 드라마를 보고 있으면 오히려 임바른이라는 남성 캐릭터의 성장 드라마로 보이기까지 한다. 드라마는 처음부터 임바른의 시선과 내레이션으로 시작된다. 중간중간 등장하는 그의 내레이션은 극의 진행을 이끌기도 하고 그의 내면을 보여주기도 하고 한 에피소드가 끝날 때 그것을 정리하는 역할도 한다.

문제를 제기하는 것은 여성이나 그로 인해 변해가는 것은 남성 캐릭터이다. 박차오름이라는 여성 캐릭터는 처음부터 끝까지 같은 모습을 유지한다. 극이 진행되어도 여주인공의 특성에는 변화가 없다. 물론 여성 캐릭터의 고뇌도 없지는 않다. 약자의 편에 서고자 하는 마음과 누구의 편에도 서지 않고 만인에게 평등해야 하는 법 사이의 고민이 그것이다. 이를 가장 잘 보여주는 에피소드가 있다. 직장 내 성희롱·성추행에 대한 재판에서 피해자 측 증인으로 나섰던 여성이 해고를 당한다. 박차오름은 이를 회사의 보복이라 여기고 해고된 여성을 돕고자 하지만 결국 패소한다. 그 과정에서 사회적 약자를 보호하지 못하는 법과 자신에 대해 분노하고 절망한다. 하지만 패소한 여성은 박차오름을 찾아와 자신의 편이 되어주고 노력해준 것에 대해 감사의 인사를 한다. 결국 박차오름은 자신이 틀리지 않았다는 것을 다시 한번 확인한다. 등장인물의 생각과 신념의 변화와 그로 인한 행동의 변화를 성장이라고 한다면 이 드라마의 여성 캐릭터는 처음부터 끝까지 일관된다.

반면에 남성 캐릭터는 변화한다. 심지어 남성 캐릭터가 변화하는 계기를 여성 캐릭터가 마련한다. 임바른은 박차오름의 사회를 바라보는 따뜻한 시선과 사회적 약자를 향한 공감, 사회적 약자를 보호하지 못하는 사회에 대한 분노 등을 옆에서 지켜보고 조금씩 동화되어간다. 임바른은 만인은 법 앞에서 평등하다는 생각으로 이성에 기대서만 세상을 바라본다. 재판을 할 때도 그들이 처한 상황이 어땠는지, 어떤 삶을 살아왔는지 등은 고려하지 않는다. 하지만 회가 거듭될수록 원래의 이성과 냉철함에 여성 캐릭터의 감성이 더해져 드라마의 후반으로 갈수록 '완전한 인간상'에 가까워진다. 우리는 이런 이야기에 아주 익숙하다. 평강공주와 바보온달 이야기. 바보 왕자를 똑똑한 공주가 가르치고 뒷바라지해서 왕으로 만드는 이야기. 중요한 것은 이 이야기든 〈미스 함무라비〉든 결국 주인공은 남성이라는 사실이다. 여성은 남성을 가르친다. 그리고 남성은 여성의 가르침으로 인해 완전한 인간에 가까워진다.

이런 점에서 사실상 이 드라마 또한 남성이 주인공인 성장 드라마이다.

로맨스 판타지

로맨스는 한국 드라마의 가장 큰 특징이다. 한국 드라마 속 로맨스는 '모든 남녀는 사랑에 빠진다'거나 '사랑은 이런 것이다' 혹은 '사랑하면 여성/남성은 이렇게 한다'와 같은 판타지를 생산한다. 〈미스 함무라비〉의 주요 인물이라고 할 수 있는 네 명의 여성과 남성 사이에서 진행되는 로맨스도 마찬가지로 한국 사회의 로맨스 판타지를 잘 보여준다.

　박차오름은 학창시절 임바른의 첫사랑 상대였다. 둘은 성인이 되어 직장에서 재회하고 임바른은 다시 한번 박차오름을 좋아하게 된다. 첫사랑, 우연한 재회, 다시 사랑에 빠지는 것은 전형적인 '첫사랑' 판타지를 보여준다. 임바른이 부장판사에게 부탁해 박차오름의 일을 덜어주는 장면은 '여성을 뒤에서 도와주는 일 잘하는 남성'이라는 판타지를 보여준다. 한국 사회의 로맨스 판타지 안에서 여성은 남성의 도움을 받는 존재이며 남성은 여성을 도와줄 수 있을 정도로 유능하다. 또한 같이 일하는 동료일지라도 성별이 여성과 남성이라면 그들은 사랑에 빠져야만 한다. 만약 다른 모든 조건이 동일한데 박차오름이 여성이 아니라 남성이었다면 임바른은 사랑에 빠졌을까? 당연히 아니다. 한국 드라마의 로맨스는 '이성애' 안에서만 존재하기 때문이다.

　판사인 정보왕(류덕환 분)과 속기사인 이도연(이엘리야 분) 사이의 로맨스는 한국 사회의 로맨스 판타지가 여성을 '성적 대상화'하는 방식을 노골적으로 보여준다. 이도연은 일을 잘하는 유능한 여성이고 감정을 잘 드러내지 않아서 주위에서 도도하다는 평판을 받는 캐릭터다. 그런데 정보왕과 저녁 약속을 잡았을 때 이도연에게 갑자기 '여성성'이 부여된다. 일하는 도중에 거울을 보며 뽀루지를 신경 쓰고 화장을 고친다. 그뿐만 아니라 감정을 거의 드러내지 않던 이도연이 정보왕과의 로맨스가 진행되면서 눈물, 실망, 기대, 즐거움 등의 감정을 보이기 시작한다. 이는 사회가 여성에게 요구하는 여성성을 보여준다. 여성은 늘 거울을 보며 외모를 점검해야 한다. 남성 앞에서는 웃거나 눈물을 보이는 등 감정을 드러내야 한다.

이도연에게 반한 정보왕이 클럽에서 이도연을 상상하는 방식도 남성이 여성을 소비하는 방식을 적나라하게 보여준다. 상상 속에서 이도연은 짧은 치마를 입고 와이셔츠 옷깃을 벌리고 머리를 풀어헤치며 긴머리를 쓸어 넘긴다. 남성이 여성을 어떤 식으로 바라보고 소비하는지를 보여주는 대표적인 장면이다. 아무리 일을 잘하고 유능한 여성도 결국 남성 앞에서는 성적인 존재로 소비된다. 결국 성차별 문제를 전면에 드러내고 다양한 여성 캐릭터를 보여주려 했으나 로맨스 판타지 안에서 또다시 가부장 이데올로기와 여성의 성 역할을 고착하고 재생산하는 결과를 가져왔다.

〈미스 함무라비〉는

〈미스 함무라비〉는 현실에서는 할 수 없는 이야기, 혹은 해도 외면당하는 이야기를 대신 해주었다. 돌려 말하지 않고 정면으로 부딪쳤다. 박차오름은 자신의 신념에 반하는 일에 정면으로 반박하며 어떤 어려움 속에서도 자신의 소신을 굽히지 않는다. 우리를 대신해 젠더 감수성이 결여된 이들을 향해 사이다 발언을 해주기도 한다. 이를 보며 우리는 쾌감과 희열을 느낀다. 법정드라마인 만큼 법정에서의 이야기를 통해 다양한 사회문제를 제기하려는 노력 또한 엿보인다. 위계관계에 의한 직장 내 성폭력, 직장 내 괴롭힘, 여성의 결혼·임신·출산 문제, 청소년 본드 문제 등 다양한 이야기를 담는다. 그러면서도 쉽게 결론 내리지 않는다. 서로 다른 생각과 방식 속에서 거듭된 고민과 대화를 통해 최선의 답을 찾는다. 이를 통해 사회문제에 대한 관심을 환기시킬 뿐 아니라 사회적 약자를 대하는 주인공의 따뜻한 시선을 통해 힘도 없고 돈도 없는 우리도 보호받을 수 있다는 생각을 갖게 해준다.

하지만 한계는 있다. 〈미스 함무라비〉는 사회적 약자 중 특히 여성 문제를 전면에 내세웠다. 그렇기에 시청자들은 '페미니즘 드라마'로서 지지하고 기대했다. 성 문제에 대한 문제 제기, 여성 캐릭터의 활용 등을 통해 페미니즘 드라마라는 칭호를 얻었지만 실제로는 여성과 남성의 성 이데올로기를 근본적으로 전복시키지 못했다. 피상적인 수준에서 문제를 제기했을 뿐 그 기저에 있는 뿌리를 건드리지 못했다. 오히려 한국 사회에 만연한 성 이데올로기(가부장적 이데올로기, 이성애 이데올로기 등)를 고착화하고 재생산하는 데 기여했다.

우리는 원하는 목적지에 한 번에 도착할 수 없다. 많은 시행착오를 겪어야 하고 많은 계단을 올라야 한다. 한 번에 서너 개씩 계단을 오르면 좋겠지만 그렇다고 한 계단을 오르는 게 의미가 없는 것은 아니다. 〈미스 함무라비〉가 갖는 한계는 자명하지만 우리가 나아가야 할 길에 한 걸음 내딛었다고 생각한다. 이를 발판 삼아 좀 더 좋은 이야기가 많이 나올 수 있길 바란다.

나 피디표 치유 판타지

소스님과 뚝딱신혜

변자영

행복이란 무엇인가? 평범하지만 가장 어려운 이 질문을 2018년 늦봄에 던진 채 잔잔한 여운을 남긴 프로그램이 있다. 모든 TV 기획물들이 궁극적으로는 인간을 탐구하고, 인간이 더 행복해질 수 있는 감각을 끌어내는 데에 전념하고 있다고 고려한다면, 이 프로그램은 기본적인 예능 테마를, 지금껏 TV가 다루지 않은 스타일로 시도한 역발상을 보였다. 바로 나영석 피디의 "자발적 고립 다큐멘터리" 〈숲속의 작은 집〉이다.

헨리 데이비드 소로(Henry David Thoreau)가 19세기에 2년 2개월여 동안 통나무집에서 자립·자족적인 생활을 하며 꼼꼼히 기록해나가듯, 21세기 나영석표 자발적 고립 다큐는 2개월가량 제주도 서귀포시 숲의 일상을 기록했다. 그 대상은 배우 소지섭과 박신혜, 그리고 숲속 자연이었다.

인물과 배경이 정해져 있고, 그 안에 소소한 사건이 자연스럽게 생거나갔다. 웃음을 의도하지도, 서바이벌 야생 예능을 표방하지도 않았다. 더군다나 출연진과 성우 내레이터의 독백을 주요 화법으로 쓰면서, 왁자지껄한 중계식의 관찰 예능 화법도 비켜갔다.

'실험'을 표방한 만큼, 내용만이 아니라 형식도 다른 시도로 이뤄졌던 이 프로그램은, 시끌벅적한 사건 발생 중심의 예능 대세 시대에 다소 비켜섰다. 도심 속 삶을 벗어난 것은 여느 힐링 예능들과는 차이점이 없지만 이를 풀어나가는 방식에서 케이블 예능 프로그램의 새로운 방향을 제시했다. 다큐를 표방했으나 배우의 본래 캐릭터가 두드러지면서 스타 출연의 예능에 가깝고, 예능이라고 하기엔 천연 자연과 어우러진 여백이 두드러지면서 교양 다큐에 좀 더 가까웠다.

딱히 장르를 콕 집어 규정할 수 없는 미확정의 흐름 속에서 재미가 생겨났다. 그렇기 때문에 〈숲속의 작은 집〉의 배경과 주요 인물을 들여다보면, 프로그램의 실험적 추구와 미래 가능성이 함께 엿보인다.

우리들의 워너비, 행복 설계도

제주에서 한 달 살기, 휴대폰 없이 지내보기, 메신저 꺼두기, 예술적 취미 생활 갖기, 자연의 소리에 귀 기울이기 등. 도심 스트레스에 찌든 시청자라면 누구나 한 번쯤 해보고 싶은 일이다. 타인으로부터 벗어나 온전히 나를 바라보고 싶은 근원적 욕망. 〈숲속의 작은 집〉은 경쟁에 찌든 현대인들이 쉽사리 시도할 수 없으나 가장 평범한 버킷리스트를 실현시켰다. 그것도 가장 바쁠 법한 톱스타 두 명을 데리고서, 심플한 하루들을 이어 붙였다.

〈숲속의 작은 집〉은 제주도 서귀포시 숲속 집에서 배우 소지섭과 박신혜가 각기 따로 홀로 지내며 행복 실험을 해보고 소회를 고백하는 것을 줄기로 삼는다. "자발적 고립 다큐멘터리"라는 부제가 표방하듯 배우가 기꺼이 숲속에 혼자 있는 채로 무언가를 하는 것이다. 그러나 그 임무들이 꼭 해내야만 하는 강제적 책임으로 비춰지진 않는다. 평소 할 수 있는 것들이지만 별다른 의미를 부여하지 않았던 것들이다. 가령 스스로 식사를 준비해서 먹고 하루를 계획해보고 그 계획표에 따라 살아보고, 산책을 하며 주변 동식물과 교감하는 것 등이다. 〈숲속의 작은 집〉 새 회차가 공개될 때마다, 고정 시청자라면 누구라도 바로 따라해 볼 만한 미션들이었다. 캠핑 프로그램이나 서바이벌 예능이 아니기 때문에 일상을 돌아보는 데에 더 초점이 맞춰져 있었다.

물론 숲이라는 거대 자연의 혜택이 두드러졌기 때문에 휴식 공간의 이미지를 주기는 했으나, 출연진 배우들이 그곳에서 하는 행동은 시청자의 삶과 괴리가 된 행동들이 아니었다. 기존의 예능 프로그램들이 여행을 하며 맛있는 것을 먹고 좋은 경치를 감상하면서 간접 체험의 재미를 주는 데에 초점이 맞춰져 있었다면, 〈숲속의 작은 집〉은 이 시기에 유행한 '소확행'이라는 용어가 뜻하듯, 소박한 일상에서 행복을 직접 찾아보는 시도를 곁들였다. 티브이보다는 유튜브나 인스타그램 등 인터넷 환경에서 추천되는 작은 행복 찾기의 조각 모음집이었다. 티브이가 건네는 간접 광고의 스폰서 범람에서 거리를 두고 일상에서 돈 안 드는 재미를 창출했다. 낮잠 자고 음악 듣고 책 읽고 요가하기. 이 얼마나 평온하고 평범한가? 그런데 극적인 드라마와 영화 외에는 거의 번외 편 활동을 하지 않던 두 남녀 배우를 프로그램에 초대하면서, 두 배우의 실제 캐릭터가 반영되어 특별한 전개를 해나갔다.

자연은 그대로 있고, 그 안의 일상이 배우에 따라 달리 흘러가는 흐름은, 인위적이지 않은 가운데 돌발적인 재미들을 신사하곤 했다. 도시인들에게는 더없이 부럽기도 하고, 나무랄 데 없는 숲과 통나무집 장소, 추위가 가시지 않은 초봄, 불쑥 따뜻해지던 완연한 봄이라는 계절, 이 두 가지가 갖춰진 곳에서 인물들이 저절로 흘러가는 느낌은, 집중해서 에너지를 소비하는 시청보다는 스르르 피로가 풀리며 에너지를 얻는 시청 효과를 끌어냈다. 한 편 한 편이 유기체가 되어 흘러가는 느낌이었다. 제주 소 떼의 등장, 새들의 지저귐, 눈비와 햇살의 예측할 수 없는 자연환경이 원인이 되어 이야기가 생성되었다. 비바람에 최적화되어 제주의 늦봄이 익숙해 뵈는 소지섭, 그리고 언제까지라도 설레어 숲의 소식을 전달할 것 같은 박신혜는 〈숲속의 작은 집〉에서 스르르 생겨난 모범적 캐릭터였다.

숲의 전령, 소지섭

소지섭은 〈숲속의 작은 집〉에서 존재감 자체로 프로그램을 완성시켰다. 우비와 도끼. 어쩌면 공포 스릴러물에 더 탁월하게 어울릴 법한 아이템들이나, 그래서 매우 힐링의 제재로 승화시켰다. 소지섭이 부여받은 이름은 피실험자 B였다.

　　B는 숲속에 처음부터 마지막끼지 자연스럽게 스며들었다. 태양광에 더해 자가발전 라디오램프를 '끼익 끼익' 소리 내어 전기를 만들어내던 B. 수월하게 장작을 패고 삼겹살을 구워 먹는 모습은 그야말로 '소간지' 버전의 '자연인'이었다. 중년 이상의 사람들이 소원하는 자연인의 삶을 그는 일상을 관조하는 배우 모드로 소화했다. 사실 드라마로 착각할 법한, 연출되지 않았으나 연출된 듯한 주변 인물, 소 떼나 개의 등장은 그의 역할을 더 두드러지게 만들었다. 듬직하고 신임이 가는 숲속 전령

이나 마찬가지였다. 제작팀은 숲에 있는 소 배우 그대로의 모습만으로도 휴식이 될 그림들을 연거푸 편집해 보여주었다. 공익 캠페인 광고처럼 자연 친화적인 산책과 일몰 풍경과 오름 등을 배경으로 배우는 휴식하고 있었다.

소지섭의 기존 이미지는 과묵한 성실함이다. 소지섭이 말을 많이 한다면? 소지섭이 게으르다면? 이런 가정 자체가 성립하지 않을 정도로 시청자들에게 소지섭은 묵직한 이미지인데, 〈숲속의 작은 집〉은 그 이미지를 바로 예능 다큐에 적용했다. 소지섭은 자신이 기존에 보였던 인상에서 크게 벗어나지 않는 한도에서 과하지 않은 매력을 프로그램에 녹였다. 소지섭이 끊임없이 숲속에서 말을 많이 한다면? 계속 '좋다', '별로다' 배경 평가를 내렸다면? 물론 다른 색채가 탄생할 수 있겠지만, 그런 분위기였다면 봄보다는 여름이 어울렸을 것이다. 소지섭이 숲속의 작은 집에서 지내는 동안 시종일관 비가 왔고 바람이 불었다. 궂은 날씨에도 소지섭은 산책을 나갔고, 장작을 패고, 자연에 동화되었다. 〈숲속의 작은 집〉이 'ASMR'로 들려준 자연의 소리들은 그 자체로 치유의 효과를 선사했고, '음소거'를 하고 보더라도 전혀 무리가 아니었을 정도로, 무성 영화버전으로 감상할 수도 있는 에피소드를 자주 제시했다. 느릿느릿 소가 이동하는 풍경이나 출연진이 습하고 어둔 숲을 헤처가는 이미지 등은 모두 배경음이 없이 영상만으로도 탁월한 시청 재미를 끌어냈다.

혼자서도 잘해요, 박신혜

박신혜는 소지섭과 상반되는 캐릭터였다. 전혀 다른 둘의 생활 방식이

〈숲속의 작은 집〉의 흥미를 더했다. 박신혜는 마치 1인 크리에이터처럼 자신의 제주 생활을 경쾌한 태도로 전달했다. 흥이 보였다. 소지섭이 자연에 흡수되어 동화된 모습을 보였다면, 박신혜는 자연 속 생활에 기꺼이 도취된 모습을 보였다. 적극적으로 즐기고 그 감정을 노출했다.

둘은 저마다 자신을 사랑하는 모습, 행복에 접근하는 태도에 대해 다른 방식을 제시해 여운을 남겼다. 소지섭은 〈숲속의 작은 집〉이 원래 자신의 별장이었던 양, 별다른 장애 없이 생활해갔다. 조금 무서웠다고는 하나, 소 떼들이 집 주변을 감쌀 때도 평정심을 이내 되찾았고, 정전이 되었을 때도 이른 시간에 잠을 청하며 그 환경에 완벽 적응했다. 박신혜는 숲속 환경의 고립에 신기해하며 어리둥절한 '신혜둥절' 표정을 자주 보이며, 늘 호기심에 까르르 웃는 모습을 보였다. 특히 요가 미션을 수행할 때는 동작을 잘 이행하는 중에도 동영상 속 요가 선생님의 지침 하나에도 웃어보였다. 일반적으로 요가 중 명상은 자연을 떠올리라는 제시어를 건네받는데 출연자는 자연 한가운데에서 요가를 했기 때문이다. 만물을 새롭게 바라보는 박신혜와 마치 본래 자신이 자연의 일부였던 양 배경에 녹아든 소지섭은 시청자들이 행복을 어떻게 찾을지 가늠하게 해주었다. 일상의 발견과 순응, 이 둘의 대조적 캐릭터가 병렬적으로 편집되며 흘러가기에, 정적이고 동적인 리듬이 반복되어 행복을 찾게 했다. 소지섭은 그야말로 자연을 있는 그대로 받아들이는 무념무상의 소스님, 박신혜는 뚝딱뚝딱 본인 삶을 핑크빛으로 설계하는 진취적인 소녀 캐릭터로 영상미에 녹아들었다.

행복, 무위의 역설

집을 떠난 이들은 결국 집으로 돌아간다. 이 프로그램의 엉뚱한 재미들은 회차마다 각기 두드러지는데, 특히 피실험자 B 소지섭이 제작진과 비를 뚫고 실제 집으로 가고자 서둘러 산을 내려가는 모습은 인상적이었다. 그야말로 배우와 방송 팀의 다큐이면서, 극적으로 위트 있는 장면이었다. 고요하고 고립적인 장소를 찾아 행복 실험을 겪은 피실험자이지만 결국 이 제작진은 집으로 가기 위한 사투(?), 빗속 탈출을 감행한다. 그 장면은 행복이 결국 멀리 있지 않고 집에서 편안히 쉬는 것이라는 '역설'을 말한다. 숲속의 행복 실험은 집에서 아무것도 하지 않는 휴식의 미를 다시금 떠올리게 만든다. 박신혜 역시 행복의 조건을 뭔가를 하려 애쓰기보다 비워가는 것에서 찾는 진리를 전달한다. 이 프로그램의 매력이 결국 인간 소지섭과 박신혜, 다른 콘텐츠를 개발하고자 애썼던 제작진의 인간적인 노고를 담은 것이라면, 그 절정이 집으로 가는 길에 있지 않았을까?

시청자들은 막바지에서 박신혜가 CF 촬영을 하고 소지섭이 새 영화 GV를 하고 인터뷰를 하는 등 한창 배우로서의 바쁜 스케줄에 전념하는 생활을 볼 수 있게 된다. 그야말로 연예인, 스타의 삶이 제주 이후에 바로 붙는다. 이들의 숲속 생활이 결국은 일상과 분리된 다른 지점이라는 현실감을 얻게 되고, 이는 '숲속의 작은 집'이 탁월하게 잘 지어진 세트이자 배우가 맞닥뜨린 연극적인 장면들에서 특별한 드라마를 본 듯한 감상에 잠겼던 것을 깨닫게 된다. 『노인과 바다』처럼 자연과 사투를 벌인 흔적도 없는데 묘하게 치유됐던 것이 바로 이 때문이다. 목가적 흐름의 10회 안에서 시청자들은 나영석표 판타지에 위로받은 것이다. 출연진의 다른 세계에 초대되었고 그 다른 세계는 이들이 일상으로 돌아가면서 이제는 존재하지 않는 공간이 되어버린다. 소지섭이나 박신혜가 히트시키는 이전과 이후의 드라마처럼 말이다.

오브제와 출연진이 사라진 연극 무대가 덩그러니 남듯, 여운이 더 강하게 남아버린 '숲속의 작은 집'. 아무것도 없는 것에서 남겨진 행복. 애초부터 자연이었던 곳이 자연이 되는 배경. 그게 바로 이 프로그램의 매력이었다. 숲속의 작은 집은 애초에 없었다가 작은 실험을 위해 생겨났고 다시 사라졌다. 마치 윤식당이 잠시 영업을 하고 종료되고, 꽃할배들의 패키지 여행이 끝나듯, 숲속의 작은 집도 주인공들이 떠나간 무대가 되어버린다.

새로운 배경을 짓고 그 안에 사람을 초대하고 이들이 모두 사라진 뒤의 여운을 남기는 작업, 나 피디가 만들어낸 환상의 시공간에 시청자들은 일상을 위로받았다. 현대 문명을 잠시 거부해본 톱스타의 외출에 우리는 휴대폰을 더 열심히 들여다보며 시청하는 역설. 이 또한 티브이가 건네는 기기적 속성일 것이다. 특히 모바일로 보는 데에 더 최적화된 듯한 디지털적 폰트 자막이나 흑백 타이틀과 크레딧 등은 극적 세련미를 더했다.

이번 소지섭과 박신혜의 나 피디표 방송은 기존 예능의 문법에서 비켜나 있지만, 그런 까닭에 특별한 재미를 남겼다. 계속되는 먹방의 피로감이나 관찰 예능의 사생활 범람 등에 어쩌면 다소 지쳐 있었을지도 모를, 불특정 시청자들의 틈새를 파고든 것이다.

현재 예능 프로그램은 관찰 예능과 참여 예능의 두 흐름을 보이고 있다. 출연진의 사생활을 관찰하는 것에서, 출연진이 직접 거리로 나가 시민을 만나고 이 가운데에서 돌발적으로 일어나는 일들을 담아내고 있다. 출연진은 다각도로 자신의 재능을 선보이며 소통 능력을 드러내는 매력을 선보인다. 그 출발점은 나영석 피디가 열었다고 해도 과언이 아닐 정도로, 〈1박 2일〉로 이전 시대의 야외 리얼 예능의 정점을 이끌었고, 〈꽃보다 할배〉로 여행 관찰 예능의 포문을 열었다. 〈윤식당〉으로 일반 시민의 반응으로 프로가 완성되는 참여형 예능의 길도 닦았다. 〈삼시세끼〉로, 밥해 먹는 예능, 스타 먹방의 주류화를 선포하기도 했다. 이같이 예능 장르의 유행을 선도했던 그였으나 〈숲속의 작은 집〉을 통해 자기 복제화의 길을 걷진 않았다.

〈숲속의 작은 집〉, 새로운 다큐 예능 TV를 보면서 풀과 하늘, 무지개, 소, 개 등 자연을 소비할 수 있는 재미. 제작진은 이 프로그램을 통해 바깥 풍경을 다시 볼 수 있게 하는 '숨 쉴 틈'을 선물했다.

예능의 미래는 어떻게 될까? 웃고 울리는 수많은 프로그램에서 힘을 확 빼고 연출한 이번 프로그램이야말로 하나의 미덕이자 가능성 아닐까?

시청률에 민감할 수밖에 없는 케이블이 공영방송처럼 일정 분량 공익적 프로그램을 만들고, 마니아 시청자들을 양산할 만한 실험적 프로그램을 선보였다는 것은 칭찬받을 만한 일이다. 기존 스타 피디이기에 가능한 일일 수도 있으나, 이런 시도가 다른 채널에서도 계속될 수 있길 바란다. 일 년에 한두 번쯤은 시청자들이 조금 다른 취향, 실험적 시도를 발견할 수 있는 프로그램을 본다면 얼마나 좋을까?

〈숲속의 작은 집〉을 보며, TV 예능 프로그램에서도 정적인 재미를 찾았다. 수다와 웃음을 계속 강요당하기보다 침묵과 감상 속에서도 탄생할 수 있는 프로그램, 그게 〈숲속의 작은 집〉이었다. 5% 미만의 시청률 결과로 인해 시즌 2를 볼 수 없을 것 같다는 아쉬움이 앞서지만 숲속만이 아니라, 바다와 사막 등 여러 다른 장소에서 이색적 버전으로 사색하고 체험하는 캐릭터들이 탄생했으면 한다. 물론 그때도 지금껏 몰랐던 어느 성실한 출연진의 '허당' 매력과 반전이 발견될 거란 믿음이 있다.

고혜란을 위한 변명 혹은 환상의 주문에서 깨어나기

JTBC 드라마 〈미스티〉

나지현

1. JBC 간판 앵커 고혜란과 "어른들의 진짜 사랑"

2018년 상반기 종합편성채널인 JTBC는 드라마 〈미스티〉로 케이블뿐 아니라 지상파 드라마와 경쟁에서도 밀리지 않는 화제성을 남겼다. 마지막 회 시청률은 8.5%(닐슨 코리아)로 종편이라는 약점에도 불구하고 시청자의 사랑을 듬뿍 받았다. 이 어세를 몰아 고혜란을 '찰떡같이' 소화한 배우 김남주는 제54회 백상예술대상 TV 부문 여자 최우수 연기상을 받기도 했다. 당분간 고혜란 캐릭터는 시청자뿐 아니라 여러 배우에게 외면하기 힘든 상징적 아이콘으로 자리 잡을 것 같다.

물론 이렇게 달콤한 평가만 있는 것은 아니다. 드라마가 끝난 직후 시청자와 각종 매체는 결말에 대한 실망감과 배신감을 한동안 토해냈다. 단순히 새드 엔딩이기 때문에 이러한 반응이 나온 것은 아니다. 고혜란은 그동안 드라마에서 만나기 힘들었던 강렬하고 매력적인 주인공이다. 시청자들은 매회 압도적 몰입과 감정이입을 하며 고혜란을 따랐다. 드라마에서 고혜란은 유리천장을 뚫기 위해 정면 돌파를 감행하지만 언제나 돌아오는 세간의 평가는 '독한 여자'이다. 그럼에도 불구하고 고혜란은 당당하고 주체적이다. 실제 각자의 삶에서 이런 투쟁을 벌이기란 쉽지 않다. 고혜란은 수많은 여성 시청자를 대신해 권력에 맞서 정면 돌파를 감행하는 투사였다. 이런 캐릭터가 한순간 모든 것을 잃고 눈물을 흘리는데 어찌 화가 나지 않을까 싶다. 게다가 고혜란으로 인해 세 명의 남자가 죽거나(케빈리) 옥살이(하명우)하거나 자살(강태욱)한다. 이 모든 사건이 마치 고혜란이 원인인 듯 떠넘긴다고 느껴질 지경이다. 그렇기 때문에 전문직 여성의 한계를 참혹하게 전시했다는 혐의를 피하기는 힘들어 보인다. 고혜란의 좌절을 여성 시청자의 좌절로 받아들이는 것은 이러한 측면에서 일정 부분 타당하다.

이러한 논란을 의식해서인지 드라마 종영 후 제인 작가는 인터뷰에서 "미스티를 통해 어른들의 진짜 사랑 이야기를 해보고 싶었다. 사랑의 감정이란 뭘까 하는 의문에서 출발했다"고 밝혔다. 물론 그 사랑은 16회 동안 '고혜란이 케빈리를 죽였는가' 혹은 '누가 진범인가' 게임과 유리천장으로 뚫고 올라가고 싶은 여성의 욕망에 기이하게 눌어붙어 있기 때문에 선명하게 보이지 않는다. 〈미스티〉에서 사랑은 바로 왜상(anamorphosis)의 형식을 취하고 있다. 한스 홀바인(Hans Holbein)의 유명한 그림 〈대사들〉처럼 〈미스티〉를 똑바로 바라보면 (격정 멜로라 쓰고) 치정극이(라 읽는)다. 하지만 강태욱과 고혜란의 첫 만남은 낭만적이다. 이들의 만남은 일종의 '얼룩'으로 이 드라마가 취하고 있는 치정극의 외형에 미묘한 균열을 일으킨다. 이처럼 〈미스티〉는 다소 당혹스러운 방식으로 사랑의 문제를 던진다.

2. "내가 사랑해"라는 낭만적 함정

3회 과거 회상 신에서 강태욱은 고혜란을 보고 첫눈에 반한다. 결과만 놓고 보면 자신의 운명을 송두리째 삼켜버린 치명적인 사랑에 빠진 것이다. 강태욱은 왜 고혜란을 사랑하게 되었는가. 젊은 청춘 남녀가 끌리는 데 무슨 논리적 이유가 있는가 반문할지도 모르겠다. 그럴지도 모르겠다. 고혜란이 강태욱을 아무리 밀어내도 강태욱은 자신의 사랑을 확신하며 흔들리지 않고 "내가 사랑해"라 말하기 때문이다. 듣기에 달콤하지만, 이 말은 단순한 낭만적 고백이 아니다. 이들의 관계를 조금 더 살펴보면 강태욱의 욕망이 읽힌다.

강태욱은 고혜란을 통해 그토록 아무런 의심 없이 충실하게 이행하는 사회적 규범 이면에 무언가가 있음을 발견한다. 강태욱은 할아버지부터 대법관 출신으로 누구나 부러워할 만한 권력을 쥔 명문가 출신이다. 고혜란을 처음 만났을 때 잘나가는 검사이기도 했다. 물론 강태욱은 예의 바르고 이성적이다. 자신의 신분에 어울리는 '애티튜드'를 장착한 세련된 인물이다. 이런 강태욱에게 '초짜 검찰 출입 기자' 고혜란은 순수한 열정으로 가득한 세계이며, 그동안 경험하지 못한 정의로운 새로운 세계로 인식된다. "이거 언론 탄압 아닙니까?"라 외치는 고혜란은 이제 자신의 세계가 된다.

여기에서 가난한 신입 기자와 배경이 든든한 타고난 '금수저' 법조인이라는 신분 격차는 낭만적인 사랑이 솟아나기 충분한 조건이 된다. 강태욱에게 고혜란의 이미지는 실재의 고혜란보다 훨씬 더 강렬한 것이 된다. 고혜란은 발언권이 없어도 끊임없이 질문하고 신발이 벗겨지도록 검찰총장을 따라붙는다. 검사 선배가 고혜란을 두고 "완전 무데뽀에 돌아이"라 불러도 이 모습에 반한 강태욱은 더 불타오른다. 그는 자신을 사랑하지 않는다는 고혜란에게 "내가 가진 집안, 배경, 다 네가 가질 수 있다"며 프러포즈한다. 결혼에 성공했지만, 고혜란은 강태욱이 결코 도달할 수 없는 난포착적인(elusive) 부재한 특별한 대상이 된다. 즉, 그녀는 한 남자의 '내조의 여왕'이 아닌 신뢰도 1위, 5년 연속 올해의 언론인상을 거머쥔 대체 불가 7년 차 JBC 간판 앵커가 된다.

여기에서 유추할 수 있듯이 낭만적인 사랑이 출현하기 위해서 반드시 '자연인 고혜란'이 그 자리를 차지하고 있을 필요는 없다. 왜냐하면 완벽하고 매혹적인 '앵커 고혜란'이라는 이미지의 존재 자체만으로 가능한 것이기 때문이다. 그러나 이 완벽성은 자연인 고혜란에게 부재한 것이다. 이를테면 뉴스룸 밖의 고혜란은 일분일초도 쉬지 않고 치열하게 자신의 '밥그릇'을 지키기 위해 고군분투한다. 뉴스 시간에 대본에 없는 (미세먼지 대책) 돌발 질문을 후배 한지원에게 던지거나 케빈리와 밀애를 즐기는 현장 사진을 유포하는 위법을 저지르기도 한다.

이쯤에서 강태욱은 '앵커 고혜란'의 반짝거리는 매끄러운 표면을 이상적 자아의 자리에 두고 자신을 투사해 나르시시즘적인 사랑을 하고 있다고 주장할 수 있다. 물론 맞는 말이다. 이 부부의 (장례식장, 포토라인, 골드문 클럽) 공식 석상 투 숏은 범접할 수 없을 만한 아우라를 뿜어낸다. 거기에 주변에서 들려오는 외모 칭찬이나 질투하는 목소리까지 더해져 환상은 강화된다.

여기에 〈미스티〉에서 작동하는 사랑의 메커니즘을 좀 더 구조적으로 이해하기 위해서는 자크 라캉(Jacques Lacan)의 정의를 참조할 만하다. 사랑은 아이러니하게도 "자신이 가지고 있지 않은 어떤 것을 주는 것"(라캉, 『세미나8』)이다. 사랑은 사랑하는 대상이 가지고 있는 것[아갈마(agalma)]에 향하는 것이 아니라 그녀가 연약하고 무언가를 상실했음을 발견했을 때 발생하는 것이다.

이 드라마의 갈등구조 중 하나인데, 고혜란은 실제로 흠잡을 데 없는 출중한 실력에도 불구하고 후배 한지원과 경쟁관계다. 고혜란이 그토록 간절하게 청와대 대변인을 바라는 당위를 제공하기도 한다. 강태욱의 사랑은 고혜란이 결여하고 있는 무(無)로 향하는 것이다. 다시 말해 '앵커 고혜란'은 자연인 고혜란이라는 결여의 자리로 찾아와 강태욱과 조우하는 한에서 가치를 획득하는 것이다. 그렇기 때문에 강태욱의 사랑은 고혜란의 상실을 견뎌내는 것이다. 드라마 마지막 16회까지 강태욱은 '앵커 고혜란'을 간절하게 욕망하지만, 그는 그녀를 결코 손에 넣을 수 없다. 강태욱의 욕망은 이러한 만족의 결여에서 발생하며, 이를 통해 그 자신의 욕망을 지탱할 수 있는 것이다. 그래서 〈미스티〉의 사랑은 본질적으로 기만적이다.

3. 변호인 강태욱은 진정한 복심인가?

〈미스티〉에서 강태욱의 열정적인 사랑은 고혜란에게 외설적이고 폭력적인 침입으로 다가온다. 강태욱이 고혜란의 태국 촬영장을 찾아가 홍보수석 내정자인 선배와 청와대 대변인을 꿈꾸는 고혜란의 다리를 놓을 때(4회)만 해도 훌륭한 시포터로 보였다. 하지만 이후 에피소드는 그의 자존심과 질투를 투명하게 보여준다. 이를테면 정경유착 폭로로 징계 중인 고혜란에게 "아무리 생각해도 난 자신이 없어. 이 상황에서 7년 전 그때로 돌아간다 해도 널 포기할 자신이 없어. 7년이나 네 남편으로 살아왔는데도 난 여전히 그래. 여전히 널 갖고 싶어"(11회)라고 고백하고 키스를 한다.

고혜란은 어느 날 갑자기 유니콘처럼 찾아온 낭만적인 사랑과 자신이 반드시 처리해야만 하는 케빈리 사망 사건 사이에서 혼란스러워한다. 그녀가 혼란스러운 것은 강태욱이 무슨 권리로 자신의 욕망을 불러일으키느냐다. "난 참 싫었다. 평생 오지 않을 남자들을 기다리고 울고. 엄마처럼 안 살겠다고 했었어. 이 결혼에 자신이 있었어. 당신을 사랑하지 않을 거라고. 그런데 지금 자신이 없다. 내가 너한테 너무 미안하고. 너 때문에 내가 아파. 만약 이런 게 사랑이라면 강태욱 너를 사랑하는 거 같아. 그러니까 이제 우리 그만하자"(12회) 고혜란의 진술처럼 자신의 감정과 상관없이 강태욱에게서 도망치고 싶어 한다. 그럼에도 불구하고 강태욱은 강률 로펌에 들어가 사면초가에 놓인 고혜란의 변호를 맡는다.

〈미스티〉에서 내러티브의 가장 큰 동력은 케빈리를 죽인 진짜 범인이 누구인가 하는 것이다. 케빈리는 고혜란의 옛 연인이자 한국인 최초 PGA 우승 프로골퍼로 모델료만 100억을 벌어들이는 셀럽인 동시에 모든 기혼 여성들의 로망이다. 하지만 실제로 케빈리는 고혜란을 향한 복수의 칼날을 가슴에 품고 살며, 여성 편력과 폭력 성향이 다분한 위험한 남자다. 그것도 모른 채 강태욱은 고혜란의 욕망의 대상이라고 추측한 이 케빈리를 질투하고 제거의 대상으로 인식한다.

명우의 지적처럼 "남자의 못난 자존심"을 강태욱은 부인한다. 대신 강태욱은 '자연인 강태욱'과 '변호인 강태욱'을 상징적으로 통합하려고 한다. 그래서 강태욱은 케빈리를 살해한 범인이지만 고혜란의 변호인으로 당당하게 선다. 그가 차지하고 싶은 것은 고혜란의 남편 자리보다 고혜란의 변호인이라는 공언된 존재로 남는 것이다. 그러면 자연스럽게 고혜란을 소유할 수 있기 때문이다. 여기에서 '고혜란의 변호인'이라는 강태욱의 주장은 일종의 수행문으로 기능한다. 수행문이란 타인에게 자신의 주장을 언표함으로써 상징적 효력을 생산하는 문장이다. 이러한 수행문은 근본적으로 상징적 책임이 발화의 주체에게 있다는 것을 포함한다. 강태욱은 이제 특정한 방식으로 고혜란을 대할 의무가 있다. 그는 상징적인 의미에서 '고혜란의 변호인'이 된 것이다.

4. "행복하니?"

다시 처음의 문제로 돌아가보자. 강태욱의 사랑은 욕망의 대상인 고혜란과 어떻게 관계하는가? 15, 16회에서 제인 작가는 자신의 메시지를 정확하게 전달한다. 물론 초반에 언급했듯이 마지막 에피소드는 시청자들에게 많은 논란을 불러일으켰다. 내러티브 표층적인 차원에서 강태욱은 고혜란과 재결합하려는 강력한 소망을 지니고 있다. 강태욱은 법원에서 피의자 자리에 있던 고혜란 옆에 늘 함께한다. 하지만 케빈리는 이미 사망한 상태이며 형사는 수많은 헛발에도 불구하고 고혜란과 강태욱을 향한 혐의의 시선을 멈추지 않는다. 게다가 강태욱이 고혜란의 임신을 축하하기 위해 선물했던 페리도트 브로치는 케빈리 차에서 발견되었다.

이때 강태욱의 문제 해결 방식은 마음으로 이해되지만 안타깝기 그지없다. 그는 여행사를 찾아가 가장 빠른 항공권을 예약한다. 강태욱은 잠시라도 고혜란과 누구의 간섭도 없는 장소로 도망가길 간절히 원한다. 윤 기자의 전언에 따르면 강태욱과 고혜란은 신혼여행 이외에 함께 여행한 적이 없다. 그래서 강태욱은 마지막 여행을 다녀와 자수할 생각이었다. 어떤 면에서 강태욱의 시나리오는 선하다. 하지만 실현 불가능하다.

사실 〈미스티〉의 두 캐릭터는 자신의 사랑이 실현되는 것을 방지하기 위해 끊임없이 (고혜란의 혼전 동거, 낙태, 불륜 등) 사회의 규범이나 (환일 철강 입찰 비리, 언론 탄압 등) 정치, 경제적인 상황을 끌어들이고 있다. 〈미스티〉의 진짜 욕망은 "어른들의 진짜 사랑"을 확인하는 데 있는 것이 아니다. 이 드라마의 진짜 욕망은 강태욱과 고혜란의 행복한 결합을 포기하는 데 있다. 고혜란은 모든 퍼즐의 조각을 맞춘 후 울면서 "이재영, 당신이 죽였니?"라고 말한다. 강태욱은 "어"라고 답한다.

　마지막 회에서 고혜란은 처음이자 마지막으로 앵커가 아닌 자신의 진짜 표정과 감정을 〈고혜란의 인터뷰〉 무대 위에 그대로 드러낸다. 그녀는 앵커를 꿈꾸던 초짜 기자 시절부터 결심했던 '정의사회 구현'을 가장 고통스러운 방식으로 이룬다. 여기에서 사라지는 것은 〈고혜란의 뉴스 9〉의 앵커 고혜란만이 아니다. 수행문을 통해 '고혜란의 변호인'으로 거듭난 강태욱도 같이 사라진 것이다. 제목처럼 안개 속으로 자살을 감행해 육체적 죽음을 맞이했지만, 상징적 죽음도 동시에 이루어졌다. 즉, 케빈리를 살해한 진범인 강태욱은 고혜란을 변호할 자격이 애초부터 없었다.

　〈미스티〉 엔딩에서 사족처럼 들러붙은 강태욱의 목소리 "행복하니?"는 그래서 의미심장하다. 관점에 따라서 열정적인 사랑을 주체 못해 멀쩡한 법조인이 살인범으로 추락했다고 주장할 수 있다. 그리고 그것이 사랑의 민낯이라고 말하며 짐짓 어른스러운 척 냉소할 수 있다. 혹은 개인의 행복이 정치, 사회, 문화와 무관할 수 있느냐고 반문할 수도 있다. 여기서 앞서 언급한 것처럼 고혜란의 변호인 강태욱이 상징적인 죽음을 맞이했다고 본다면 목소리의 의미는 달라진다. 이 잉여의 목소리는 실제로 강태욱이 고혜란의 변호인인 것과 상관없이 법 이면에 이상적 장소라는 것은 결코 없다는 것을 자각한 결과이다. 강태욱이 고혜란에게 남겨준 교훈은 "행복하니?"라는 질문을 하게 만들었다는 것이다. 고혜란은 이전까지 자신의 삶을 돌아보지 않고 전력 질주하던 인물이다. "나를 건더준 유일한 사람"이 사라지고 난 다음 들려오는 목소리는 고혜란을 돌아보게 만든다.

결국 〈미스티〉의 사랑은 최종적인 사랑의 성취를 방해하는 일련의 장애물들을 설치함으로써 자신의 기만성을 드러낸다. 제인 작가는 궁극적으로 강태욱과 고혜란의 화해는 불가능하다는 것을 역설적으로 주장하고 있다. 이 드라마에서 강태욱과 고혜란의 사랑이 이루어지기 위해서는 모든 것을 숨기고 외국으로 숨어 사는 방법 외에 없다. 만약 이들이 현실을 직시하지 않고 도피한다면 진짜 어른이기를 거부한 것이고 유아적 퇴행으로 후퇴하고 만다. 〈미스티〉가 말하는 진짜 어른들의 사랑은 피하고 싶은 현실에 상처 입고 고통받더라도 온몸으로 인내하는 것이다. 〈미스티〉에서 강태욱과 고혜란의 사랑이 정말로 이루어진다면 그것은 제인 작가가 윤리적 배신을 감행했을 때 가능한 것이다.

잡지식 한 조각, 생각하고 꺼내 먹어요

tvN 예능 프로그램 〈알아두면 쓸데없는 신비한 잡학사전 1, 2〉 비평

오정미

왜 우리는 쓸데없는 지식에 열광하는가

3시간 6분. 우리나라 국민의 하루 평균 여가시간이다. 바쁘고 피곤한 한국인. '경제성장'이라는 영광의 불빛에 가려진 한국인의 또 다른 이름이다. 우리는 매일 자기 계발은커녕 문화생활을 할 시간조차 없다. 요즘 '문화생활을 한다'는 것은 시간적으로도 경제적으로도 여유로운 삶을 누리고 있음을 뜻한다. SNS에 미술관, 영화관, 독서 인증 숏이 올라오는 이유도 현재 문화생활이 '과시'할 수 있는 행위가 되었기 때문이다. 그래서 '스낵 컬처'라는 문화 소비 트렌드가 새롭게 떠올랐다. 현대인들은 과자를 먹듯 짧은 시간에 '문화욕구(文化慾求)'를 채운다. tvN 예능 프로그램 〈알쓸신잡(알아두면 쓸데없는 신비한 잡학사전)〉 또한 바쁜 현대인의 문화욕구를 채워주는 스낵 컬처의 집합체, '종합선물세트'라고 할 수 있다.

　'알쓸신잡'은 강연 콘텐츠를 예능 프로그램으로 탈바꿈한 대표적인 사례라고 할 수 있다. 그러나 〈알쓸신잡〉은 JTBC 〈차이나는 클라스〉, OtvN 〈어쩌다 어른〉과 같은 기존 강연형 예능 프로그램과는 달랐다. 〈알쓸신잡〉은 강연자의 지식을 '여행'과 '수다'라는 시청자가 쉽게 접근할 수 있는 콘텐츠에 녹여 강연에 대한 시청자들의 거부감을 낮췄다. 우리는 여행을 떠난 4명의 지식인들이 수다를 떠는 모습을 엿보며 관음적 쾌락과 함께 그들의 대화 속 '잡지식' 또한 얻어간다. 그들이 말하는 '쓸데없는' 이야기는 스낵 컬처 한 조각만으로도 지적인 포만감을 느끼는 현대인들의 '쓸 데 있는' 지식이 된다.

우리 꼰대가 달라졌어요

프로그램 속에서 유시민, 황교익 등 우리나라 지식인으로 대표되는 4인은 작가, 교수가 아닌 친근한 '아재' 이미지로 다가온다. 매번 여행지의 유명한 빵을 사오는 황교익을 '빵셔틀'로, 유명 물리학자인 정재승을 '막내', '곰돌이'로 표현함으로써 그들이 기존에 가지고 있던 사회적 권력을 전복시키며 시청자들에게 묘한 쾌김을 준다. 득히, 유시민과 정재승이 토론을 하다가 유시민이 논리적 오류를 인정하고 자신의 입장을 수정하는 장면은 자기주장이 강하고 고집이 센 '꼰대' 이미지를 탈피하는 것처럼 보인다. "사실은 그 장면이 저한테는 감동적이었어요. 왜냐면 보통은 고집을 밀고 나가거든요. …… 보통 그렇게 유연한 사고를 하시는 분은 많지 않죠"라는 정재승의 말이 이를 뒷받침한다. 그뿐만 아니라, 여행지까지 운전할 사람을 가위바위보 게임으로 뽑기도 하고, 출연진 중 최고 연장자인 유시민이 고기를 굽거나 직접 요리를 해서 출연진의 저녁을 책임지는 소소한 설정은 우리의 일상생활에서 연장자를 대우하는 방식과는 거리가 멀다. 이렇게 그들이 기존의 권력을 버리고 '망가지는' 듯한 설정은 시청자가 느끼는 지식인에 대한 심리적 거리를 좁혀주는 역할을 한다.

오히려 그들은 순수한 어린아이처럼 보이기도 한다. 빈대떡집에서 자신들의 마음 한편에 자리하고 있는 시를 서로 읽어주며 감성에 젖기도 하고, 어린 시절 가장 강렬한 기억에 대해 이야기를 나누다가 울컥해 눈물을 흘리기도 한다. 이런 그들의 모습은 시청자들에게도 공감과 감동을 주었다. 실제로 〈알쓸신잡〉은 tvN의 핵심 타깃 연령층인 20~30대에게도 많은 사랑을 받았는데 이는 평균 나이 51세인 프로그램의 출연진이 20~30대의 젊은 청춘들에게 불통의 의미인 '꼰대'보다는 소통하고 공감할 수 있는 이 시대의 '멘토', 또는 젊은이들과 비슷한 처지에 있는 '동료'처럼 느껴진다는 사실을 방증한다.

단상 없는 강연의 치명적인 유혹

그러나 우리는 프로그램 이면에 있는 헤게모니의 위험성을 주시할 필요가 있다. 표면적으로는 이 프로그램이 강연자의 전통적 권위를 무너뜨리고 시청자가 자신과 동등한 입장에서 그들을 바라보게 하는 것처럼 보인다. 하지만 실제로 그들은 방송에 출연하고 대중에게 친숙한 이미지를 쌓으며 기존의 '지식인'이라는 사회적 위치에 '셀러브리티'가 가지고 있는 '유명세'라는 권력을 얻게 된다. 〈알쓸신잡〉이 방영된 후, 출연진의 저서가 베스트셀러가 되었고, 프로그램이 종영된 후에도 TV 토론 프로그램이나 강연 프로그램, 오프라인 토크콘서트에서 그들을 자주 볼 수 있게 되었다. 한 자선 경매에서 정재승 박사의 강의권이 210만 원, 유현준 교수와의 식사권이 95만 원에 낙찰될 정도로 그들의 인기는 점점 치솟았다. 그들은 단순한 지식인이 아닌 '인기 있는 지식인'이 되었다.

이는 오히려 그들이 가지고 있던 사회적 위치를 더욱 공고히 하는 기능을 하며 시청자들로 하여금 그들의 지식과 의견을 객관적으로 보기 어렵게 만든다. 예전에는 단상에 올라서 있는 강연자의 물리적인 위치가 청중에게 위압감을 주는 동시에 강연자에게 '말할 수 있는' 권위를 부여했다면, 미디어가 재생산한 〈알쓸신잡〉 속 지식인들의 권력은 통영 다찌집이나 전주 막걸릿집과 같은 단상 없는 강연장에서 실현된다. 그들의 권력은 헤게모니처럼 시청자의 의식에 자연스럽게 스며들어 대중의 무비판적 수용을 이끌어낼 수 있다는 우려가 있다.

알고 보면 여성 없는 잡학사전

그래서 그들이 '여성'을 이야기하는 상황이 더욱 아이러니하게 느껴진다. 그들은 신사임당을 단순히 현모양처, 율곡의 어머니로 한정시켜 표현하는 오죽헌 안내문에 분노하고, 허난설헌의 삶과 재능을 억압한 조선 사회의 가부장제를 비판했다. 지적으로 탁월했기 때문에 마녀로 몰려 죽음을 당한 중세의 여인들을 대변하기도 했다. 그들은 여성 인권을 이야기하고 여성의 입장을 대변하는 것처럼 보이지만 정작 〈알쓸신잡〉에서 여성의 목소리는 존재하지 않는다. 걸그룹 멤버가 '여성은 무엇이든 할 수 있다'는 메시지가 부착된 핸드폰 케이스를 가지면 바로 사회적인 논란이 되지만, 남성 지식인이 방송에서 '여성 인권'에 대해 이야기하면 설득력이 강해지고 대중은 오히려 더 자연스럽게 받아들인다. 이는 '여성이 말하는 여성의 이야기'보다 '남성 지식인의 입을 빌린 여성의 이야기'가 사회적으로 더욱 통용되고 있다는 사실을 우리에게 시사한다.

'뭘 하든 다 되는' 나영석 PD표 예능 프로그램 중에서 여성이 주연으로 등장한 프로그램은 많지 않다는 점이 아쉽다. 여성이 패널로 등장하는 〈알쓸신잡〉은 어떨까? 누군가는 현 상황에서 유시민을 능가할 만한 여성 지식인 '스타 플레이어'는 없다고 말한다. 하지만 '셀러브리티'는 태어나는 것이 아니라 만들어지는 것이다. 현재 미디어에 등장하는 여성 지식인은 생활 정보 프로그램의 가정의학과 의사, 영양사, 요리사로 한정적인 영역에서 존재할 뿐, 정치·사회·인문학적 분야에서는 두각을 나타내지 못하고 있다. 이것이 비단 여성 지식인이 가지고 있는 능력 부족의 문제일까? 아니다. 미디어, 특히 예능 프로그램에서는 '여성 지식인'이라는 캐릭터가 아직 확립되지 않았기 때문이다. 이것은 남녀노소 불문하고 온 국민의 사랑을 받는 나영석 PD 예능 프로그램의 한계이자 새로운 도전 과제가 될 것이다.

스낵 컬처, 그 안의 성분부터 따져보자

〈알쓸신잡〉이 유익하고 재미있는 프로그램임은 확실하다. 더불어 〈알쓸신잡〉은 우리나라 사람들이 인문학을 소비하는 방식을 바꾼, 사회적으로 영향력 있는 프로그램이었다. 포털 사이트에 〈알쓸신잡〉을 검색하면 〈알쓸신잡〉의 여행 코스를 그대로 따라서 여행한 블로그 글이 즐비하고, 〈알쓸신잡〉에서 소개한 책들은 바로 실시간 검색어로 등장하거나, 베스트셀러가 되기도 했다. 또, '잡지식' 열풍이 불어 여러 마케팅 업체에서는 'ㅇㅇ에 대한 쓸데없는 지식'이라는 제목으로 이른바 '짤'이라고 불리는 동영상 클립이나 카드뉴스를 제작하기 시작했다. 〈알쓸신잡〉과 비슷한 포맷의 오프라인 토크콘서트도 우후죽순 생겨나고 있어 자신이 가지고 있는 잡지식을 공유하는 장 또한 형성되고 있다.

　이처럼 〈알쓸신잡〉의 문화적 기반인 스낵 컬처 콘텐츠는 접근성이 높은 만큼 파급력 또한 강하다. 그렇기 때문에 더욱 주의해야 한다. 사람들이 자주 찾고 쉽게 손이 가는 문화 콘텐츠를 만드는 제작자들은 프로그램 속 정보가 시청자들에게 복잡하고 다양한 방식으로 받아들여질 수도 있다는 사실을 인지하고 콘텐츠의 내용에 더욱 심혈을 기울여야 한다. 시청자 또한 콘텐츠가 제공하는 정보의 사실 판단을 차치하거나 제작자에게 무조건적으로 의지하기보다는 능동적으로 지식을 분별하여 받아들이는 '비평적 거리'를 유지하는 것이 오늘날 스낵 컬처를 향유하는 현대인의 바람직한 자세일 것이다.

〈친애하는 판사님께〉를 통해 제시되는 사회의 문제

김성훈

〈친애하는 판사님께〉는 SBS에서 방영한 총 32부작의 드라마이다. 이 프로그램은 법률드라마로써 기존의 법 관련 드라마와는 다른 모습을 보여준다. 이 드라마에서는 훤칠한 외모와 비상한 두뇌 모든 것이 똑같으나 사는 삶이 전혀 다른 쌍둥이 형제의 모습을 보여준다. 서로에 대한 부러움이 미움을 쌓게 되고 그 결과 한 사람(한강호)은 교도소에 들어가고 한 사람(한수호)은 법의 심판관인 판사가 된다. 하지만 갑자기 형 한수호가 사라지게 되고 그 자리를 전과 5범인 동생 한강호가 대신하면서 스토리가 이어진다. 컴퓨터처럼 양형의 기준을 벗어난 판결이 단 한 번도 없었던 한수호와는 달리 자신의 경험에서 쌓은 법률로 전례가 없는 통 큰 판결을 하는 동생 한강호의 모습을 보여주게 된다.

이 드라마를 신화적 구조를 바탕으로 비평해볼 때 가장 기본적으로 도플갱어라는 구조로 비평할 수 있다. 일반적으로 도플갱어란 자신과 똑같은 존재로 알려져 있지만 문학에서 이를 차용할 때 쌍둥이의 요소로 사용하는 경우가 몇몇 있음을 볼 수 있다. 드라마에서 형 한수호와 동생 한강호는 외모와 두뇌가 같은 도플갱어로서 등장한다. 당연히 그에 대해 쌍둥이라는 기반을 가지고 있다. 쌍둥이의 같은 조건 속 다른 상황의 모습을 보여주면서 드라마는 두 인물 간의 차이를 극대화시켜 보여주고자 함을 알 수 있다. 오히려 일반적인 형제의 모습을 통해 이 드라마를 이끌어갔으면 시청자들의 관심을 사기는 힘들었을 것으로 예상된다. 하지만 도플갱어라는 신화적 구조를 사용함으로써 이야기의 구조를 이끌어가는 동시에 시청자들의 관심을 확실히 사는 데 영향을 주었다고 판단된다. 하지만 여기서 흥미로운 사실은 드라마의 구성적 요소에서 두 인물은 도플갱어적 성격으로 설정되었지만 이야기의 진행 과정에서 두 인물은 서로의 존재에 대해 부정적으로 생각한다는 것이다. 작중 두 인물의 어머니가 동생 한강호의 호적을 친척의 호적으로 옮김으로써 두 인물이 서로를 부정하는 것이 극대화되어짐을 알 수 있다. 어머니는 명목상 친척의 양자가 필요해 옮겼다는 구실을 가지고 있지만 두 인물 사이에서는 해당 사건으로 인해 서로가 서로를 부정하게 되는 구실점이 되었다고 판단한다. 그때부터 서로는 서로의 존재를 부정하며 형 한수호는 외동이라는 점을 사회에 알리고 다니며, 동생 한강호는 마음의 상처를 안고 주민등록등본을 항상 가슴팍에 지니고 다닌다. 이러한 대치 구조가 지속되다가 작품 최종회에서 동생 한강호가 한수호에게 처음으로 '형'이라는 단어를 사용하면서 두 인물 간의 화해의 모습을 보여준다. 일반적으로 도플갱어는 발견하고 놀라고 적응하는 단계를 유지한다면 이 작품에서는 부정하고 받아들이는 모습을 보여준다. 이러한 대치 구도 또한 시청자들이 드라마를 보는 데 있어서 두 인물의 갈등을 보여주는 극명한 사례라고 생각된다.

두 번째 신화적 구조는 선과 악의 대립 구조이다. 작품 내에서의 선과 악의 구조는 시청자들도 명확히 알 수 있다. 법이라는 매개체 위에 확실한 두 인물의 차이를 보여주기 때문이다. 선의 역할을 하는 판사(한강호)는 법과 정의라는 무기로 선을 행하는 자이며 이에 대립하는 악의 역할은 돈으로 모든 것을 해결하려 하는 오성그룹 전무(이효성)이다. 선과 악의 대립에는 반드시 개연성과 명분이 필요하다. 이러한 개연성과 명분을 드라마의 스토리는 모두 가지고 있기 때문에 선과 악의 대립을 극명히 표현해주고 있다고 판단된다. 대표적인 예시로 원래 한강호가 한수호의 역할을 대신하기 전까지 한수호는 이효성과 같은 길을 걷고 있었다. 이러한 상황에 못마땅한 한강호는 이효성과 대립하게 된다. 이효성의 재판을 두고 이효성은 한강호에게 쉽게 가자며 백지수표를 제시한다. 이는 한강호의 역할인 판사가 가지고 있는 권리를 돈으로 해결하려는 악적인 모습을 보여주는 것이라 할 수 있다. 하지만 이에 한강호는 백지수표에 떡볶이 값 2만 3000원을 적어 주면서 이효성과 극명히 대립하려는 모습을 보여주게 된다. 그리고는 이효성에게 징역 7년을 선고하게 된다. 이러한 모습은 정의 구현적 구조로 볼 수 있지만 관점을 다르게 볼 시 선과 악의 대립으로 볼 수 있다고 판단했다.

세 번째 신화적 구조는 정의이다. 자세한 신화적 사례를 알지 못해 들진 못하지만 신화를 보면 다양한 정의와 관련된 사례가 나온다. 흔히 말하는 저승세계에는 염라대왕이라는 존재가 있다. 이 존재가 저승의 사회적 여건에 의해 올바른 판결을 내리지 못하는 경우는 없다. 항상 정의에 입각해 심판을 내리며 로마신화의 정의의 여신 유스티티아(Justitia)도 한국의 법조계를 상징하는 존재로서 정의로운 심판을 이야기하고 있다. 드라마 내용 중 마약과 폭력과 연관되어 피고인 신분으로 나와 있는 오성그룹 전무 이효성을 정의 구현한 사례를 예로 들 수 있다. 오성그룹 전무 이효성은 사회적으로 많이 알려져 있는 공인 신분으로서 매번 무죄가 선고되지만 뒤로는 모두가 범죄를 저지른 범인이라는 사실을 알고 있었다. 하지만 국내 1위 로펌 변호사의 변호를 받으며 뒤로는 돈을 대량 유통하여 매번 법의 심판을 빠져나가는 상황이었다. 그럼에도 불구하고 형의 신분을 대신하는 판사 한강호는 변호사와 검사가 사건을 마무리 지으려는 상황 속에서도 진실된 증거와 공판으로 정의 구현하는 모습을 보여준다. 뒤로는 판사에게 돈을 주려고 매수하는 상황도 벌어졌지만 판사 한수호는 그러한 상황에 휘둘리지 않고 정의를 구현하는 모습에서 이와 같은 신화적 구조를 발견할 수 있었다. 작품 속 상황에서 정의를 구현한다는 것은 사회의 부조리를 바로 잡겠다는 뜻을 내포하고 있다고 생각한다.

　하지만 모든 현실이 그렇듯 이러한 상황에서 나타날 후폭풍은 오히려 사회를 힘들게 만들 수도 있다. 이러한 점은 이데올로기의 구조적 관점에서 살펴볼 수 있는데 먼저 자본주의의 계급구조라는 측면에서 바라볼 수 있다. 바로 위의 사례를 연장해서 예시로 들어보자면 판사가 오성그룹 전무에게 징역 7년이라는 선고를 하게 되자 해당 사건의 피해자인 오성그룹 하청업체 근로자는 우선 직장에서 해고되고, 하청업체도 오성그룹의 하청업체 리스트에서 제외된다. 이러한 사례는 현실에서 나타날 수 있는 사례들 느라마에서 직접적으로 보여주는 것이라고 생각된다. 이러한 상황 때문에 시청자들은 드라마에 더욱더 공감하게 되고 오성그룹에 대해 비판할 수밖에 없을 것이다. 실제로 벌어질 수 있는 일을 보여주는 것은 드라마의 특성상 독특할 수 있다는 생각이 든다. 보통 드라마를 보는 시청자들의 마인드는 대리 만족을 위해 보게 된다. 정의 구현이라는 대리 만족을 보여줌과 동시에 현실 반영의 모습도 보여줌으로써 일반적인 상식을 벗어나는 연출이라고 생각된다. 그럼에도 불구하고, 사건 피해자의 "왜 그러셨어요?"라는, 피해자의 입장을 대변해주는 대사를 통해 자본주의의 계급구조 간 지속적인 굴레의 현실적인 모습을 제시하기도 한다. 판사와 판사시보에게 왜 그렇게 정당한 판결을 내렸느냐는 말을 하면서 정의라는 명목이 피해자에게 존재하는 것이 아니라 판사 개인에게 씌여진 정의의 모습을 보여주기도 한다. 우리 사회에서 나타날 수 있는 상황 속에서 정의의 주체는 누구인가라는 메시지를 전달함으로써 현대사회를 비판한다. 어떻게 보면 이 드라마의 핵심, 중심이라고도 생각되어진다. 피해자와 가해자 그리고 판사 간의 삼각 구도에서 정의라는 이름으로 실현되는 재판과 법이라는 것은 진정으로 누구에게 입각되는 표현이며 어떠한 선택이 정의의 선택인가라는 문제를 제시해준다고 판단된다.

또한 해당 드라마 〈친애하는 판사님께〉는 현 사회를 지배하는 법치주의와 자본주의의 대립을 보여주는 극명한 드라마라고 생각된다. 앞서 계속 말했다시피 법치주의의 집행자 판사와 자본주의 최고점에 있는 오성그룹 전무의 갈등을 보여줌으로써 법치주의와 자본주의가 대립하는 모습을 보여준다고 생각했다. 법치주의의 최고 가치인 법으로 통제하는 사회, 자본주의의 최고 가치인 돈으로 이루어진 사회. 이 두 사회 간의 모습을 각각의 배우로 빗대어 보여줌으로써 옳고 그름의 관념을 보여주는 것이라 판단했다. 이럴 경우, 비판할 소지도 충분히 있다고 생각된다. 하지만 〈친애하는 판사님께〉는 하나의 사건을 통해서 전체 스토리를 이어가며 한정된 대립을 보여준다는 생각이 들었다. 물론 우리 사회 속 두 개념, 자본주의와 법치주의가 대립하는 사건들은 무수히 많겠지만 모든 사건을 다루는 것이 아닌 자본주의의 행패 속에서 법치주의의 방향성에 대해서도 보여주는 사례라 생각된다. 어떻게 보면 일반 시청자들의 공감을 사는 정의 구현을 보여주는 것이라 생각되지만 법치주의를 이끌어가는 법조계 인사들에게 강력한 일침을 날리는 드라마라고도 생각된다. 법조계에 종사하는 사람들은 현실적으로 이 드라마에 대해 매우 불쾌할 수 있다고도 생각된다. 드라마의 내용상 법조계의 인사들이 자본주의에 휘둘려 제대로 되지 못한 재판을 하고 정의를 실현하지 못하는 모습을 많이 보여주기 때문에 그럴 수 있다는 생각이 들지만 그럼에도 불구하고 모두가 아는 사실, 돈으로 사회가 굴러간다는 사고를 비판하는 드라마라고도 생각된다.

〈친애하는 판사님께〉라는 드라마를 보며 여러 감정이 나의 내면에서 부딪치는 것을 느낄 수 있었다. 신화적 구조와 이데올로기적 구조를 고민해보기 이전에는 단지 피고인에게 정의 구현하는 판사가 멋있다고 생각되었다. 하지만 신화적·이데올로기적 비평을 하면서 드라마를 새롭게 바라볼 수 있다는 점이 나에게는 새롭게 다가왔다. 또한 신화적·이데올로기적 요소는 미디어의 텍스트를 작성할 때 분명히 들어가야 하는 요소라는 점을 깨닫게 되었다.

드라마 〈미스 함무라비〉를 통해 본 대한민국의 상식과 정의

김민규

대한민국에서 법정드라마는 크게 인기 있는 장르는 아니었다. 하지만 2018년 상반기에는 〈슈츠〉, 〈검법남녀〉, 〈무법 변호사〉, 〈미스 함무라비〉까지 법정드라마가 많은 주목을 받았다. 법정드라마가 유행하고 성공하게 된 것에는 많은 이유가 있지만 그중 최순실·박근혜의 국정농단 사태로 인해 국민들의 법에 대한 관심이 높아진 점, 법 용어가 미디어를 통해 많이 노출되어 국민들에게 법 용어 리터러시가 생긴 점을 대표적인 법정드라마의 성공 요인으로 볼 수 있다. 그 결과 〈슈츠〉, 〈검법남녀〉, 〈무법 변호사〉의 평균 시청률은 6.6%에서 8.91%에 달하는 등 선전했고 〈미스 함무라비〉의 평균 시청률은 3~4% 정도였다. 다른 세 가지 법정드라마와 비교해 시청률 측면에서 드라마 〈미스 함무라비〉는 실패했다고 볼 수 있다. 하지만 드라마 〈미스 함무라비〉는 기존 한국 드라마와 다른 성격을 가진다는 점에서 주목할 만하다. 나는 그래서 드라마 〈미스 함무라비〉에 주목해보았다.

　　처음 드라마가 시작하기 전 〈미스 함무라비〉를 눈여겨본 이유는 여러 가지가 있다. 우선 현직 부장판사가 드라마 작가로 참여했다는 점, 그 부장판사가 그의 저서 『판사유감』과 『개인주의자 선언』으로 대중에게 많이 알려진 판사라는 점, 남자들의 세계라고 여겨지는 법정에서 박차오름(고아라 분)이라는 여자 주인공을 전면에 내세운 점, 함무라비라는 제목을 붙인 점 등이 흥미로웠다. 하지만 드라마가 진행될수록 제목에 나타난 두 가지 측면이 두드러져 보였고 더욱 주목해서 보게 되었다. 첫 번째로, 대한민국은 직업을 표현할 때 그 직업의 주체가 여성일 경우 직업 앞에 '친절히' 성별을 붙여주곤 한다. 〈미스 함무라비〉에서는 함무라비라는 황제의 이름 앞에 '미스'라는 호칭을 붙여 대한민국의 '상식적' 문법을 따르며 주인공이 여성임을 강조한다. 그리고 그 여성을 지금까지 드라마와는 다르게 표현하다. 두 번째로, 함무라비라는 황제의 이름을 사용한 점이다. 함무라비는 바빌론 제1왕조 황제의 이름이다. 2018년에 군이 기원전 황제의 이름을 사용한 이유가 무엇일까 궁금했다. 하지만 드라마를 보면서 함무라비의 이념을 떠올리자 작가의 의도를 파악할 수 있었다. 나는 드라마 〈미스 함무라비〉에서 가장 두드러지는 이 두 가지 측면을 주목해서 살펴보았다.

내가 〈미스 함무라비〉가 불편한 이유

표준국어대사전에서는 '상식'을 "'사람들'이 보통 알고 있거나 알아야 하는 지식, 일반적 견문과 함께 이해력, 판단력, 사리분별 따위가 포함된다"라고 정의한다. 하지만 최근 대한민국은 그런 상식들에 반감을 가지고 있는 세대가 등장했다. 세상은 이들을 '프로 불편러'라고 부른다. '프로 불편러'들은 지금까지 대한민국 사회에서 당연하게 받아들여지던 상식에 의문을 던지고 문제 제기를 한다. 인사치례로 서로에게 칭찬해주던 외모 칭찬에도, 업무의 연장이라고 당연하게 받아들이던 회식 문화에도 문제 제기를 한다. 현재 대한민국 젊은 세대는 기성세대 사이에서 당연하게 여겨지던 상식에 불만을 가지고 '불편'하다고 한다. 드라마 〈미스 함무라비〉는 그런 불편함에 주목했다. 드라마 〈미스 함무라비〉는 자신을 "실력 있고 매력 있는 젊은이들이 꼰대들의 사회에 당당히 도전장을 내밀고 승리하는 이야기"라고 소개하며 기성세대들이 가지고 있는 상식에 반기를 들 것을 선언한다. 그리고 극이 진행되는 내내 드라마 〈미스 함무라비〉는 대한민국 꼰대들의 사회에서 만연한 '상식'에 도전하고 그 권위를 위협한다.

드라마의 정체성은 1화에서부터 잘 나타난다. 출근 첫날부터 지하철 치한범을 잡고 미디어에 노출되는 사고를 친 '여판사'와 그녀를 야단치는 남자 부장판사. 여기까지는 대한민국의 '상식'선에서 이상할 게 없이 자연스럽다. 오히려 상식적으로 위엄 있어야 할 판사의 튀는 행동과 튀는 말투에서 불편한 거부감이 생긴다. 하지만 여판사에 대한 불편함은 그리 오래가지 못한다. 드라마는 그녀를 야단치는 과정에서 배경 음악을 통한 분위기, 극단적 화면 배치 그리고 과격한 대사를 통해 시청자에게 위화감을 조성한다. 이런 극적 장치로 장면에 위화감을 느낀 시청자는 자연스레 그 장면 속 부장판사, 즉 기성세대들이 가지고 있는 상식에 불편한 마음을 가지게 된다. 공직에 있는 공무원은 미디어에 노출되어 구설수에 오르면 안 된다는 상식, 부장판사 자리에 앉아 있는 남자 판사가 당연하게 자신의 배석판사들을 부장판사실에 불러서 야단칠 수 있다는 상식 등 여기까지가 시청자가 수용할 수 있는 상식이라고 할 수 있다. 하지만 "짧은 치마를 입고 다니니깐 그런 일(지하철 성추행)이 생기는 거 아니야", "여학생이면 여학생답게 조신하게 입고 다녀야지 여자는 여자로 태어나는 것이 아니야 여자로 만들어지는 거지" 등의 부장판사의 발언에서 시청자들은 기성세대들의 '당연한 상식'에 불편함을 느끼게 된다. 그런 발언들에서 불편함을 느끼게 된 시청자들은 모든 '상식'에 대해 의문을 품게 된다. 처음 박차오름 판사에게 느꼈던 불편함이 사회 '상식'에 대한 불편함으로 바뀐다. 불편함의 내포가 변하는 동시에 외연이 확장되는 순간이다. 왜 공무원은 정의를 실천하고도 국민에게 욕을 먹어야 하는가. 왜 신입 좌 배석판사가 한 실수로 군대처럼 조직적으로 줄줄이 야단을 맞아야 하는가. 드라마 〈미스 함무라비〉는 대한민국에 만연한 '상식'들을 의심하고 질문을 던진다.

〈미스 함무라비〉는 가족의 의미, 기업 문화 등 다양한 상식에 대해 이야기하지만 이 드라마에서 가장 주목할 점은 성별과 관련된 상식에 대해 말하는 점이다. 매회 다른 에피소드로 사회 곳곳에 있는 불편한 상식을 말하고 있지만 드라마를 크게 봤을 때, 사회가 여성과 관련되어 얼마나 불편한 상식을 가지고 있는지 말한다. 드라마 〈미스 함무라비〉는 정의감 넘치는 여판사 박차오름과 능력 있지만 미스터리한 이도연 속기관을 앞세워 사회 전반적으로 많은 차별을 당하고 있는 여성을 대표한다. 지금까지 한국 드라마에서의 여성은 사회에서 어압빋고 슬퍼할 때 백마 탄 왕자님이 구해주는 수동적인 여성으로 존재했다. 또 여성은 단순 로맨스의 대상이자 남자 주인공이 성장해나가는데 도움을 주는 조력자의 역할이었다. 하지만 〈미스 함무라비〉는 여성이 주체적이고 능동적으로 그 어려움에 마주하고 해결해나간다는 면에서 다른 한국 드라마들과 차별성을 가진다. 〈미스 함무라비〉에서는 계란으로 바위 치는 게 취미라는 여판사를 앞세워 주체적으로 상식에 저항한다. 박차오름 판사는 부장판사에게 저항하기 위해 파격적인 옷차림으로 출근하고 동료 여판사가 받은 부당한 처우를 개선하기 위해 단체 행동을 기획하고 부장판사의 부정 청탁을 고발하는 등의 주체적으로 행동한다. 이런 주체적인 여성 앞에서 남자 주인공인 임바른 판사는 오히려 수동적인 존재로까지 비춰진다. 박차오름 판사는 자연스러운 상식상 '초임 여판사'가 하기 힘든 일을 하면서 시청자에게 카타르시스를 느끼게 한다.

일찍이 롤랑 바르트(Roland Barthes)는 "현실의 거짓된 자연스러움이 참을 수 없이 느껴졌다"고 했다. 그는 『신화론』에서 현대의 신화를 말하는데 신화란 사회적으로 결정된 것이며 문화적·사회적·역사적인 것, 이데올로기적인 것을 자연적인 것으로 뒤집어놓는다고 했다. 드라마 〈미스 함무라비〉도 같은 관점에서 '자연스러운 상식'에 불편한 마음을 가진다. 드라마 작가이자 판사인 문유석은 그의 저서 『개인주의자 선언』에서 이렇게 말한다. "어른이 되어서 비로소 깨달았다. 가정이든 학교든 직장이든 우리 사회는 기본적으로 군대를 모델로 조직되어 있다는 것을. 상명하복, 집단 우선이 강조되는 분위기 속에서 개인의 의사, 감정, 취향은 너무나 쉽게 무시되곤 했다." 작가는 대한민국에서 '상식적'으로 용납되는, 흔히 일어날 법한 장면인 부장이 자신의 배석들을 혼내는 장면을 1화에서 보여주며 우리 사회의 '자연스러운 상식'에 의문을 던지고 시작한다. 이처럼 〈미스 함무라비〉는 회마다 다른 상식에 대해 의문을 던지며 그 '자연스러움'에 대해 다시 생각해볼 수 있는 계기를 마련한다.

"대등한 동료로서 서로를 인정하고 서로를 성장시키는 남녀 주인공, 이제는 한번 보고 싶지 않을까? 지금은 2018년이니까!" 드라마 〈미스 함무라비〉의 프로그램 소개 글이다. 이 소개에서 드라마의 의도가 잘 드러난다. 2018년에 맞게 남녀가 평등하다는 '불편한 자연스러움'을 인정하고 남녀가 아닌 동료로 서로 성장해가는 〈미스 함무라비〉. 처음엔 '자연스러운 상식'에 반하는 여판사 때문에 불편하지만 이야기가 전개될수록 당연하지만 당연하지 않은 대한민국의 상식을 알게 되면서 불편함을 느끼게 된다. 결국 우리는 드라마를 보는 내내 불편한 감정을 느끼게 되는데 이 불편함은 '자연스러운 상식'에 저항하는 시청자가 되어간다는 방증이 아닐까.

대한민국 사법부의 정의

위의 여러 행동을 보면 박차오름의 행동은 정의로워 보인다. 하지만 판사로서의 박차오름의 행동은 과연 정의롭다고 할 수 있을까? 판사는 한쪽으로 기울지 않고 법대로 공정한 판단을 해야 한다는 게 사법부의 정의다. 심지어 헌법에 판사는 사건에 개입하지 못한다는 조항도 존재한다. 그럼에도 법원 앞에서 시위를 하는 할머니에게 법률적 도움을 제공하고 법정에서 판사의 신분으로 변호사처럼 약자에게 유리한 질문을 하는 등 끊임없이 자신이 보기에 '약자'의 편에 서서 그들을 도와준다. 법적인 관점에서 불가능하고 설득력도 없는 부분이다. 여기서 주목해야 할 점이 있다. 이 드라마의 작가는 10년이 넘게 판사 생활을 한 현직 부장판사다. 그런 그가 이런 장면을 드라마에 넣은 이유가 무엇일까. 그는 판사 생활을 하면서 현실의 벽도 많이 느끼고 그 벽을 허물기 위한 수많은 고민도 했을 것이다. 그 고민들이 그의 저서 『판사 유감』에서도 잘 드러난다.

　만인 앞에 평등해야 하는 법이, 그 법을 시행하는 판사가, 단순히 '약자'라는 이유로 그들의 편에 서도 되는가. 자본주의의 논리에 따라

'기울어진 운동장'이 되어버린 법정에서 사법부는 어떤 입장을 취할 것인가. 궁극적으로 정의는 무엇이고 어떻게 정의를 실현할 것인가. 작가는 강자는 법을 잘 알거나 법을 잘 아는 사람을 이용할 수 있는 사람, 약자는 법을 잘 알지도 못하고 법을 잘 아는 사람을 고용할 능력이 없는 사람이라고 정의한다. 극 중 시골에서 음주운전을 하고 징역 5년을 선고 받은 할아버지와 대규모 사기를 치고 징역 5년을 받은 대기업 회장, 대기업에 편에 서는 판사들의 비합리적 판단을 통해 법의 형평성에 의문을 제기한다. 강자와 약자는 차이가 생기게 되는데 그렇다면 그 차이에서 생기는 불평등을 어떻게 해소할 것인가. 이 드라마는 그에 대한 현직 부장판사의 대답이다.

〈미스 함무라비〉라는 드라마 제목에 한 번 더 주목해보자. 함무라비는 바빌론 제1왕조의 황제이자 가장 오래된 성문법 중 하나인 함무라비 법을 제정한 통치자이다. 함무라비의 정치 이념은 신의 뜻에 따라 국가를 바로 세우고 풍요를 베풀며, 사회적 약자를 보호하는 '정의'를 실현하는 것이었다. 비슷하게 대한민국 헌법 11조에서 모든 국민은 법 앞에 평등하며 누구든 차별을 받지 않는다고 하고 있다. 모든 국민이 평등하면서 사회적 약자를 보호하는 '정의'는 어떻게 실현할 수 있을까. 현직 판사인 작가는 10년이 넘는 시간 동안 판사의 자리에 있으면서 이미 '기울어진 운동장'에서 그 정의를 어떻게 실현할지에 대해 끊임없이 고민한 끝에 함무라비의 정치 이념을 말한다. 〈미스 함무라비〉는 '사법부의 정의'를 사회적 약자를 보호하고 대한민국의 헌법대로 사회적 약자와 강자의 구분 없이 똑같이 법 앞에 평등하게 만드는 것이라고 말하고 있다.

〈미스 함무라비〉는 13화에서 박차오름 판사를 통해 이에 대한 해결책을 제시한다.

저는 법관으로서 어느 한쪽으로 기울어진 판단을 하자고 말씀드리는 게
아닙니다. 판단은 중립적으로 해야죠. 저는 다만 약자의 입장도 알아주셨
으면 하는 겁니다. 강자가 주는 술을 마다할 수 없는 입장, 강자가 보낸 문
자에 본능적으로 웃는 이모티콘을 붙여서 답장을 하게 되는 입장, 곧바로
경찰서를 찾아가지 못하고 망설이게 되는 입장. 이런 게 약자의 입장 아닐
까요. 그렇다고 피해자의 말이 맞다고 단정 짓는 것이 아닙니다. 피해자
의 입장에서는 그렇게 행동할 수도 있다고 말씀드리는 겁니다. 이런 가능
성도 판단 대상에 넣어야 되니까요.

극 중 박차오름 판사를 이용해 원론적이고 이상적이지만 그 답은
판사에게 달려 있다고 말한다. 판사는 사회구조적으로 생길 수밖에 없
는 차이를 인정하고 사회적 약자를 보호해야 한다는 생각을 가져야 한
다. 법은 공평해야 하지만 약자가 그렇게 행동할 수밖에 없다는 가능성
을 인정하고 이해해주는 것, 그 가능성을 인정하면서 시작하는 사소한
생각의 전환이 '기울어진 운동장'을 바로잡는 방법이라고 말한다. 흔히
대한민국 사법부를 지나친 온정주의라고 비판한다. 하지만 온정주의를
취하지 않는다면 기울어진 운동장을 바로잡을 수 없다고 판사는 변명이
자 국민을 향한 설득을 한다. 그런 판사들의 노력이 모여서 대한민국의
모든 국민은 진정으로 법 앞에서 평등해질 수 있을 것이다. 현직 부장판
사가 오랜 고민 끝에 결론내린 판사가 사회 정의를 실현하는 방법이자
해답이다.

대한민국의 상식과 정의

그렇다면 왜 드라마는 박차오름 판사의 무모함으로 극을 이끌어갈까. 박차오름 판사를 무모한 성격을 가진 여판사로 설정한 것에는 두 가지 이유를 생각해볼 수 있다.

첫 번째로 주체적인 여성의 상징으로 박차오름 판사와 이도연 속 기관을 전면에 내세우는 것을 시작으로 대한민국 전반에 만연하게 퍼져 있는 남성 중심 사회에 불편함을 표한다. 지금까지의 다른 한국 드라마들과 달리 〈미스 함무라비〉는 여성 주인공이 주체적으로 사건을 이끌어가고 해결해나가게 한다. 이때, 주변 남성 캐릭터들은 그녀를 도와주는 조력자의 역할에 머문다. 이 또한 대한민국 사회와 미디어에서 여성의 지위에 대한 '자연스러운 상식'에 저항하기 위한 장치이다. 또한 여성을 의존적이고 무능력하게 표현하지 않고 주체적이고 능력 있게 설정함으로써 또 한 번 '자연스러운 상식'에 저항한다. 드라마 제목을 친히 〈미스' 함무라비〉라고 설정한 이유다.

두 번째로 무모한 '또라이' 박차오름 판사를 통해 현 사법부가 나아가야 할 방향을 제시한다. 극 중 박차오름 판사는 불공평하고 기득권에게 유리하게 조직되어 있는 그들의 '상식'에 끊임없이 저항한다. 이 과정에서 '또라이' 소리를 들으면서 철저하게 조직으로부터 고립된다. 조직의 논리에 순응하지 않는 무모한 '또라이'여야 현실의 부조리에 저항할 수 있다는 대한민국 법원, 더 나아가 우리 사회의 안타까운 현실을 보여준다. 하지만 극이 후반부를 향해 갈수록 박차오름 판사는 '사람을 변화시키는 힘'이 있는 판사라는 평을 받으며 점점 법원 사회의 분위기를 바꿔나간다. 결국 '상식'으로 가득 찬 사회에서 그 '상식'에 어긋나는 행동을 하는 것은 힘들고 외로운 일이지만 그 '또라이' 같은 일들을 하는 사람들에서부터 세상이 바뀐다고 믿는다. 그리고 드라마는 "하나의 밀알이 땅에 떨어지면, 그 수가 수백 수천 개가 된다", "계란으로 바위 치기 같지만 놀랍게도 아주 가끔은 세상이 바뀐다. 누군가 질문을 한다면. 꼭 해야 하는데 아무도 하지 않는 그런 질문을" 등의 대사로 무모한 대한민국의 많은 '또라이'들을 응원한다.

이쯤 되니 작가가 드라마 제목을 〈미스 함무라비〉라고 지은 이유가 명확해진다. '미스'를 통해 당연한 것이 당연한 것이 아니라고 말하고 싶었고 '함무라비' 황제를 통해 우리 법과 사회가 실현해야 할 정의를 말하고 싶었던 것이다. 즉, 드라마는 현재 기득권의 논리로 만들어진 대한민국의 '상식'이 과연 옳은 것인가에 대한 의문을 제기하고 옳은 것을 실현하기 위해서 판사, 법원, 사회는 어떻게 해야 하는가에 대해 말하고 싶었던 것이다. 드라마 속 주인공들은 이야기 전개에 따라 점점 '자연스러운 상식'에 저항하고 '정의'를 실현해나가며 발전한다. 박차오름 판사를 시작으로 점점 법원 사람들에게 변화가 생기기 시작한다. 갑작스럽지 않고 자연스럽고 서서히 바뀌는 법원 사람들의 태도는 흡사 드라마를 보며 점점 사회의 상식에 의문을 가지게 되는 시청자를 표현한 듯하다. 드라마 마지막 회에 국민참여재판 이야기를 넣은 것도 우연이 아니다. "사실은 어디에도 없을 것 같지만, 어디에도 있는 우리들의 영웅 이야기"라며 이두연 속기관이 카메라를 보고 "수고하셨습니다"라고 말하며 드라마는 끝이 난다. 이는 국민에게 (더 정확하게는 드라마를 통해 상식에 의문을 가지게 된 시청자들에게) 그들의 인식 변화에 대한 감사함을 표시하고 더 나은 미래를 위한 도움을 촉구하는 것처럼 보인다. 부장판사, 우 배석판사, 좌 배석판사였던 "한세상, 임바른, 박차오름". 이들의 이름처럼 우리 대한민국도 같이 노력하며 조금 더 나은 사회를 만들어보자는 작가의 진심이 느껴지는 드라마다.

한국 법정드라마에 '여성'의 목소리가 흘러나오기 시작했다

KBS 〈마녀의 법정〉

나윤채

1996년, 한 여성이 투신자살했다. 성 고문 피해자였다. 피해자의 삶은 지옥 그 자체였다. '그럼 가해자는?' 가해자는 아무런 처벌도 받지 않았다. 가해자는 권력을 이용해 미꾸라지처럼 빠져나갔고, 사건은 그렇게 묻혔다.

가해자 조갑수(전광렬 분)를 처벌하기 위해 검사 민지숙(김여진 분)은 백방으로 뛰어다녔다. 민지숙은 제보자를 찾아다녔고, 또 다른 성 고문 피해자인 곽영실(이일화 분)이 증거를 들고 그녀에게 연락을 해왔다. 하지만 이 둘의 만남이 이루어지기 직전, 조갑수가 곽영실을 발견하고, 그녀를 납치했다. 영문도 모른 채 한순간에 엄마를 잃어버린 곽영실의 딸 마이듬(정려원 분)은 한없이 엄마를 찾아다녔다.

그렇게, 20년이 흘렀다. 엄마를 찾기 위해 마이듬은 검사가 됐다. 그런데, 그동안 우리가 봐왔던 검사들과는 조금 다르다. '여성'이고, '진취적'이며, '야망 있는' 검사다.

여성이 등장했다. 한국 드라마 속 법정에 말이다. 그것도 그냥 여성이 아니다. 검사다. 그저 그런 검사가 아니다. 진취적이며, 야망이 있는 검사다. 그동안 대부분의 한국 법정드라마에서 검사 역할이 남성의 차지였던 것을 생각해본다면, 주인공이 '여성'이라는 사실만으로도 획기적인 변화다. 그런데 이를 넘어서서, '야망 있는' 여성 주인공이라니……. 조력자 역할에 머물러 있던, 다소 수동적 역할을 맡았던 그동안의 '여검사'와는 확실히 다르다.

앞서 말했듯, KBS 〈마녀의 법정〉 속 주인공은 여성 검사다. 그뿐만 아니라 20년도 넘은 성 고문 사건을 해결하기 위해 동분서주한 이도 여성 검사다. 배경이 되는 부서는 여성아동범죄 전담부다. 부서 구성원의 절반 이상이 여성이다. 드라마를 관통한 줄기는 여성을 상대로 한 성 고문 사건이다. 드라마의 각 회차에서 다뤄지는 사건 역시 성범죄다.

다른 드라마들과는 다른 '여성' 검사가, 다른 드라마들에서는 그다지 회자되지 않았던 '성범죄'를 다룬 특이한 드라마 〈마녀의 법정〉. 성범죄를 소재로, 여성 검사의 목소리를 전면에 내세운 〈마녀의 법정〉이 우리 사회에 던지는 메시지는 무엇일까?

'여성 검사' 마이듬, 한국 법정드라마의 고정관념을 탈피하다

'여성 검사' 주인공. 그녀의 존재가 가지는 의미는 무엇일까?

첫째, 남성 중심으로 그려지던 한국 법정드라마에서 '여성'의 목소리를 담아냈다. 양적으로 봤을 때, 한국 법정드라마 대부분의 주인공은 남성이다. 이러한 상황에서 '여성' 주인공은 그 존재 자체만으로도 특이하다. '법정드라마 = 남성 검사 이야기'라는 틀을 깬 것이다. 또한 마이듬뿐만 아니라 해당 부서에는 여성 검사가 셋, 여성 수사관이 하나 등장하는데, 양적으로만 따져보더라도 이는 여성의 등장이 크게 증가한 것이다. 또한 이들은 사건 해결의 전면에 나선다. 여성 등장 비율이 양적으로 늘어났다고 해서 그들의 목소리를 대변할 수 있다고 확신할 수는 없지만, 그래도 그 수가 적은 것에 비해서는 더 다양하게 여성들의 목소리를 들을 수 있기 때문에 〈마녀의 법정〉은 여성들의 등장만으로도 큰 상징성을 가진다.

둘째, '여성'이라는 이유만으로 가지는 불이익에 대해 반감을 표한다. 우리는 마이듬이 여성이라서 겪는 일에 주목해야 한다. 드라마의 처음부터 끝까지, 마이듬은 능력 있는 검사로 통한다. 선배 검사들도 어려워하는 사건을 금방 해내고야 마는 그녀이지만, 그녀에게는 큰 걸림돌이 있다. 바로 '여성'이라는 것이다. 실적을 쌓고도 언론의 스포트라이트를 받는 것은 선배 남성 검사이다. 자신의 공을 가로채 주목을 받고 있는 선배를 보며 마이듬은 속으로 울부짖는다. '왜 이럴 때만 나를 여자로 보는데!'

'여성'이 직장에서 좋지 않은 서열로 자리매김한 현실을 꼬집는 대목이다. 이렇게 〈마녀의 법정〉은 우리 사회의 현실을 직접적으로 비판한다. 그리고 이후 마이듬이 자신의 공을 통쾌하게 되찾으며, 직장 내 성별에 따른 잘못된 서열을 시원하게 어그러뜨린다.

셋째, 남녀에 관한 고정관념을 탈피했다. 드라마에서 큰 역할을 맡은 검사는 세 명이다. 주인공 마이듬, 그를 보조하는 여진욱, 그리고 이 둘을 이끄는 민지숙이다. 그런데 이 셋의 성격을 보고 있으면 의아한 점이 생긴다. 여성인 마이듬은 진취적이며 이타심이 부족한 인물로, 민지숙은 이성적이고 논리적인 인물로, 남성인 여진욱은 공감 능력이 뛰어난 인물로 그려냈다. '여성은 감성적 공감 능력이 뛰어나고, 남성은 이성적이며 냉철하다'라는 드라마 속 공공연한 사실을 뒤엎은 것이다. 남·여의 이분법을 깬 덕분에 시청자들은 드라마 속 캐릭터의 성별에 구애받지 않고 각각의 개성 뚜렷한 인물로 등장인물들을 바라보게 된다.

마이듬, 여성의 시선으로 '성범죄'를 논하다

〈마녀의 법정〉은 여성 검사가 주인공이다. 덕분에 성범죄에 대한 메시지를 전달하는 데 그 덕을 톡톡히 보았다. 때로는 여성이 자신과 동성인 여성에 대해 객관적으로 비판했고, 때로는 여성 자신이 피해자가 되어 여성의 시선을 대변했기 때문이었다.

〈마녀의 법정〉 2화에서는 '여교수 강간미수 사건'을 다룬다. 여교수가 제자에게 강간을 당하다 미수에 그친 사건이었다. 사람들은 당연히 '여성이 피해자'라고 생각했고, 모두들 '여성이 약자'라며 피의자의 말에 귀 기울이지 않았다. 하지만 조사 결과, 해당 사건은 여교수가 직책을 이용해 남성 제자를 성추행한 사건이었다.

"악힌 여자라고 하면 나 믿을 술 알았습니까?" 시청자들은 머리를 땅 하고 맞은 듯 아팠을 것이다. 성범죄의 피해자가 대부분 여성인 것은 사실이지만, 우리 사회는 성범죄에 '남성 = 가해자', '여성 = 피해자'의 틀을 씌우는 경향이 있다. 〈마녀의 법정〉이 이를 보기 좋게 반박한 것이다. 여성이 말했다. "성범죄의 피해자가 꼭 여성일 것이라는 고정관념은 버려라"라고. 같은 성을 가진 여성이 말한 이 당연한 사실은, 우리에게 강한 충격으로 돌아왔다.

그뿐만 아니다. 3화에서는 '일반인 몰래카메라(이하 몰카) 유출사건'을 다뤘는데, 그 과정에서 마이듬이 피해자가 되면서 시청자들은 그들의 아픔에 더 크게 반응한다. 자신의 몸이 유출되어 떠돈다는 것이 얼마나 큰 두려움을 주는지, 피해자는 어디를 가든 불안에 휩싸여 지옥 같은 하루하루를 보낸다는 것이 얼마나 큰 고통인지, 마이듬은 온몸으로 갑갑함을 표출해냈다.

몰카 피해자의 대부분은 여성이다. 그런데 이 피해자들에게, 우리 사회는 '정숙하지 못한 여성'이라는 프레임을 씌워주곤 한다. 그런데 이를 알면서도 〈마녀의 법정〉은 마이듬을 '몰카 피해자'로 만들었다. 주인공과 시청자와의 심리적 거리는 그 어떤 인물들보다도 가깝다. 그렇게 시청자와 끈끈한 유대관계를 형성한 인물이 몰카의 피해자라니……. 시청자들은 성범죄에 대해 경각심을 갖는다. 그리고 드라마를 보는 내내, 각자의 마음속에서 이러한 프레임을 산산조각 낸다. 마이듬을 비롯해 범죄의 피해자들은 정숙하지 못해 피해를 입은 것이 아니며, 그저 '피해자'일 뿐인 것이다.

〈마녀의 법정〉 3화는 요즘 큰 문제가 되고 있는 '리벤지 포르노'를 떠오르게 한다. 피해자의 마음을 대변하는 주인공이 피해자가 되면서, 시청자는 그 피해 사실을 더 직접적으로, 온몸으로 느꼈다. 제3의 인물이 아닌, 정서적 유대감이 더 가까운 주인공이 고난을 겪음으로써 시청자는 피해자에 더 공감하고, '리벤지 포르노'에 대해 더 경각심을 가지게 되는 것이다.

성범죄 고발의 걸림돌, '2차 가해'를 비판하다

그뿐만 아니라 〈마녀의 법정〉은 성범죄 고발의 걸림돌인 '2차 가해'에 대해서도 지적했다. 성범죄를 당했을 때, 피해자가 고발하지 못하는 이유는 무엇일까? 우선 가장 큰 이유는 다시 떠올리기 싫은 악몽을 떠올려야 하기 때문일 것이며, 가해자의 보복이 두려워서일 수도 있다. 그러나 그동안 우리가 고려하지 못했던 이유가 하나 더 있다. 바로 '2차 가해'이다. 2차 가해란, 성범죄 사실을 입증하기 위해 조사 과정에서 검찰에 의해 피해자가 겪는 2차 가해와 피해 사실이 공개되면서 언론 및 대중에게 당하는 2차 가해를 말한다.

〈마녀의 법정〉 2화에 등장한 '여교수 강간미수 살인 사건'에서 피해자는 동성애자이다. 피해자는 자신이 동성애자임을 밝히면 간단하게 끝날 재판에서 해당 사실을 밝히지 않는다. 사회의 시선이 두려웠기 때문이다. 이는 담당 검사 여진욱(윤현민 분)도, 부장검사 민지숙도 마찬가지였다. 하지만 마이듬은 달랐다. 무슨 수를 써서라도 재판에서 이기는 것이 목표였고, 출세를 위해서는 물불을 가리지 않았다. 결국 마이듬은 피해자의 인권을 무시한 그릇된 방법을 써서 원하는 결과물을 이루어낸다.

과연, 이러한 일들이 '드라마라서' 재미를 조금 첨가하기 위한 비현실적인 이야기일까? 아니다. 실제 법정에서도 재판에서 이기기 위해 일부 검사들은 피해자들이 힘들어할지라도 강압적으로 조사를 진행하고, 이것이 현실에서 문제가 된 적이 여럿 있다.

여진욱은 말한다. "성범죄 피해자들은 2차 피해를 감수하고 재판하는 피해자들이다"라고. "다른 범죄는 안 그런데 성범죄는 유독 피해자가 자책한다. 가해자도 피해자에게 잘못이 있다고 생각한다"라고.

〈마녀의 법정〉은 말한다. 성범죄에 대한 2차 가해를 멈추라고. '피해자가 잘못해서 성범죄의 대상이 된 것이 아니다'라고.

분명 〈마녀의 법정〉은 '한국 법정드라마'의 틀을 깼다. 남성의 전유물이었던 법정드라마를 깨고 '여성은 수동적인 캐릭터'라는 고정방식을 깼다. 그뿐만 아니라 성범죄를 논하면서 피해자들의 감정에 섬세하게 다가갔고, 그 결과 시청자들의 공감을 얻었다.

그런데 이상하게도 드라마를 보고 있노라면, 알 수 없는 찝찝한 마음이 든다. 〈마녀의 법정〉. 이 드라마가 아쉬운 이유는 무엇일까? 아마 이 두 가지 이유가 있기 때문이 아닐까, 조심스레 짐작해본다.

마이듬, '여성은 감정적'이라는 고정관념에 갇혀버리다

마이듬. 그녀를 보고 있으면 불안하다. 개인사로 인해 재판을 망칠까 봐, 성급한 행동으로 위험에 빠질까 봐, 그녀가 일을 그르칠까 봐 조마조마하다. 그 성격 때문이다. 마이듬은 대부분의 일에서는 이성적으로 행동한다. 그리고 그 이성적인 면모 덕분에 능력 있는 검사로 인정받았다. 그러나 정작 중요한 일에서 마이듬은 매우 감정적이다. 또 그로 인해 진범을 놓치고, 타인을 위험에 빠뜨린다. 한두 번이 아니다. 그래서 문제다.

한국 드라마 속 여성의 틀에서 완전히 빠져나오지 못한 것이다. 매우 아쉬운 대목이다. 한국 법정드라마의 틀을 시원하게 깼지만, 한국 드라마의 전반적인 틀에는 갇혀버렸다. 이상하게도 한국 드라마를 보고 있으면, 감정적이며 우발적인 행동으로 타인을 곤경에 처하게 만드는 여성들이 꼭 하나씩은 등장한다. 이는 이성적이고 지적인 이미지의 검사를 다룬 〈마녀의 법정〉에서도 별반 다르지 않았다.

2018년 5월 방영된 〈미스 함무라비〉도 이와 비슷했다. 주인공 박차오름 판사(고아라 분) 역시 여성이었다. 그녀 또한 그냥 판사가 아니었다. 소신껏 정의를 논하는 주체적인 여성 판사였다. 그녀는 약자의 아픔에 더 공감하고, 잘못된 일이라면 상사에게도 굴복하지 않고 맞서 싸워냈다. 재벌가가 등장해 그녀에게 직업을 포기하고, 재벌가의 안주인이 되라 제안했지만 당차게 거절했다.

그러나 박차오름 역시 '민폐 여주'의 큰 틀을 벗어나지 못했다. 중요한 사안에 맞닥뜨렸을 때, 해결사로 나선 것은 남성 판사 임바른(김명수 분)이었다. 박차오름이 숱한 장애물을 마주칠 때마다, 그녀가 직접 나서기보다는 남성 동료가 나서서 해결해주었다. 남성의 도움을 받는 약한 존재로 비춰진 것이다.

그뿐만 아니라 마이듬과 마찬가지로 박차오름 역시, 감정선을 직설적으로 드러낸다. 일을 해결하는 모습보다, 속상해하고 우는 모습을 시청자들은 더 많이 봤다. 여성은 감정적, 남성은 이성적이라는 그릇된 고정관념이 캐릭터에 투영된 것이다. 두 작품 모두, 아직까지도 한국 법정드라마 속 여성에 대한 시선이 고정관념에 갇혀 있는 것이다.

사건명, 이대로 괜찮은가?

〈마녀의 법정〉은 성범죄를 다룬다. 그리고 매회 새로운 사건이 등장할 때마다, 그 사건을 알아보기 쉽게 사건명을 설정한다. 여교수 강간 사건(여교수 강간 사건의 경우, 여교수가 자신이 강간의 피해자라며 주장했던 사건이다), 일반인 동영상 유출사건, 여검사 누드 등 대부분 '피해자'를 중심으로 사건명을 정한다. 그런데 이러한 작명이 옳은가? 다시 한번 생각해봐야 한다.

현실로 돌아와보자. 살인 사건, 성범죄 사건 등이 터져 세간에 오르내릴 때 우리는 이 사건명을 피해자를 따서 만든다. 언론이 먼저 '나영이 사건', '구하라 사건' 등으로 명명하면서, 결국 사건에서 피해자는 지속적으로 부각된다. 사람들은 이에 반감을 표시했다. '왜 살인 사건의 가제가 피해자를 위주로 지어지냐'는 것이다. 잘못은 가해자가 저질렀는데, 피해자는 끝없이 입방아에 오르내리는 것이다. 현실에서도 이러한 비판이 거센데, 안타깝게도 여성이 주인공이 되어 성범죄를 다룬 〈마녀의 법정〉에서는 이러한 사회적 흐름을 잡아내지 못했다.

〈마녀의 법정〉. 2017년 방영되는 동안 참으로 많은 칭찬을 받은 드라마이다. 남성의 전유물이었던 한국 법정드라마를 변화시켰고, 여성을 주체적으로 그려내 성별에 대한 고정관념까지도 깨트렸다. 이뿐만 아니라, 그동안 한국 법정드라마의 대부분의 서사가 남성 검사들의 야욕과 출세로 인한 갈등이었던 반면, 〈마녀의 법정〉은 여성과 성범죄를 내세웠다. 여성을 색다르게 그려내고, 성범죄에서 피해자의 심리를 자세하고 섬세하게 다룬 덕분에 〈마녀의 법정〉은 한국 드라마에서 배재된 여성의 목소리를 밖으로 드러냈다는 큰 의미가 있는 작품이 되었다.

처음 〈마녀의 법정〉이 방영됐을 때 가장 이슈가 됐던 점은 '야망 있는 여성 검사의 등장'이었다. 사람들은 '여성 검사의 야욕이 어떻게 그려질까' 궁금해했다. 여기에는 우려도 섞여 있었다. 그동안의 한국 법정드라마가 '남성'의 독차지였고, 그 주변인인 여성을 수동적으로 그렸기 때문에 이번 드라마도 결국 그렇지 않을까 하는 것이었다.

물론 〈마녀의 법정〉이 이러한 걱정을 모두 떨쳐버린 것은 아니다.

그러나 〈마녀의 법정〉은 한국 법정드라마의 틀을 깬 첫 번째 작품이나 다름이 없다. 한계점에 직면했다는 아쉬움이 남아 있음에도 불구하고, 그래서 〈마녀의 법정〉은 좋은 드라마이다.

'마이듬 검사'라는 캐릭터는 우리 사회에 많은 것을 상기시켜준다. '여성' 검사에게 '남성' 검사와 동등한 권위를 부여했고, 여성 또한 자신의 직업에 자긍심을 가지고 소신을 지키려 하는 존재임을 알렸으며, 여성이든 남성이든 법정에서의 인간적인 고충은 성 역할에 얽매이지 않는다는 메시지를 전달했다.

마이듬, 그녀는 분명 다른 드라마의 여주인공들과는 다르다. 그녀의 등장은 한국 드라마가 '민폐 여주', '수동적 여주'의 늪에서 빠져나왔음을 알리는 신호탄이다. 여성과 남성. 이제 그 수식어의 늪에서 우리 사회도 함께 나올 때라며 마이듬이 손을 내밀었다. 〈마녀의 법정〉을 계기로, 우리 사회가 마이듬의 손을 잡아 변화하기를 기대해본다.

고구마 같은 세상 속 통쾌한 사이다, 〈미스 함무라비〉

김민정

"후배님! 내가 4학년이라 팀 과제는 빼줘!" "그럼, 선배님 이름도 뺄게요!" 가수 설현이 모델로 나온 '스프라이트' 광고 속 대사이다. 설현은 조모임에서 무임승차하려는 선배에게 돌직구를 날린다. 당시 '스프라이트' 광고는 팀플로 한 번쯤 고생해본 대학생에게 큰 공감을 사며 인기를 얻었다. 학교 선배 혹은 직장 상사나 주변 사람으로 인해 불편한 상황이 생겨도 뭐라고 말을 하기 망설여질 때가 많다. "참는 것이 미덕이다." 우리 사회는 인내를 강조해왔다. 하지만 안 좋은 인간관계에서 나를 희생시키면서까지 참는 것은 미덕이 아니다. 언제까지 참아야 하는가. 가끔은 '사이다' 같은 일침을 쏟아부어야 할 때도 있다. '할 말은 하고 살자'는 흐름에 이어 통쾌한 사이다 같은 드라마가 등장했다.

　　JTBC 드라마 〈미스 함무라비〉는 열혈 초임 이상주의자 판사 박차오름(고아라 분)과 원리·원칙주의자 임바른(김명수 분), 세상의 무게를 아는 현실주의자 한세상(성동일 분) 세 명의 재판부가 겪는 일을 다룬 법정드라마이다. 〈미스 함무라비〉는 1회부터 '사이다' 같은 발언으로 시청자를 통쾌하게 해주었다. "아까부터 이 여학생이 자기 엉덩이를 아저씨 손에 막 비비는 것 같더라고요, 괜찮으세요? 제가 신고해드릴까요? 걱정하지 마세요. 제가 혹시 몰라서 동영상도 찍어놨거든요." 지하철에서 여학생의 엉덩이에 손을 갖다 댄 성추행범에게 박차오름이 한 말이다. 이후 박차오름은 니킥을 날려 지하철 성추행범을 제압한다. 또한 박차오름은 지하철에서 시끄럽게 통화하는 아줌마, '쩍벌남'(다리를 쩍벌리고 앉은 남자)을 속 시원하게 대처한다. 1회 속 지하철 에피소드는 우리 사회에서 만연하게 일어나는 일을 보여준다. 큰 목소리로 통화하는 사람, '쩍벌남'과 같이 남에게 민폐를 끼치는 사람들을 주변에서 흔히 볼 수 있다. 하루가 멀다 하고 지하철 성추행 사건은 발생한다. 〈미스 함무라비〉는 이런 현실을 사실적으로 담아냈고, 시청자에게 많이 회자되었다. 덕분에 종편 월화 오후 11시 편성에도 닐슨코리아 전국유료가구기준 시청률 5.1%(6회)를 달성했다.

법정드라마의 홍수

2018년 여름은 법정드라마 홍수 상태였다. 2016년 국정 농단 사태 이후 정의 실현을 향한 시민의 열망이 높아졌다. 더불어 2017년, 〈비밀의 숲〉과 〈마녀의 법정〉이 큰 인기를 얻으며 다양한 법정드라마가 등장했다. 2018년 6월 기준으로 MBC 〈검법남녀〉, KBS2 〈슈츠〉, tvN 〈무법변호사〉, JTBC 〈미스 함무라비〉까지 동시에 네 편의 법정드라마가 방영되었다. 법정드라마 홍수 속 〈미스 함무라비〉의 경쟁력은 무엇이었을까?

　〈미스 함무라비〉는 무겁고 다소 어두운 이야기를 하는 타 법정드라마와 달리 민사 44부의 이야기로 우리가 일상에서 흔히 접할 수 있는 법정 문제를 다룬다. 피부에 와 닿는 현실을 말한다. 〈미스 함무라비〉는 지하철 성추행, 민폐뿐만 아니라 육아 휴직 문제, 갑질 문제, 술자리 문화, 직장 내 성희롱 사건을 다루며 많은 시청자의 공감을 샀다. 법관의 전관예우, 청탁 문제 또한 언급하고 있어 한국 사회 법정의 현실도 보여준다.

　〈미스 함무라비〉는 현직 부장판사인 문유석 판사가 쓴 원작『미스 함무라비』를 기반으로 한다. 문유석 판사는 소설의 드라마화 제의를 받고 드라마 각본도 직접 썼다. 20년간의 판사 생활이 〈미스 함무라비〉에 고스란히 담겨 있어 사실성, 현실성을 높였다. "내가 정말 쓰고 싶은 것은 '법'이나 '재판'이 아니라 그걸 통해 바라본 우리 사회, 그리고 그 속에서 살고 있는 사람들이라는 걸 깨닫게 되었다." 작가의 말에서 문유석이 한 말이다. 〈미스 함무라비〉는 우리의 삶을 보여주었다. '추리', '수사'를 소재로 하는 타 법정드라마와 달리 이야기가 다소 사소해보일 수도 있다. 하지만 그 이야기는 무엇보다 우리와 가장 가깝기 때문에 더욱 중요하다. 〈미스 함무라비〉는 우리 삶에서 한 번쯤 일어날 만한 일을 소재로 가져왔고, 특히 현재 우리 사회에서 중요한 페미니즘 이슈를 잘 다루었다.

'미스' 함무라비

〈미스 함무라비〉가 세상에 던지는 말은 그동안 방송에서 터부시됐던 성범죄, 성추행, 성차별 사건을 수면 위로 가져왔다. "그 여학생도 문제야. 그렇게 짧은 치마를 입고 다니니까 그런 일이 생기는 거 아니야!" 한세상이 여고생 성추행 사건에 대해 이야기한 부분이다. 피해자의 옷차림을 지적하며, 성추행의 잘못 일부를 피해자에게 돌리는 일각의 편견을 보여준 장면이었다. 후배 판사 박차오름이 이상한 추행범이 문제라고 반박하자, 한세상은 "어디서 말대꾸야. 여학생이면 여학생답게 조신하게 입고 다녀야지. 여자는 여자로 태어나는 게 아니야. 여자로 만들어지는 거지. 노력을 해야 여자다운 여자가 되는 거야"라고 말한다. 우리 사회의 남성 중심적인 구조에서 비롯된 성차별 문제를 고스란히 담아낸 대목이었다.

3회에서 박차오름은 임바른과 정보왕(류덕환 분)을 시장으로 데려간다. "뒤태 보소 예술이네", "남자는 허벅지지! 저 정도는 돼야 쓸 만하지", "남자가 어디 옷을 딱 붙게 입노, 당할 만하네". 시장 아주머니들이 임바른과 정보왕에게 한 말이다. 박차오름이 평소 이모라고 부르는 친한 아주머니들이 일부러 미러링[1]을 한 대목이다. 실제 마지막 말에서 '남자'를 '여자'로 바꾸면, 한세상이 여고생 성추행 사건에 대해 한 말과 크게 다르지 않다. 처음 겪는 일에 당황한 임바른과 정보왕에게 박차오름은 "이제 대한민국 여자들의 일상을 조금 이해하시겠어요?"라고 말한다. 〈미스 함무라비〉에 언급된 직장 내 성희롱 에피소드, 의대 교수 제자 준강간 사건은 비슷한 실제 사건을 떠올리게 했다.

사회가 변하고 있다. 이전에도 성희롱, 성추행, 성폭력 사건은 우리 사회에서 만연하게 일어났다. 하지만 성적 수치심, 가해자의 복수, 수사 과정 속 2차 가해 등 다양한 이유로 피해자는 제대로 말 못하고 사건을

---

1   의도적으로 모방하는 행위.

덮는 일이 대다수였다. 가해자는 그 속에서 떵떵거리며 더 잘 살아갔다. 서지현 검사의 폭로 이후 성범죄를 고발하는 미투 운동이 활발해졌다. 음지에 있던 일들이 속속히 밝혀졌다. 피해자들은 용기를 얻고 목소리를 내기 시작했다. 우리 사회의 헤게모니가 변한 것이다. 불과 몇 년 전만해도 텔레비전에서는 '여성은 예뻐야 하고, 조신해야 하고, 집안일을 잘해야 한다'와 같이 현모양처를 이상적인 여성상으로 보는 헤게모니가 만연했다. 여성 출연자가 소신 있는 발언을 하면 '여자가 기가 세다'와 같은 반응이 돌아왔다. 사회가 변하며 미디어에는 전과 다른 캐릭터가 등장했다. 이전 같았으면 받아들여지지 않았을 캐릭터, 게이트에서 막혔을 캐릭터가 텔레비전에 많이 나오고 있다. 연예인 김숙이 방송에 나와서 "남자가 조신하게 집에서 살림이나 할 것이지"[2]와 같은 발언을 해도 시청자들은 '불편하다'는 반응보단 '통쾌하다'는 반응을 보였다. 연예인 '김숙'과 '여자가 여자 연예인에게 빠져든다'는 '걸 크러시'를 합쳐 나온 신조어인 '숙 크러시'라는 말도 생겼다. 김숙의 '숙 크러시' 캐릭터가 시청자에게 받아들여진 것은 사회의 변화 때문이다. 마찬가지로 박차오름 캐릭터가 인기를 얻게 된 것도 헤게모니의 변화를 반영한 결과이다. 사회 변화의 목소리를 무시하지 않았다는 점이 드라마에도 잘 드러났다.

뼈는 지키고 살은 내주는,

〈미스 함무라비〉는 생활밀착형 공감 에피소드와 페미니즘 이슈를 다루

---

2 〈SNL 코리아 9〉 31회 "김숙·송은이 편" 참고. 난폭 운전을 하는 남성에게 김숙이 하는 말.

며 이전의 드라마와는 분명 다른 점을 보여주었다. 목소리를 내며 사회를 비판했으나 그 이면의 이야기에는 침묵했다.

요즘 사법 체계 허점에 대한 지적이 많다. 진실보다는 이익, 행정 편의성과 법의 논리에만 주목한다는 비판이다. 〈미스 함무라비〉는 징계나 전관예우 등 법정 내 이야기를 하나, 사법제도 비판보다는 우리 사회 비판에 초점이 맞춰져 있다. 그러다보니 법정드라마임에도 사법제도에 관련된 에피소드는 현저히 적었다. 〈미스 함무라비〉의 작가는 현직 부장판사로 그 누구보다 사법제도에 대해 더 잘 알았을 것이다. 판사의 입장에서 법원 내 문제를 신랄하게 비판할 수 있었을 것이다. 그러나 〈미스 함무라비〉는 그보다 시민의 삶에 더 집중하며, 사법제도의 이면에 대해 묻지 않았다.

〈미스 함무라비〉는 페미니즘 이슈를 다루지만, 드라마 뼈대는 여전히 가부장제를 공고히 한다. 등장인물을 보았을 때, 권력층은 다 남성이다. 법원장, 수석부장, 부장판사, 우배석, 대기업 부사장, 교수는 다 남자이다. 여성인 부장판사는 등장하지 않는다. 반면 청소부, 경위, 속기실무관은 여자이다. 남자 비서를 등장시키며 새로운 시도를 하나, 드라마 주요 캐릭터의 성별은 여전히 성 고정관념에 입각한다. 더불어 주인공들의 관계도 살펴보면 직책상 남성이 우위에 있음을 알 수 있다. 합의부의 재판 시 부장판사 오른편에 앉은 배석을 우배석, 왼편에 앉은 배석을 좌배석이라고 부른다. 배석판사 사이에는 엄연한 서열이 있는데, 우배석이 좌배석보다 서열이 높다. 같은 배석판사지만 임바른은 우배석이고 박차오름은 좌배석이다. 한세상은 부장판사로 배석판사의 상사이다. 정보왕과 이도연(이엘리야 분)의 관계에서도 정보왕은 판사이고, 이도연은 속기사로 상사와 부하 직원의 위계를 보여준다. 〈미스 함무라비〉는 메인 캐릭터의 직업을 통해 남성이 여성보다 우위에 있는 모습을 계속 보여주었다.

직업에 대한 고정관념뿐만 아니라 성별 성격에 대한 고정관념 역시 드러난다. 흔히 여성과 남성의 성격을 이항대립으로 바라볼 때, 여성은 감정적이고 남성은 이성적이라고 한다. 편견이다. 모든 여성이 감정적이고 모든 남성이 이성적인 것은 아니다. 〈미스 함무라비〉가 박차오름이라는 캐릭터를 당돌하고 소신 있게 그리기는 했지만, '감정적'이라는 프레임에선 벗어나지 못했다. 재판 과정 속에서 표정을 숨기지 못해 한 소리를 듣는 장면도 나온다. 반면 임바른은 초반부터 원리·원칙을 중시하는 이성적인 엘리트로 비춰진다.

이제는 드라마의 공식 같다. 여자는 도움을 받아야 하는 존재이고, 남자는 여자를 지켜줘야 한다는 이념이 드라마 내에 깔려 있다. 드라마 초반 박차오름은 성추행범도 물리치고, 할 말 하는 캐릭터로 그려지긴 했으나 후반부로 갈수록 고난, 역경을 겪으면서 무너지는 모습을 보여준다. 그럴 때마다 임바른이 등장해서 박차오름을 위로하고 지켜준다. "사실은 임 판사님이 곁에 있어서 감당할 수 있고, 살아가고 있었나 봐요." 13회에서 박차오름이 임바른에게 한 말이다. 박차오름이 임바른에게 굉장히 의지하고 있음을 보여주는 부분이었다. 반대로 임바른은 박차오름을 지켜주는 캐릭터로 그려졌다. 마찬가지로 다른 판사들이 이도연에 대해 뒷담화를 하자 정보왕은 주먹을 날린다, 자신의 부장판사에게 당당하게 연애를 밝히며 이도연을 보호하려는 모습도 보여준다.

대중문화는 우리의 정서와 사고를 지배한다. 텔레비전이 사회의 이데올로기를 공고히 하는 만큼 캐릭터성에 대해 분명 생각해봐야 한다. 우리는 어쩌면 텔레비전이 보여주는 성정체성에 너무 익숙해진 것일지도 모른다. 텔레비전이 보여주는 '여자는 이래야 한다', '남자는 이래야 한다'는 고정관념 말이다. 여자가 위험한 상황에 처하면 남자가 백마 탄 왕자님처럼 찾아와서 구해주는 이야기는 지금껏 드라마에서 줄곧 나온 플롯이다. 미디어가 이런 이야기를 보여주면 보여줄수록 통념은 더 단단해진다.

〈미스 함무라비〉는 기존 드라마가 잘 다루지 않은 사회 이슈와, 페미니즘 이슈를 다루었다는 점에서 겉으로 보기에 많이 진보한 드라마 같다. 하지만 사법제도의 허점은 비판하지 않고, 남성의 기득권을 유지해나간다는 점에서 아쉬움이 남는다.

우리의 살갗으로 들어온 드라마

작품 초반부터 '사이다' 발언으로 많은 화제를 끌고 온 〈미스 함무라비〉는 큰 자극적인 소재 없이 시청자에게 진심으로 다가왔다. 이야기에 조금이라도 진짜가 들어 있어야 마음이 움직인다는 말처럼, 〈미스 함무라비〉는 우리 주변의 '진짜' 이야기를 가지고 시청자의 마음을 움직였다. 타 드라마에 비해 다소 삼삼한 이야기로 10회 때 시청률이 3%대로 하락했지만, 14회 때 다시 4%대를 회복하더니, 마지막 회 자체 최고 시청률을 찍으며 유종의 미를 거두었다. 〈미스 함무라비〉의 진심은 통했다. 진심으로 다가와서 더 감동이 있다. 물론, 사법제도 비판은 다소 부족했고, 가부장제의 뼈대는 그대로 안고 갔지만 무엇보다 시민의 입장에 선 법정드라마였다. 드라마를 보는 시청자의 곁에 섰다. "누군가를 정말로 이해하려고 한다면, 그 사람의 입장에서 생각해야 하는 거야. 말하자면 그 사람 살갗 안으로 들어가 그 사람이 되어 걸어 다니는 거지." 책 『앵무새 죽이기』의 한 구절이다. 〈미스 함무라비〉는 그렇게 우리의 살갗으로 들어왔다. 매회, 한 번쯤 일어났을 법한 에피소드를 다루며 많은 시청자의 공감을 샀다. 익숙한 모든 것에 의문을 제기하는 박차오름은 일부에게 불편함을 야기했을지도 모른다. 하지만 익숙한 편리함이 누군가의 불편함에서 수반된 것이라는 점을 잊지 말아야 한다. 〈미스 함무라비〉를 통해 우리 사회의 많은 박차오름들이 떠올랐다. 부조리에 저항하고, 불편러를 자처하며 사회의 장벽에 끊임없이 부딪치는 사람들 말이다. 사회가 강자에겐 강하고, 약자에겐 약한 정의가 실현되는 사회였으면 한다. '고구마'같이 답답한 세상에 더 많은 사람들이 '사이다' 한 방을 날릴 수 있는 사회가 되었으면 한다. 박차오름이 되기 힘들다면, 우리 사회의 많은 박차오름들과 함께하자. 우리는 서로의 용기다.

'껍데기'에 매달리는 이유

이번 생은 처음이라

유다솔

이번 생은 망했다. 줄여서 '이생망'. 요즘 이 '이생망'이라는 말이 유행이다. 아무리 열심히 살아도 사랑하는 사람과 때가 되면 결혼도 하고 아이도 낳는 평범한 삶이 더 이상 평범하지 않은 요즘, '이번 생은 망했다'는 말이 나오는 것은 어쩌면 당연한 일일지도 모른다. 연애, 결혼, 출산을 포기한다는 뜻의 '3포 세대'라는 말은 무서운 기세로 꿈이니 희망이니 하는 것들을 집어삼켜 'N포 세대'로 몸집을 불렸다.

'N포 세대'라고 사랑을 모르겠는가. 그저 현실의 눈보라가 너무 차다 보니 따뜻한 사랑을 꿈꾸는 것조차 힘들어졌을 뿐. 포기가 가장 합리적인 선택이 되어버린 시대에선 사랑을 하고 꿈을 꾸는 것 자체가 치열한 투쟁이 된다. 입 안에 '이생망'을 굴리면서도 또 다른 한편으론 '처음이라 그래'라고 말하는 이들의 투쟁기, 〈이번 생은 처음이라〉가 흘린 온기를 느껴보자.

그/녀들의 이번 생

지호·수지·호랑, 여주인공과 그녀의 절친한 두 친구. 그녀들은 그동안 우리가 로맨틱 코미디 드라마에서 흔히 만나왔던 한 명은 당차고, 또 한 명은 발랄하고, 한 명은 그 사이에서 수더분한 모습이지만 때로는 '또라이' 기질을 드러내는 그런 세 여자다. 얼핏 보기엔 〈로맨스가 필요해〉, 〈연애의 발견〉 같은 전형적인 로맨틱 코미디 드라마의 여성상과 크게 다르지 않지만 그 재현이 겨누는 지점에서는 무언가 차이를 기대할 수 있을 것 같다. 이전의 드라마들이 주로 보여준 것이 '그녀들이 어떻게 연애를 하는지'였다면 〈이번 생은 처음이라〉가 보여주는 것은 '그녀들이 어떻게 살고 있는지'다. 여고 시절 회상을 통해 그녀들의 오랜 욕망이 제시될 때, 지호, 수지, 호랑은 단순히 연애를 원하는 여성이 아니라 각자의 역사를 갖고 생동하는 입체적인 인물이 된다.

동시에 그녀들은 지극히 현실적인 인물들이다. 그녀들의 욕망 실현이 어떠한 악인이 아니라 '현실'에 의해서 방해받는다는 점에서 그렇다. 여고 시절 수지는 사장님이 되고 싶었고 호랑은 결혼을 하고 싶었다. 지호는 글을 쓰고 '진짜 사랑'을 하고 싶었다. 그러나 수지는 그녀의 브래지어 착용 유무를 두고 내기하는 상사가 있는 회사에 다니게 된다. 고등학생 호랑이 결혼을 하고 싶었던 이유는 행복한 가정을 꾸리고 싶어서였지만 서른이 된 호랑이 결혼을 하고 싶은 이유는 '여자 나이 서른'에 결혼은 사회가 요구하는 일종의 무난함이기 때문이다. 지호는 드라마 작가가 되려고 바쁘게 살다 보니 '생계형 연애포기자'가 되었다. 드라마 작가의 꿈이라도 이룰 수 있었으면 다행이련만 보조PD에게 성폭행을 당할 뻔해 드라마를 포기하게 된다. 현실은 그녀들의 욕망을 묻어두게 하거나, 굴절시키거나, 포기하도록 만드는 힘이었다.

이제 그녀들의 현실에 들어와 있는 남자들을 살펴보자. 〈이번 생은 처음이라〉에서 남성 캐릭터들은 다소 전형적이거나 판타지적이어서 여성 캐릭터에 비해 덜 입체적으로 보인다. 호랑과 7년 연애한 원석은 '너드(nerd)'의 전형으로 재현된다. 삐진 호랑을 앞에 두고 큐브의 공식 설명에 열중하는 그 공대 남자의 천진함이란. 한편 수지에게 구애하는 상구는 드라마에 등장하는 남자 주인공의 조건을 모아놓은 것 같은 인물이다. 적당한 재력을 갖추고 있으면서도 앞으로의 성장을 풀어나가기에 적당한 스타트업 대표라는 직업부터 내 여자를 지키기 위해 중요한 미팅 자리에서 '갑'에게 욕을 할 수 있는 패기까지 모두 '백마 탄 왕자'가 되기에 부족함이 없는 요소들이다. 하지만 〈이번 생은 처음이라〉에서 상구는 주인공이 아니라 감초 역할 정도에 그치고 있다. 어떤 남자가 '백마 탄 왕자'를 조연으로 밀어냈을까?

바로 남세희. 이번 생에 스스로 책임질 수 있는 것은 대출금이 1억 8000만 원 정도 남은 집과 고양이뿐이라고 말하는 '좌 대출 우 고양'의 사나이다. 세희에게 삶은 이미 입력된 하나의 알고리즘이며, 세희의 유일한 욕망은 알고리즘의 유지이다. 꿈이 뭐냐고 묻는 지호에게 "제 집에서 죽음을 맞는 그날까지 인생에 아무런 일도 일어나지 않는 것"이라고 답하는 세희의 모습은 이를 집약적으로 드러내준다. 그에게 결혼은 재생신을 위한 깅압적인 사회제노였고 부모가 자신의 욕망을 자식에게 강요하는 억압이었다. 인간관계는 그저 피곤하고 목표를 이루는 데 전혀 도움이 되지 않는 비합리적인 비용에 불과하다. 세희는 극 중에서도 별종 취급을 당하는 만큼, 현실적인 인물이라고 볼 순 없지만 그럼에도 보는 이에게서 공감과 카타르시스를 끌어낸다. 연애를 하고 결혼을 하고 아이를 낳는 평범한 인간의 삶을 저렇게 깔끔하게 포기할 수 있다니! 집과 고양이만을 위해 살 수 있다면 얼마나 안정적일까? 인간적 욕망의 굴레에서 자유로워진 세희의 모습은 부러움과 대리 만족을 동시에 자아낸다. 재벌이 되기는커녕 개천에서 용 나기도 어려운, 포기가 합리적인 시대에 맞춰 드라마 주인공의 조건도 '포기'를 얼마나 잘해내느냐로 바뀐 것이다.

우리의 생은 우연으로 가득 차 있지만, 어떤 사건들은 필연에 의해 일어난다. 현실 앞에 꿈과 사랑이라는 욕망이 꺾인 지호, 스스로 집과 고양이를 제외한 모든 욕망을 도려낸 세희의 첫 만남은 우연이었지만 이들이 만들어내는 이야기는 필연이었다. 그리고 이 두 남녀의 이야기는 일단 결혼에서부터 시작한다.

속임수로 고발하기

"혹시 시간이 좀 되시면 저랑 결혼하시겠습니까?" 세희는 우연히 세입자가 된 지호에게 결혼을 제안한다. 세희는 안정적인 대출금 상환을 위해 월세가 꼭 필요했고 부모로부터 결혼하라는 압박에 시달리고 있었다. 지호는 분리수거도 잘하고 고양이 밥도 잘 챙겨주는 최고의 세입자다. 세희에게 지호와의 결혼은 일상의 난국을 타개할 묘수였다.

이때 지호에게는 세상 어느 것보다 세희의 집에 딸린 방 한 칸이 절실히 필요했다. 원래 남동생과 같이 살던 집은 남동생의 여자친구가 덜컥 아이를 가지게 되면서 자연스레 그네들의 신혼집이 되어버렸고, 직장은 성폭행을 당할 뻔해 관뒀지만 그렇다고 고향인 남해에 내려가고 싶진 않았다. 서울로 대학을 오고, 글을 썼던 지호의 지난 삶이 곧 '여자 직업 교사면 충분하다'는 '가부장 원탑 체제'와의 투쟁이었기에. 지호는 지쳤고 어디든 좋으니 좀 쉬고 싶었다. 싼 월세로 방 한 칸을 얻을 수 있다면 까짓 결혼이 뭐 대수란 말인가. 지호는 세희의 제안을 받아들인다. 서로의 필요와 필요가 만난 계약의 성립이었다. 물론 그 전에 한 가지 확인해야 할 것이 있지만. "혹시 저를 좋아하세요?"

　　"아니요." 둘은 각자의 일상을 지키기 위해 함께 세상을 속여보기로 한다. 결혼을 속임수로 쓰기로 한 이상, 서로 사랑하지 않는 것은 당연한 행동 수칙이다. 상견례와 결혼식과 같은 의식들은 그저 최고의 효율로 처리해야 하는 비용일 뿐이다. 그런데 이 부부 사기단이 결혼을 하기 위해 밟아나가는 과정에서 일말의 진실이 담겨 있다. 과연 상견례나 결혼식이 가짜로 결혼하는 이들에게만 비용으로 느껴지는 걸까? "시월드는 처음이라"와 같은 각 화의 제목들은 우리 사회의 결혼에 사랑 외의 것들이 얼마나 많이 끼어 있는지 고발한다. 이 고발은 비단 결혼의 영역에만 국한되지 않는다. 둘의 가짜 결혼 관계에 젊고 잘생긴 복남이 'YOLO'를 외치며 끼어들려 할 때, 세희는 'YOLO'는 그저 현실도피에 불과하다며 복남을 공격한다. 집을 팔아 오토바이를 살 만큼 'YOLO'라는 라이프스타일을 맹목적으로 추구하는 복남의 모습은 결혼, 상견례, 결혼식을 반드시 해야 하는 것으로 여기는 사회와 그 강박적인 면이 닮아 있다. 지호와 세희의 속임수는 각자가 원하는 일상을 뒤흔들 수 있는 어떤 강박도 받아들이지 않겠다는 방어기제로 작동하며 서로를 지켜나간다. 그 과정에서 둘 사이에 유대감이 싹트긴 하지만, 이는 "지호 씨는 훌륭한 수비수"라는 세희의 말에서 드러나듯이 사랑보단 팀워크에 가깝다. 아직까지는.

사랑, 큰일이다

드라마의 법칙이라고 해야 할까, 필연이라고 해야 할까. 둘의 팀워크는 지호가 세희를 사랑하게 되면서 위기를 맞는다. 이 사랑은 지호에게는 위험한 일이다. 기껏 글쓰기와 사랑이라는 욕망을 포기하고 편해지나 싶었는데, 다시 사랑을 꿈꾸게 되었으니 말이다. 그런데 세희는 지호의 마음을 받아준다. 받아주다 뿐인가, "키스는 이렇게 하는 겁니다"라며 '생계형 연애포기자'였던 지호에게 사랑을 가르쳐준다. 싼 월세에 오랜 욕망까지 이뤄주다니 얼마나 자애로운 집주인인가. 지호의 행운은 계속된다. 드라마 제작사 대표인 정민이 지호에게 거액의 계약을 제안한 것이다. 이렇게 글쓰기와 사랑이라는 지호의 모든 욕망이 이뤄지는 것일까? 이번에도 순조로울 것 같진 않다. 정민은 한때 세희의 아이를 가졌었던, 세희의 옛 사랑이었다.

남편의 '전 여친'이 등장하는 국면에서 치정으로 치달은 수많은 드라마들의 선례를 살펴볼 때, 정민과 지호가 서로 머리끄덩이를 붙잡는다고 해도 이상하지 않을 뻔했다. 하지만 세희, 지호, 정민 세 사람이 보여준 서사는 활활 타오르는 격정 멜로가 아닌 체온 언저리의 따뜻한 용서와 휴머니티였다. 정민은 유산과 세희네 가족의 반대가 겹치는 잔인한 이별을 겪었음에도 "그건 누구의 잘못도 아니고 그저 그렇게 된 것뿐"이라고 오히려 세희를 위로하는 성숙한 용서를 보여준다. 정민은 지호에게도 든든한 어른이 되어준다. 자신을 성폭행하려 한 PD를 '처리'해주고, 글까지 인정해주는 정민은 지호에겐 처음 마주하는 세상의 따뜻한 면이었다.

장발장이 신부에게 은촛대를 선물로 받고 혼란에 빠지듯이, 지호도 정민을 만난 후 혼란에 빠진다. 세상이 그저 나쁜 줄로만 알고 속였는데, 그게 아니었다면? 혼란에 빠진 지호에게 올케의 출산은 결정타가 된다. 생명이 탄생하고, 권위적이기만 했던 아버지가 눈물을 흘리며 기뻐하다 어머니의 무릎을 베고 잠든 풍경에 겹쳐지는 아이의 울음소리. 그 먹먹함 속에서 지호는 처음으로 이데올로기로만 여겼던 가족 안에 무언가 따뜻한 것이 있음을 깨닫는다.

세상이 갑자기 내보인 따뜻함은 효율성으로 무장한 지호와 세희의 바리케이드를 잠식해 들어간다. 둘의 결혼은 가장 야심차지만 동시에 가장 조악한 바리케이드였다. 무너지는 것은 당연한 수순이다. 시아버지에게 세희 씨를 진짜 사랑하게 되었다고 말했을 때, 생명의 탄생을 둘러싼 가족의 모습을 보고 "내가 결혼이란 걸 너무 쉽게 생각했는갑다"라고 말했을 때 지호는 가짜 결혼에서 사랑만을 오롯이 분리해낸다.

껍데기는 가라

다시 태어나려면 먼저 죽어야 한다고 했던가. 지호는 세희에게 이혼을 통보한다. 물론 여전히 세희를 사랑하지만, 결혼과 같은 것들은 죄다 껍데기에 불과하단 걸 깨달았기 때문이다. 지호가 껍데기로부터 자유로워졌음은 "여행이 별건가"를 외치며 서울 시내이 찜질빙으로 떠난 여행에서노 잘 드러난다. 하지만 세희는 아직 결혼이라는 껍데기와 사랑을 분리해내지 못했기에 지호를 영영 잃었다고 생각하고 고통에 빠진다. 이전의 합리적이고 냉철한 그 사람은 어디에도 없다. 폐인이 다 된 세희는 가장 집착했던 '껍데기'인 집마저 떠나 옥탑방으로 간다. 이제는 지호가 세희를 구할 차례다. 구도에 성공한 듯 평온한 모습의 지호는 옥탑방에 왕림해 세희를 멋지게 구해낸다. 그렇게 둘은 '결혼'이라는 껍데기를 벗어던지고 진짜 사랑을 시작한다.

　사랑을 포기하는 것이 합리적인 시대에서 〈이번 생은 처음이라〉는 이를 포기하지 않을 수 있는 나름대로 현명한 방법을 제시하고 있다는 점에서 낭만적이다. 우리는 차디찬 세상에서 껍데기라도 한 겹 걸쳐야 추위를 면할 수 있다고 생각한다. 하지만 껍데기를 쫓는 것은 어쩌면 스스로를 혹한으로 내모는 것이 아닐까? 지호와 세희는 '껍데기 그까짓 거, 우리가 걸쳐봤는데 별로 좋지도 않더라'고 말하고 있다. 아닌 게 아니라 껍데기를 벗고 난 다음 둘의 모습은 참 좋아 보인다. 서로가 서로의 온기로 몸을 데울 때, 우리는 어쩌면 그 온기로 세상의 추위를 조금 녹여낼지도 모른다. 껍데기를 벗은 나비가 날 때를 우리는 봄이라고 부른다. 아마 그 봄은 이번 생에 처음 마주하는 따스함일 것이다.

불편한 순정, 해피엔딩을 위한 고정관념

tvN 〈아는 와이프〉를 중심으로

김미라

과거로 가는 열쇠, 500원짜리 동전이 있다. 이 동전을 내고 톨게이트를 지나면 지긋지긋한 현실에서 벗어날 수 있다. 주인공을 위기에서 탈출시키기 위해 드라마에서 종종 사용하는 소재, 바로 타임워프(시간의 흐름을 과거나 미래로 옮기는 현상)이다.

tvN 〈아는 와이프〉는 "한 번의 선택으로 달라진 현재를 살게 된 운명적인 러브스토리"를 표방한 전형적인 타임워프 드라마다. 〈아는 와이프〉는 결혼 생활의 고단함과 타임워프 두 가지 소재 때문에 시작할 때부터 KBS 드라마 〈고백부부〉와 비교되어왔다. 두 드라마 모두 현재의 결혼 생활에 염증을 느낀 주인공이 과거로 돌아가 처음과 다른 선택을 하면서 인생의 깨달음을 얻는다는 공통점을 담고 있다. 신혼의 달콤함이 끝난 후 비로소 나타나는 부부의 모습을 리얼하게 그렸다는 점에서 두 드라마는 닮았다. 하지만 같은 소재, 비슷한 주제를 다루더라도 드라마를 전개하는 방식, 갈등을 바라보는 시각은 현저하게 다르다. 앞서 〈고백부부〉가 시청자의 공감을 이끌어내는 필력으로 판타지 설정의 이질감을 잊게 만들었다. 반면 〈아는 와이프〉는 주인공들의 해피엔딩이라는 초목표를 이루기 위해 상황 설정을 무리하게 잡았고 그 결과 판타지의 이질감만 더 가중시키는 결과를 낳았다.

물론 드라마마다 그 작품이 내포하고 있는 인물, 사건, 배경이 다르기 때문에 〈아는 와이프〉의 전개 방식이 무조건 잘못됐다고 지적할 수는 없다. 하지만 〈아는 와이프〉에서 갈등을 풀어나가는 방식이 우리나라 드라마의 스테레오타입을 고스란히 담고 있다면 문제는 달라진다. 드라마의 전형성은 창의력의 부재이기도 하지만 쉬운 길을 걸어가고자 하는 안일함에서 나오는 것이기도 하다. 그리고 이러한 안일함을 수십 년 반복하면서 우리의 인식 속에 전형적인 남녀 관계의 설정, 가부장적인 시선에서 그려낸 여성성의 모습, 여성과 남성의 갈등 원인 등을 왜곡되게 전달하고 있다. 이런 전형성은 〈아는 와이프〉에서 고스란히 확인할 수 있다. 여기에서 벗어났다고 생각하는 것이 오히려 이상할 정도다. 〈아는 와이프〉에서 결혼 생활의 갈등을 유발하는 단초, 즉 남자 주인공 차주혁(지성 분)을 과거로 돌아가게 만드는 원인은 여자 주인공 서우진(한지민 분)의 악처 모습에서 발현된다. 더 나아가 과거로 돌아간 차주혁이 깨달음을 얻고 서우진의 소중함을 알게 되는 원인도 결국 첫사랑 이혜원의 '아내 역할로서의 부족함' 때문이다. 본 비평문은 〈아는 와이프〉의 사례로 이런 관점이 한국 드라마에서 얼마나 만연해 있는지를 설명하고 그 원인이 남성 시각의 불편한 판타지 때문임을 지적하고자 한다.

현실 부부의 문제를 소구하는 방식

〈아는 와이프〉첫 회는 결혼 6년 차 맞벌이 부부의 퍽퍽한 일상을 보여준다. 아내 서우진은 맞벌이에 아이 둘 독박 육아, 독박 가사, 치매를 앓고 있는 어머니, 전혀 도움이 되지 않는 남편까지 보기만 해도 숨이 턱 막히는 일상이 반복된다. 남편 차주혁은 집안의 대소사보다 회사 일이 더 급한 사람이고, 필요한 순간에는 항상 곁에 없다. 어린이집에 아이를 맡겨둔 상황에서 일 때문에 아이를 제시간에 데리러 가지 못하게 되자 남편 차주혁에게 부탁하는 서우진. 역시나 차주혁은 교통사고 때문에 아내와의 약속을 지키지 못한다. 차주혁에게 물건을 집어던지며 욕을 퍼붓는 모습까지 이 부부의 갈등은 이미 골이 깊어도 너무 깊다.

서우진은 원래부터 히스테릭한 여자는 아니었다. 고등학생 시절 우진은 누구보다 명랑하고 사랑스러우며 긍정적인 에너지가 넘쳐 주변을 밝게 만드는 여자였다. 하지만 결혼 6년 차 우진은 주혁의 게임기를 물에 담가 망가뜨리고, 회사에서 시달리고 퇴근한 주혁을 쥐 잡듯이 잡는 악처일 뿐이다. 주혁이 야근하고 들어와 우진에게 밥 없냐고 죄 짓듯이 물어보는 모습, 냉동실에 있는 백설기를 전자레인지에 돌려 먹는 모습, 온갖 불쌍하고 초라한 모습을 하며 집에서 쫓겨난 모습을 보여줘 오히려 우진을 '남편이 숨 쉴 구멍 하나 만들어주지 못하고 취미서 이해하지 못하는 그저 무서운 아내'로 만들어버린다. 차주혁이 친구들과 술을 마시며 아내에게 분노조절장애가 있다고 하소연하며 아내가 무섭다고 토로할 때에도, 아내에게 회사보다 집에 오는 것이 더 피곤하다고 퍼부으며 나가버린 밤에도 서우진은 두 아이를 돌봐야 했다. 하지만 드라마 초반에 나타난 우진의 모습은 그저 생활에 찌든 아줌마이고, 주혁은 그녀의 히스테리에 시달리는 가장일 뿐이다. 그렇게 주혁의 설움만 강조하며 그의 타임워프를 정당화하는 방향으로 흘러갔다. 이는 이 드라마에서 현실 부부의 문제점을 소구하는 방식이 전형적인 가부장적 시각을 그대로 답습하고 있음을 보여준다. 만약 〈아는 와이프〉가 이러한 시각을 탈피하고자 했다면 극의 중반을 지나 후반으로 가면서 우진의 삶을 전적으로 이해하고 우진과 함께 동행하려는 주혁의 모습을 보여줘야 하지만 이 드라마는 주혁의 깨달음마저 가부장적 시각의 한계에서 벗어나지 못한다. 드라마 전개는 누구나 예상하듯, 나쁜 아내를 만든 원인은 남편인 차주혁에게 있고 그 원인이 본인임을 깨달아가는 방향으로 진행된다. 따라서 타임워프로 주혁이 선택한 인생이 무엇이며, 어떤 의미를 깨닫고 이를 어떻게 자신의 인생에 반영하는지가 드라마의 핵심 포인트다.

당위성을 만들기 위한 무리한 설정

주혁은 과거로 돌아갔고, 버스에서 위기에 처한 서우진을 도와주지 않는다(원래는 서우진을 도와줘서 둘이 인연이 됨). 그녀와의 질긴 인연을 끊고자 하는 주혁의 의지가 보이는 대목이다. 그래서 2006년의 대학생 주혁은 우진 대신 재벌가 딸인 혜원과 로맨스를 선택하고 혜원과 결혼해 전혀 다른 현재를 산다. 첫사랑과 이뤄지며 깨어난 아침, 차주혁의 운명이 바뀌었다. 척박하고 버거운 예전과는 다르다. 부잣집 처가 덕에 부티 나는 집에 살고, 좋은 차를 타고 출근한다. 장인어른 덕분에 회사에서도 대우를 받는다. 회사에서 발생한 문제를 장인어른에게 부탁해 쉽게 해결하고 이전 생에서 핍박받던 차주혁은 이제 온데간데없다. 예쁘고 여성스러운 아내, 항상 신혼 같은 달콤한 아침 주혁은 행복하다. 그렇다면 바뀐 인생에서 우진은 또 어떠한가. 능력 있는 커리어 우먼에 밝고 싹싹한 성격, 누가 봐도 매력적인 여성이다. 주혁 없는 그녀의 인생은 그야말로 인생역전이다.

하지만 드라마는 해피엔딩으로 가야 하고, 남자 주인공과 여자 주인공은 서로 다시 만나야 한다. 〈아는 와이프〉는 결국은 본처인 아내가 더 소중한 존재였다는 걸 뒤늦게 알아가는 남편의 이야기를 담고 있다. 현실에 부대끼지 않은 우진의 모습을 보며 주혁은 각성해야 한다. 드라마의 초목표를 달성하기 위해서 주변 상황 설정은 무리해질 수밖에 없다. 이제 또 다른 유형의 악처가 나와야 한다. 그래야만 주혁이 우진을 다시 보게 되는 것도, 다른 인생을 선택한 것을 후회하는 것도 당위성을 가질 수 있기 때문이다. 그래서 이번에는 혜원이 악처가 된다.

주혁은 혜원 부모와 주말마다 식사를 하고, 1년에 두 번씩 여행을 가야 하며, 명절에는 처가에 먼저 들러야 한다. 혜원은 난데없이 들이닥친 시부모님을 난감해하는 모습을 통해 이기적이고 못된 며느리로 설정되어버린다. 그 상황에서도 착하게 웃으며 맞이해야 한다는 가부장적 시각이 보이는 대목이다. '중국집에서 배달을 시키겠다', '호텔 스위트룸에 시부모님을 모시겠다' 말하는 혜원은 그냥 잘못하고 있는 며느리인 것이다. 혜원은 철저하게 주혁을 각성시키기 위한 도구로 설정된 캐릭터다. 따라서 나쁜 아내로 묘사되어야만 한다. 연락도 없이 자신의 부모님을 모셔 온 주혁이의 가부장적 질서를 따르는 것이 착함, 옳음이라면 시부모님을 그냥 내보내게 만든 혜원은 어른을 무시하는 못된 여자다. 혜원을 나쁜 며느리로 묘사한 후에야 주혁은 우진과의 결혼 생활을 그리워한다.

이 드라마에서 주혁을 힘들게 하는 요소는 괴물로 변한 아내, 시댁에 함부로 하는 예의 없는 아내이다. 이들은 드라마의 공공의 적이며 주혁이 어떤 선택을 하게끔 만드는 장본인이다. 그 원인은 앞서 설명했듯이 〈아는 와이프〉가 철저하게 주혁의 시점, 즉 가부장적 남성 중심의 시각에서 그려졌기 때문이다. 결혼 생활로 인생이 망가진 것은 서우진이 더 심하면 심했을 것이다. 2018년도에 싱글 라이프를 즐기는 서우진의 모습은 누구보다도 빛이 난다. 그런데도 드라마는 주혁의 설움에 당위성을 부여하려고 노력하고 오히려 우진의 고단함에는 주목하지 않는다. 심지어 주혁과 맺어지는 우진은 악처로서의 우진이 아니라 상큼한 에너지를 분출하는 현재의 우진이다. 다른 생에 머물러 있는 우진을 보듬어주는 이는 한 명도 없다. 그녀는 분노만 분출하고 만 것이다.

판타지는 주제 의식을 불러일으키는 도구에 불과하다. 해피엔딩 역시 마찬가지다. 하지만 이 드라마는 위기의 부부가 서로를 알아가고 지혜롭게 갈등을 극복하는 과정에 전형적인 시각으로 도구를 사용해 그 용도를 쓸모없게 만들었다. 해피엔딩을 위한 전형성들. 결국 원래 운명을 찾아가는 〈아는 와이프〉의 순정이 불편한 이유다.

결혼, 낯설게 보는 순간 내 인생이 보인다

tvN 드라마 〈이번 생은 처음이라〉

오혜정

평범한 그들은 평범해질 수가 없다

한국 드라마에서 '결혼'이란 낭만적인 사랑의 결실을 의미한다. 결혼은 드라마 속 해피엔딩의 전형이며, 등장인물이 결혼식을 하는 순간 그들을 둘러싼 모든 갈등은 해소되고 스토리는 완결된다. 한국 사회에서 사랑과 결혼은 유리(遊離)될 수 없는 것으로 통용된다. 사랑하면 결혼은 '당연히' 해야 하는 것으로 여겨져 왔다. 그래서 '계약 결혼'을 다룬 드라마들의 엔딩에서는 굉장히 우스운 상황이 펼쳐진다. tvN 〈연애 말고 결혼〉이나 MBC 〈운명처럼 널 사랑해〉는 주인공들이 서로의 필요에 의해서 계약 결혼을 하게 되지만 결국 그 과정에서 '진정한' 사랑을 느끼고 다시 결혼식을 하며 '진짜 사랑'의 결실을 맺는다. 이미 (껍데기) 결혼을 했음에도 그들이 엔딩에서 '진정한' 결혼식을 또 올리는 이런 비경제적인 행위는 한국 사회에서 사랑과 결혼의 연결 고리가 여전히 건재하다는 것을 보여준다.

하지만 우리는 요즘 한국 드라마가 그동안 보여주고 있던 '결혼의 당위성'에 대해 의구심을 품기 시작했다. 현실의 고단함으로 인해 청춘들은 자연스럽게 인생의 과업이라고 여겨져 왔던 '결혼'을 포기했다. 부모 세대에서는 당연했던 일이, 자녀 세대에서는 당연하지 않게 되면서 세대 간의 갈등도 심화되었다. 작년 10월, 이런 우리의 고민을 반영하는 드라마가 등장했다. 바로 tvN 드라마 〈이번 생은 처음이라〉다.

누구나 처음이지만 능숙해야 하는 그것, 결혼

〈이번 생은 처음이라〉도 역시 계약 결혼 이야기다. 홈리스 지호(정소민 분)는 자기 한 몸 뉘일 집이 필요했고, 하우스푸어 세희(이민기 분)는 대출을 갚는 데 경제적으로 도움을 줄 깔끔한 세입자가 필요했다. 그들 또한 다른 드라마와 마찬가지로 서로의 필요에 의해서 결혼 계약을 맺는다. 그들이 '결혼 계약'을 평탄하게 유지하는 데 제일 걸림돌이 되는 건 그들의 부모님이다. 시댁에서의 제사, 친정에서의 김장은 단순히 계약으로 맺어진 그들의 관계에서는 당연한 일로 여겨지지 않는다. 응당 대가를 지불해야 할 '노동'으로 여겨진다. 자신의 집에서 제사 음식을 준비한 지호에게 세희는 그에 대한 갚음으로 돈 봉투를 준비하지만 지호는 자신의 고향에서 김장을 하는 '노동'으로 갚으라고 한다. 서로의 '가사 노동'에 현금으로 대가를 지불하거나 노동 교환을 하는 행위는 비정상적이지만 오히려 그것이 더 경제적이며 합리적으로 보인다.

생각지 못하게 '결혼'이라는 그라운드에 뛰어든 그들은, 시청자에게는 우리나라의 '결혼'이라는 문화를 관찰하며 서술하는 훌륭한 해설 위원이 된다. 결혼 문화 안에 얽힌 다양한 목적과 가치관들을 하나하나 응대하며 부딪혀가는 그들의 인생은 참 우여곡절이 많아 보인다. 사랑 없이 결혼 생활을 시작한 그들도 보통의 신혼부부와 다를 건 없었다. 지호는 시어머니가 당연한 듯 둘러주는 앞치마에 당황하고 세희는 김장하러 가서 느닷없이 주는 장인어른 친구의 술잔에 난감해한다. 하지만 우리는 이미 알고 있다. 며느리와 사위는 당연히 그래야 하는 것이다. 그동안 미디어가 재생산한 결혼의 모습은 며느리와 사위의 행동 요령을 정해놓았다. 누구나에게 결혼은 처음이지만 또 능숙해야 한다. 며느리는 고민 없이 시어머니가 주는 앞치마를 받아야 하며, 사위는 당연히 장인어른(혹은 장인어른 친구)이 주는 술잔을 마다해선 안 되는 것이다. 지호가 세희의 아버지에게 "사랑해서 결혼한 게 아니다"라고 고백하자 세희의 아버지는 반문한다. "그게 어째서? 요즘 누가 사랑해서 결혼을 하냐?" 이때 우리는 깨닫게 된다. 그동안 드라마 속에서 구현되었던 사랑의 결실로 표현되는 결혼은 모두 허구였음을. 결혼은 낭만적인 사랑의 결과물이 아니라 '남들처럼' 평범해지기 위한 수단이었음을 말이다.

서로에게 사랑하는 감정이 생기자, 그들은 이혼을 결심한다. 현재의 결혼 제도 안에서는 '진정한' 사랑을 시작할 수 없다고 판단한 것이다. 이 드라마의 전개는 이렇게 사랑과 결혼의 연결 고리를 끊어버리는 것에서부터 시작한다.

가장 편안하면서 가장 불편한 공간, 집

한국 사회에서도, 이 드라마에서도 '집'은 아주 특별한 의미다. 지호와 세희는 '집'이 필요해서 서로를 만났다. 지호는 집이 없어 드라마 작업실에서 자다가 성폭행을 당할 뻔해 자신을 보호할 곳을 찾다 세희의 집에 들어온다. 세희는 과거 결혼에 반대하는 아버지의 '내' 집에서 나가라는 호통에 경제적으로 무리해서 집을 꾸렸다. 둘 다 외부의 압력을 피해 숨을 곳을 찾아 들어온 것이다. 편안하고 안정적인 자신만의 공간을 찾아 그들은 한 집에 살게 되었고 결국 결혼을 했다. 하지만 이는 편안하고 안정적인 생활을 함께 영위함과 동시에 개인의 사생활을 침해할 수밖에 없는 환경을 의미한다. 계약 결혼을 해서 한 집에 살면서도 서로의 사생활에 관심이 없던 그들은, 사랑하는 감정이 생기자 서로의 평범한 일상과 비밀에 대해 궁금해지기 시작한다. 이때, 지호와 세희의 대화 속에 소설 『19호실로 가다』의 내용이 등장한다. 결혼 생활에 지친 아내가 만든 싸구려 호텔의 19호실은 가족 누구에게도 침범당하고 싶지 않은 자신만의 공간. 하지만 어느 날 남편에 의해서 19호실의 존재가 발각되고, 아내는 외도를 하고 있었다는 거짓말을 하며 끝까지 그 방의 의미를 들키지 않으려고 한다. 지호와 세희는 이 소설의 내용을 떠올리면서 '결혼'의 의미를 다시 생각한다. 행복해지려고 한 결혼이 오히려 개인의 삶과 행복을 무너뜨릴 수도 있다. 이는 기존의 다른 드라마들이 표현했던 '결혼'이 지니고 있는 신성함, 숭고함을 파괴하는 기능을 한다.

예로부터 '의식주' 중에 '주'로 표현되는 '집'은 인간의 가장 기본적인 생활 요건이지만 오늘날 한국 사회에서 집은 더 이상 기본 옵션이 아니다. 우리는 따뜻한 안식처 같은 자신만의 공간인 '집'을 갈망하지만 결혼 제도 아래의 배우자와 함께 사는 '집'은 가정 내의 역할과 책임이 주어지는 또 하나의 작은 사회다. 자유롭지만 마냥 자유롭지 않은, 가장 편안하면서도 제일 불편한 집의 '역설'은 우리로 하여금 현실이라는 프레임으로 결혼을 바라보게 한다.

어른들의 성장 드라마

이 드라마는 사랑과 결혼의 연결 고리를 끊는 데는 성공했으나, 한국 로맨스 드라마의 클리셰인 '결혼 엔딩'을 버리진 못했다. 이혼한 지호와 세희는 헤어져 서로를 그리워하다 결국 다시 재회한다. 그 후 그들은 명절에는 각자의 집에 가서 따로 지내기로 하는 등 결혼 계약서를 조정하면서 결혼 생활을 이어나가기로 결정한다. 새로 조정한 결혼 계약서 내용이 한국 정서에 맞지 않는 것 같다며 걱정하는 지호에게 세희는 말한다. "한국 정서가 뭐가 중요합니까, 우리 정서가 중요하지." 그러나 관습에 저항하는 개인은 항상 그에 따른 대가를 받는다. 각자의 집으로 갔던 첫 명절에 세희의 어머니는 지호에게 전화를 걸어왔고, 지호의 아버지는 상을 엎었다. 하지만 지호와 세희는 그것에 굴하지 않았다. "결혼은 참다운 뜻에서 사랑의 시작이다"라고 말했던 요한 볼프강 괴테(Johann Wolfgang von Goethe)의 말처럼 그들은 그냥 '사랑'하기로 한 것이다. 이 드라마의 엔딩은 한국의 결혼 제도의 부조리함을 극복하는 유일한 방법은 역설적이게도 '사랑'이라고 말하고 있다. 이 드라마의 주인공인 지호와 세희는 작품 안에서도 서술자를 자처한다. 둘은 결혼은 하고 싶지만 여건이 되지 않아 포기해야 하는 호랑(김가은 분) 커플과 사랑하지만 구속받기 싫어 결혼을 꺼리는 비혼주의자 수지(이솜 분) 커플로 대표되는 청춘들의 결혼을 대하는 방식을 관찰하고 해설하며 시청자로 하여금 한국의 결혼 제도를 관망의 시선으로 보게 한다. 공감되는 현실 에피소드와 자극적인 전개로 점철되어 시청자와 주인공의 동일시를 이끌어내는 기존의 드라마와는 달리, '결혼'이라는 이 드라마의 주제를 일정한 거리를 두고 보게 하여 보다 객관적인 감상과 평가를 이끌어낸다. 이는 실제 한국 사회에서 냉담한 시선으로 결혼을 바라보는 젊은 세대들의 시각이 투영된 것이라 할 수 있다.

"비운의 88년생. 대한민국이 가장 화려했던 시절에 태어나 최악의 불황을 겪고 있는 세대." 드라마에서 지호와 친구들이 풍요와 빈곤을 동시에 맛본 자신들의 세대를 칭하는 자조적인 이름이다. 그들에게는 결혼도, 연애도 그 무엇도 당연하지 않다. "유대와 낭만이라는 평범함도 비용과 에너지가 되어버린" 그들. 우리는 〈응답하라 1988〉의 평범한 집에서 평범하게 자란 덕선이의 남편 찾기에 열광했지만, 정작 그 시절 태어난 오늘날의 청춘에는 '배우자 찾기'란 아주 어려운 일이 되어버렸다.

당연한 것이 당연하지 않게 되어버린, 평범하게 사는 것이 제일 어려운 지금의 청춘들의 인생. 이 사회의 모순과 혼란 속에 청년들은 어쩌면 제2의 사춘기를 맞고 있는지도 모른다. 이 드라마는 '비혼' 드라마를 표방했지만 알고 보면 현실에 지쳐 있는 성인들의 '성장 드라마'다. 마지막 회에서 지호는 자신과 비슷한 처지의 청춘들에게 위로를 건넨다. "지금 이 순간을 사는 여러분에게 모든 진심을 담아 건투를 빈다. 어차피 이번 생은 우리 모두 처음이니까." 그렇다. 우리가 사는 세상이 혼란스럽고 복잡해 보이는 것이 당연하다. 매 순간에 능숙하지 못한 것이 자연스러운 것이다. 딱 한 번뿐인 인생 앞에 우리는 영원히 아마추어일 수밖에 없다.

드디어 우리에게 도달한 관계의 새로운 수식

드라마 〈나의 아저씨〉

김영은

시작부터 소란스러웠던 드라마 한 편을 이야기하고 싶다. 가히 우려스럽고 조심스럽지만, 소문난 잔치에 먹을 것 없다는 옛말과는 달리 여기에는 먹을 것이 많아 보인다. 적어도 한 번 맛볼 가치는 넉넉해 보인다. 작금의 세태에 필연적으로 논란을 야기할 수밖에 없는 드라마, 바로 〈나의 아저씨〉다.

1. 연대하는 남녀

드라마 속 남자 주인공 동훈(이선균 분)은 40대 중반의 아저씨다. 그리고 여자 주인공 지안(이지은 분)은 20대 초반의 이제 갓 성인 딱지를 뗀 어린 여자애다. 드라마의 주인공을 연기하는 남녀 배우의 실제적인 나이 차가 열다섯 살쯤 벌어지는 것은 우스워진 요즘에 드라마 속 인물의 설정마저 스무 살 넘는 나이 차를 보여주는 것은 대단히 위험한 행보였고 그로 인해 끝없는 비난이 양산되었다. 판타지에 기대고 있는 〈도깨비〉의 900살 넘는 나이 차도 비난의 대상이 되는 마당에 이 현실성 짙어 보이는 드라마는 제목마저 〈나의 아저씨〉라니. '영포티'와 '아재파탈' 등의 아재 미화, 대체 어디까지 받아줘야 하는가 하고 말이다. 번듯한 기업의 부장씩이나 되는 동훈과 가난을 등에 업은 가여운 계약직 지안. 누가 봐도 불순하게 변질될 듯 아슬아슬하게 짜인 설정은 이 드라마를 절로 눈살 찌푸리고 감상하게 만들었다. 나 역시 바로 그런 시청자 중 하나였다.

그러나 뚜껑을 열고 들여다본 드라마 속 동훈과 지안은 으레 예상했던 관계에서 비스듬히 비껴나 있다. 지안은 동훈을 적당히 구워삶아 해치우기 좋은 먹잇감 다루듯 호시탐탐 기회를 엿보고, 동훈은 초식동물 같은 감각으로 지안이 어딘가 위험하고 불안한 존재라는 생각에 도망 다니기 바쁘다. 동훈을 눈엣가시로 여기는 회사의 대표이사 준영(김영민 분)에게 찾아가 "박동훈을 회사에서 잘리게 해주겠다"며 금전을 요구하는 지안의 행보는 흡사 악역의 그것과 다르지 않다. 지안은 아무렇지 않게 동훈의 일거수일투족을 도청하고, 부러 접근해 스킨십을 시도해 사진을 찍히게 만들고, 그의 주변을 탐색하며 그를 제거하기 위해 그의 삶에 스며든다. 그리고 그렇게 스며들어 관람한 동훈의 삶이 대단하지도 아름답지도 않아 연민하게 된다. 사고뭉치에 구질구질한 동훈의 형제들, 아내의 외도, 점점 더 위태로워지는 직장에서의 위치, 대범하지도 날카롭지도 못해 늘 혼잣말에 그치는 그의 쓸쓸한 생각들. 동훈을 향해 "좋은 사람 같다"는 할머니의 말에 "잘사는 사람들은 좋은 사람 되기 쉬워"라고 대답하던, 세상을 향해 불신하고 얼어붙어 있던 지안의 마음이 동훈에 한해 조금씩 움직이기 시작한다. '잘살아서 좋은 사람'에서 '그냥 좋은 사람' 쪽으로.

동훈 역시 지안이 눈에 밟힌다. 고슴도치같이 날을 세우고 그 나이 또래에 당연하게 가져야 할 명랑함이나 경솔함과는 거리가 먼, 숨죽인 채 제 할 일을 명확히 알고 움직이는 아이 같지 않은 아이. "너희들은 걔 안 불쌍하냐? 경직된 인간들은 다 불쌍해. 살아온 날들을 말해주잖아. 상처받은 아이들은 너무 일찍 커버려. 그게 보여. 그래서 불쌍해. 걔의 지난날들을 알기가 겁난다." 어쩌면 동훈은 지안에 대해 되바라지고 싹 퉁머리 없는 아이, 싹싹한 구석이라곤 없는 건방진 계약직이라는 세간의 평가를 뒤로 한 채 유일하게 공감의 정서를 가지고 들여다봐 준 최초의 인간일 것이다. 마음이 가난한 동훈이 몸과 마음 모두가 가난한 지안을 알아보는 것은 그다지 무리한 교감이 아니다. 누군가를 속이거나 거친 말로 겁을 주거나 있는 힘껏 몸통 박치기를 하고 내달리는 처세에는 능해도, 할머니를 부양할 능력이 없는 자신이 나라의 도움을 받을 수 있다는 사소한 사실에는 무지한 지안에게 그걸 알려줄 '어른이 부재'했다는 사실을 알아챈 동훈은 그녀에게 어른으로 존재하고자 한다. 그리고 마침내 단단하게 굳은 마음에 온기로 내린다.

동훈이 좋은 사람이라고 결론 내린 지안은 이제 반대쪽으로 움직인다. 동훈을 파멸시키는 대신 그를 구원하기로. 지안은 이제 동훈을 몰아내려는 준영의 대척점에 서서 준영의 자리를 동훈에게 주려 하고, 외도를 하고 있는 동훈의 아내 윤희(이지아 분)를 설득해 가정을 지키게 하고자 한다. 동훈이 회사는 물론 가정, 그가 속한 사회 관계망 안에서 흔들리거나 다치지 않고 안온한 포지션에 안착하기를 바란다. 그런가 하면 동훈은 어떤가. 지안을 바짝 마르게 하고 불행히도 빨리 자라게 한 그녀의 뿌리 깊은 가난, 사채 빚을 타개할 길을 열어주고자 하고 제 나

이에 누려야 할 행복이나 안정감을 찾아주고 싶다. 그렇게 둘은 서로가 서로의 결핍을 알아보고 작은 구원이라도 안겨주려 애쓴다. 그것은 남녀 사이의 이성애적 관념에서 훨씬 더 거시적으로 확장되어 공동체 내에서 요구되는 일종의 인류애적인 관점과 맥을 같이한다. 둘은 남녀와 나이를 초월해 같은 결핍과 공감의 정서로 '연대'한다. 지금까지의 드라마에서 흔히 남녀, 노소의 관계 안에서 교환되었던 익숙한 감정들과는 아주 다른 양상이라고 말할 수 있다. '연대'하는 남성과 여성은, '연대'하는 어른과 아이는 참 희소한 관계의 수식이다.

2. 증오'할 수밖에' 없는 남녀

그런가 하면 폭력성의 극치로 〈나의 아저씨〉를 둘러싼 논란의 양대 산맥을 이루고 있는 인물 광일(장기용 분) 역시 색다른 관계를 보여준다. 드라마 초반부터 다부진 남성의 체격으로 지안을 거침없이 폭행하고, 욕설은 물론 무단 가택침입에 그녀의 일터까지 침범해 못살게 구는 광일은 지안이 돈을 위해 물불 안 가리게 만든 장본인, 사채업자다. 흔히 드라마에서 소비되는 전형적인 악한 캐릭터성과 직업군답게 광일은 성실하고도 지독하게 지안을 괴롭히지만, 그 모습은 어째 다소 필사적이고 지나쳐 보인다. 선정성 논란에 시달리며 '그럴만한 이유와 사연이 있는 인물'이라며 드라마를 끝까지 봐주십사 간청했던 제작진의 호소에도 불구하고 이후 드라마가 보여준 해명은 논란만큼 관심을 끌지는 못한 것 같다. 광일은 지안을 증오하고, 지안 역시 광일을 증오하지만, 둘 관계의 수식에는 마땅히 괄호로 자의가 아닌 '타의'가 기재되어야 할 것이다. 둘은 서로가 서로를 증오'할 수밖에' 없는 사람들이다.

대를 이어 사채업을 하고 있는 광일의 사정을 들여다보면 그의 아버지가 지독한 사채업자라는 사실에서부터 불행이 시작된다. 한 동네에서 나고 자란 지안과 광일은 어린 시절을 공유하고 또 그것이 퍽이나 애틋한 소꿉친구였지만 눈 없는 돈은 그런 사정을 알 리 없고, 지안의 모친이 끌어다 쓴 광일 아버지의 사채 빚은 남겨진 지안과 할머니를 폭력의 구렁텅이에 몰아넣는다. 지안의 유년 시절은 덜 자란 몸으로 빚 청산에 혈안이 되어 흘러가버린다. 그럼에도 나아지지 않는 가난과 끝없이 지속되는 광일 아버지의 폭력 속에서 유난히도 불운했던 어느 날, 말 못하고 거동이 불편한 할머니에게 그의 폭력이 극심하게 가해지자 지안은 그를 살해하고 만다.

아버지를 살해한 지안을 용서할 수 없는 광일과 같은 순간이 와도 같은 선택을 했을 지안. 둘의 사이에는 결코 무너지지 않을 견고한 벽이 세워진다. 둘은 화해할 수 없다. 증오 외에 달리 취할 수 있는 태도도 없다. 그럼에도 자의가 아닌 타의라는 지점이 어느 누구도 손쉽게 비난할 수 없게 만든다. 그것은 광일에 대해 이야기하는 지안의 말에서 너무도 무력한 상황으로 여실히 드러난다. "착했던 애예요. 나한테 잘해줬었고. 걔네 아버지가 나 때리면 말리다가 대신 맞고. 그땐 눈빛이 지금 같지 않았어요. 걘 날 좋아했던 기억 때문에 괴롭고. 난 걔가 착했던 기억 때문에 괴롭고……." 동훈은 답한다. "어른 하나 잘못 만나서 둘 다 고생이다."

어른 하나 잘못 만나 폭력과 욕설로 박제되어 버린 광일과 지안의 사이에는 그 어떤 느슨한 교감도 이루어지지 않는다. 끊임없이 서로를 향해 분노를 표출하고 또 그로 인해 부단히 고통받을 뿐이다. 우정과 애정의 자리가 원치 않는 증오로 대체되면서 둘은 다만 자신의 역할에 충실한다. 지독한 사채업자와 그런 사채업자가 지긋지긋한 빚쟁이로. 과도한 역할 몰입의 이면에는 애정이 증오로 돌아선 역풍이 도사리고 있지만 아무것도 달라질 수 없음을 알기에 묵묵히 견디면서. 손쓸 수 없이 어떤 변화와 희망도 기대할 수 없는 지안과 광일의 죽어버린 관계 역시 일찍이 본 적 없는 전혀 새로운 수식을 보여주고 있다.

3. 철들지 않는 어른들과 철든 아이

동훈의 형 상훈(박호산 분)과 동생 기훈(송새벽 분), 동훈의 오랜 소꿉친구 정희(오나라 분)를 필두로 하는 후계동 사람들은 철들지 않는 어른들의 전형이다. 20년 넘게 근속하던 회사에서 잘리고 아내로부터는 이혼 요구에 시달리는 초라한 중년 상훈. 그리고 오래도록 영화계의 스타 감독을 꿈꾸며 낭만을 좀먹고 사는 기훈. 번듯한 둘째 동훈과는 달리 아직도 노모 요순(고두심 분) 밑에서 밥을 얻어먹으며 청소 용역으로 근근이 먹고사는 둘은 겨우 한다는 소리가 엄마의 장례식에 와줄 많은 손님들을 위해서라도 동훈만큼은 절대 회사를 그만두지 말고 오래오래 붙어 있으라는 말이다. 아직도 반찬 투정을 하고 툭 하면 치고받고 싸우며 밤새 술과 함께 신세 한탄으로 세월을 지나는 짠한 인물들이다. 정희라고 별다를까. 형제들이 신세 한탄을 하는 바로 그 술집 '정희네'를 운영하며 동네 단골 장사로 명맥을 이어가고 오래전 자신을 떠나 불자로 귀의한 연인 겸덕(박해준 분)을 잊지 못해 27년 세월을 매일 밤 서러움에 눈물짓는 청승의 전형이다. 후계동 대표 동호회 조기축구회 구성원들의 사정도 별반 다르지 않다. 공을 차다가도 난데없이 멱살잡이를 하고, 우르르 몰려다니며 사고를 치고 술을 마시고 울다가도 또 웃는다. 긴 세월을 켜켜이 뒤로한 채 살아왔어도 도무지 철들지 않고 도무지 나아지지 않는다.

그런 그들에게 명랑하지도 않고 생기도 없는 지안은 여간 낯선 존재가 아니다. 그럼에도 그들은 쌓아온 시간의 내공으로 마땅히 보호받아야 할 '아이'를 알아본다. 오갈 곳 없는 지안을 기꺼이 자신의 쪽방으로 맞아들인 정희는 며칠만 부탁한다는 동훈의 말에 오래오래 있었으면 좋겠다고, 동거인이 생겨 신난다고 해맑게 말한다. 천애 고아가 되어 세상을 떠난 할머니의 장례를 치를 길이 없어 막막해진 지안을 위해 상훈은 청소 용역 일을 하며 장판 밑에 한 장 한 장 고이 숨겨두었던 현금을 내놓는다. 언젠가 삼형제가 함께 멋들어진 수트를 빼입고 스포츠카를 모는 꿈을 꾸며 모아두었던 돈은 수트 대신 상복이 되고 스포츠카 대신 커다란 조화가 된다. 제대로 된 일면식도 없는 지안 할머니의 상갓집에 모인 후계동 조기축구회 사람들은 쓸쓸한 장례식장에 기꺼이 조문객이 되어준다.

지안을 둘러싸고 방사형으로 펼쳐진 후계동 사람들은 지안과는 상반된 해맑음으로 세상을 난다. 그러나 세상 그렇게 한심해 보일 수 없는 인물들이 지안에게 있어 사소하고 진득한 온기로 다가설 때, 그 관계 속에서 지안은 비로소 그 나이대다운 아이가 되고 그들은 지혜를 갖춘 어른이 된다. 그들은 아무런 대가도 바라지 않고 지안에게 베푼다. 공동체 안에 자리하고 있는 어른들이 마땅히 어떤 모습이어야 하는지, 그리고 그들이 제 역할을 했을 때 아이는 어디까지 의지하고 안심할 수 있는지가 지안과 후계동 사람들의 관계를 통해 드러난다. 관계의 부재로 내내 불통을 겪던 주인공이 마침내 세상에 손 내미는 방법을, 철들지 않은 어른들을 통해 배우는 것이다.

"내가 스물한 살이기만 할까? 한 번만 태어났으려고. 내 생애에 60살씩 살았다 치고 500번쯤 환생했다 치면 …… 한 3000살쯤 되려나. 어

3만 살. 왜 자꾸 태어나는 걸까?" 3만 살이 되도록 반복됐을지도 모르는 생애를 왜 자꾸 태어나는지 알 수 없다 건조하게 말하던 지안은, 동훈이 안내한 후계동 사람들의 세계에 스며들면서 달리 말한다. "다시 태어나면 이 동네에서 태어나고 싶어요." 철부지 어른들이 모인 세계에서 지안은 이번 생애 최초로 다음 생을 기대한다. 그도 그럴 것이 후계동에는 이렇게 말하는 사람들이 있는 것이다. "야, 네가 3만 살이구나. 반가워. 나는 4만 살."

4. 마침내 로맨스를 거세하니 보이는 것들

물론 〈나의 아저씨〉 속에 이성애적인 로맨스가 조금도 내포되어 있지 않다고는 말할 수 없다. 윤희와 준영의 불륜 관계가 그러했고, 정희가 끈질기게 겸덕에게 품는 미련이 그러하며, 특히나 동훈을 도청하던 지안이 동훈에게 좋아한다 선언하는 모습이 그러하다. 감정을 명쾌하게 구분지어 여기부터는 우정, 여기까지는 사랑, 또 여기에서는 연대라 말하며 선 그을 수 없듯, 드라마 속 등장인물들이 가지는 감정의 스펙트럼도 다양하고 다채로울 수밖에는 없다. 다만 분명한 것은 주인공 지안과 동훈을 비롯한 주요 인물들의 감정선 안에 이성애적인 관점이 뒤섞여 있을지언정, 그들이 보여주는 관계의 방향성과 지향점은 부단히 로맨스를 거세하고 새로운 관계를 제시하고자 했다는 점이다. 지안과 동훈은 무수한 장벽과 편견을 넘어서 서로의 행복을 되찾아주기 위해 연대하고, 그 연대는 완벽하진 못할지언정 꽤나 유효한 결과로 성공한다. 지안과 광일은 끝내 해소되지도 달라지지도 않을 간극 속에서 증오로 남는다. 지안과 후계동 사람들은 마침내 제 나이를 찾은 아이와 어른들의 모습으로 공동체의 온기를 보여준다. 〈나의 아저씨〉가 보여주는 로맨스가 거세된 관계는 이토록 다채로운 이야기로 증명하며 그간의 한국 드라마가 집착했던 '모로 가도 로맨스'적인 행보에 제동을 걸고 있는 것이다.

남녀 간의 사랑으로 치환되는 관계성은 분명 익숙하고 손쉬운 방식이다. 로맨스는 드라마의 구미를 당기는 매우 안전한 장르다. 그간의 드라마가 남녀의 이성애적인 사랑과 로맨스 장르에 매몰되어 있었다면, 〈나의 아저씨〉는 그 중독에서 벗어나고자 발버둥친 작품이다. 쉽고 익숙한 관계의 수식을 대신해 어렵고 낯선 관계의 수식으로 새로운 이야기를 제안하고 있는 것이다. 드디어 우리에게 도달한 관계의 새로운 수식 앞에 우리는 좀 더 마음을 열 필요가 있어 보인다. 세상에는 '사랑한다'는 말 대신 '행복하자'는 말로 마음을 전하는 남녀 사이도 있다. 〈나의 아저씨〉 속 지안과 동훈처럼.

어느 것을 고를까요

JTBC 〈내 아이디는 강남미인〉에서
KBS 〈아이돌 리부팅 프로젝트 더 유닛〉까지

전하림

작년 이맘때 즈음, 새롭게 알게 된 단어가 하나 있다. '리에종(liaison)'이 바로 그것이다. 불어로는 '연결, 관련, 결합'이라는 뜻을, 영어로는 '조직이나 부서 간의 정보 교환을 돕는 연락망'이라는 뜻을 가진 이 단어는 주로 요리의 영역에서 소스의 농도를 조절해 그 풍미를 더해주는 의미로 자주 사용된다고 한다. 낯설지만 매력적인 이 단어에 대해 이리저리 생각하다가 문득, TV 프로그램을 비롯한 대중예술이 우리 사회에서 '리에종'의 역할을 하고 있는 게 아닐까 하는 생각이 들었다. 그 원형을 온전히 파악할 수는 없을지라도 대중예술은 다양하게 우리에게 녹아들어 삶의 풍미를 살려주는 역할을 한다고 이야기하는 것은 지나친 확대해석일까?

이에 대해 문화연구가 존 피스크(John Fiske)의 의견을 잠시 빌려올까 한다. 많은 이론가와 철학자들이 대중예술을 폄하했던 것과는 달리

존 피스크는 대중문화가 가진 가치에 대해 심도 있게 들여다봐야 함을 주장한 바 있다. 대중문화야말로 우리 사회를 들여다볼 수 있는 넓은 창이라는 것이다. 텔레비전 미디어로 대표되는 대중문화는 가장 대중의 취향과 관심사, 사회의 변화 태세를 잘 반영할 수 있는 예술 분야이다. 그러니 TV 드라마와 예능 프로그램, 다큐멘터리들이야말로 우리 사회에서 리에종의 역할을 하고 있다고 말할 수 있을 것 같다.

이제부터 몇 프로그램들을 통해 우리 사회의 모습이 대중문화를 통해 어떻게 드러나고, 다시 그 대중문화가 우리 삶에 어떻게 스며들 수 있는지를 생각해보려 한다. 서로는 서로에게 어떻게 '리에종'되고 있는 걸까? 그 리에종은 과연 어떠한 풍미를 끌어올릴 수 있을까? 하나에 하나를 더했는데 둘이 아니라 그 이상을 만들어내는 마법이 정말 가능한 걸까?

#당신, 지금 무얼 보나요?: 〈내 아이디는 강남미인〉

성황리에 마무리 지어진 JTBC 드라마 〈내 아이디는 강남미인〉은 네이버의 인기 웹툰이 드라마화된다는 사실만으로도 방영 전부터 사람들의 관심을 끌어모았다. 많은 웹툰 원작 작품들이 여러 논란을 불러일으키거나, 실망스러운 성적을 낸 데에 반해 〈내 아이디는 강남미인〉은 시청률과 화제성 모두를 놓치지 않으며 많은 사랑을 받았다. "이 드라마는 쉽게 여자들의 외모를 비난하고 품평하는 2018년 한국의 외모지상주의적 현실을 담은 드라마다. 그래서 이 드라마는 추녀가 성형을 통해 사랑에 성공하는 이야기가 아니다. 변신한 주인공이 모든 것을 얻게 되는 흔한 동화 같은 이야기가 아니다. 오히려 성형을 하고 난 뒤에 더 밑바닥을 보이는 현실과 마주하게 된 여주인공의 고민을 유쾌하지만 진지하게 담은 드라마다. 그리고 외모지상주의적인 사회 속에서 각자의 아픔을 가지게 된 여러 청춘이 좌충우돌 성장해나가는 이야기이다"라는 프로그램 설명에서 알 수 있듯, 〈내 아이디는 강남미인〉은 외모지상주의에 대한 색다른 고찰을 표방한다.

드라마는 제작 의도에 충실하게 따라가고 있는 것으로 보인다. "쉽게 여자들의 외모를 비난하고 품평하는 2018년 한국의 외모지상주의적 현실"은 곳곳에서 드러난다. 주인공 강미래(임수향 분)가 성형수술을 결심하게 된 계기는 못생긴 얼굴로 사는 삶이 '불행'하기 때문이었다. 미래가 죽어라 살을 빼도, 공부를 잘해도, 못생긴 얼굴 때문에 결코 행복할 수 없다는 생각에 사로잡혀 성형 수술을 감행한다는 설정이나 첫 회에서부터 지나다니는 여자들의 얼굴에 대해 속으로 점수를 매기는 주인공의 모습과 같은 설정들은 지금 우리 현실의 모습을 가감 없이 보여준다. 그뿐만 아니라 이른바 '화학과 여신'으로 칭송받던 현수아(조우리 분)가 거짓말로 범벅된 삶을 살고 자신의 마른 몸을 유지하기 위해, 심지어 마른 체질로 태어난 것처럼 보이기 위해 먹고 토하는 식이장애를 가지고 있다는 설정은 최근 우리나라에서 젊은 여성들이 폭식증과 같은 식이장애로 인한 전해질 불균형으로 사망하는 경우가 종종 발생하고 있다는 사실을 떠올리게 한다. 수아에게 "넌 예쁘지만 행복하지 않잖아", "우리 이제 그만하자 이런 짓"이라고 일갈하는 미래의 모습은 이 드라마가 하고 싶은 말을 가장 직접적으로 보여주는 대목일지도 모르겠다.

그러나 이 드라마가 제작 의도에 충실하게 따라가고 있다는 지점에서 한 가지 의문이 생겨난다. 시청자들은 이 드라마를 통해 누구에게 '감정이입'을 하고 있는 걸까?

감정이입은 오래도록 연극과 소설, 영화를 비롯한 서사 예술 분야에서 중요한 문제였다. 관객의 감정 이입을 방해하고 더욱 적극적으로 사고하게 해야 한다는 베르톨트 브레히트(Bertolt Brecht)의 '서사극 이론'과 같은 입장도 분명 있었지만 우리에게 친숙한 것은 관객으로 하여금 등장인물, 특히 주인공에게 흠뻑 빠지게 하는 방식이었다. 이는 TV 드라마에도 고스란히 전승되었다. 자연스레 드라마 제작자들과 시청자들은 등장인물이 얼마나 공감을 불러일으키는가에 집중하게 되었다. 이 문제는 존 피스크가 이야기한 '동일시'의 과정과 밀접하게 연관되어 있다. 피스크는 시청자가 TV를 시청하는 과정에서 오는 쾌락의 중심에는 연루-유리 과정을 비롯한 '동일시'가 있다고 지적했다. 시청자는 스스로 동일시의 대상을 정할 수 있으며 연루-유리 과정을 통해 쾌락을 얻는다는 피스크의 이론에 따르자면 우리가 드라마를 보며 공감대 형성에 집중하는 이유는 우리의 쾌락이 바로 거기에서 오기 때문일 것이다. 그렇다면 앞서 던진 질문을 조금 바꿔보아야겠다. 시청자는, 그러니까 우리는 누구에게 스스로를 동일시하고 있는 걸까?

드라마 〈내 아이디는 강남미인〉은 분명 외모지상주의에 대해 의문을 던지고 어떤 메시지를 던지는 드라마이다. 그리고 그 메시지는 "외면의 아름다움이 진정한 행복을 보장해주지는 않는다", "객관적인 아름다움보다 주관적 아름다움에 집중하자" 등과 같다. 〈내 아이디는 강남미인〉은 이 메시지를 전달하기 위해 많은 노력을 기울였다. 시청자들에게 궁금증을 불러일으켰던 연출 중 하나는 미래의 과거 모습이 등장하지 않는 설정이었다. 드라마가 미래가 성형수술을 하기 전의 모습을 직접적으로 보여주지 않는 것은 어떤 '고정적 형상'을 제시하지 않기 위해서이다. 마치 블라인드 테스트에서 중요한 시각적 정보를 차단해 보다 다양한 가능성을 가능케 하는 것처럼. 이 맥락에서 드라마 속의 '향'은 중요한 역할을 하고 있다. 드라마에서 주인공 미래가 유난히 향수를 사랑하는 것, 경석의 엄마인 나혜성(박주미 분)이 불의의 사고로 인해 냄새를 맡을 수 없게 되었음에도 향수를 포기하지 못하는 것은 향은 시각이 아닌 다른 감각을 통해 감지되기 때문이라고 할 수 있을 것 같다.

그러나 이런 노력은 이 메시지를 담아내는 미디어, 즉 내용물을 담아내는 그릇이 영상매체라는 데에서 한계에 부딪힌 듯하다. 드라마 내부의 연출이나 서사가 아닌 바깥의 문제인 드라마 캐스팅에 대해 이야기해보자. 드라마 제작진이 주인공들에게 원했던 것은 뛰어난 연기력보다도 직관적으로 읽히는 어떤 이미지였던 것으로 보인다. 제작진은 주인공 미래 역의 임수향 배우에게 감사를 표한 바 있다. 많은 여배우들이 거절한 드라마를 수락해주었기 때문이다. 이 감사 안에는 많은 의미가 담겨 있다. 실제로 많은 네티즌들은 임수향 배우의 캐스팅을 두고 "적절하다", "딱이다"와 같은 반응을 보이기도 했다. 강미래 역뿐만 아니라 도경석 역할 역시 마찬가지였다. 도경석 역에 캐스팅 된 이는 이른 바 '얼굴 천재'라는 별명으로 잘 알려진 차은우다. 작가는 남자 주인공 캐스팅 문제에 있어 "누가 봐도 한 눈에 잘생긴 사람"을 원한다고 말하기도 했다.

그 때문일까? 우리가 보는 것은 직관적인 시각 정보들이다. 〈내 아이디는 강남미인〉은 적어도 나에게 '눈에 보이는 아름다움'이 아닌 다른 것'을 '진짜' 발견하고 있는지 혹은 발견하도록 하는지에 대한 물음에 쉬이 대답하기 어렵게끔 한다. '누가 봐도 성형미인'인 강미래, '누가 봐도 모태 미녀'인 현수아, '누가 봐도 한눈에 잘생긴' 도경석과 같은 인물들은 '눈에 보이는 아름다움'이 아니라 '다른 아름다움'을 발견하려는 나의 감각을 차단해버리기 때문이다. 드라마를 보고 난 뒤에 남는 어떤 찝찝함은 내가 오늘 누구에게 동일시되어 있는가 하는 문제에서 더 분명해진다. 사실 우리가 드라마를 통해 보는 것은 내면의 아름다움과 같은 진부함이 아니라 여전히 '미·추의 구별'을 끊임없이 반복하고, 무의식중에 외모지상주의적인 사고를 재생산하는 나의 모습이다.

외모지상주의에 대한 새로운 해석을 위해 '외모'를 가장 적극적으로 활용해야 한다는 점은 분명 아이러니이다. 하지만 이것은 앞서 이야기한 것처럼 단순히 '한계점'에만 머무르는 것 같지는 않다. 이 드라마를 본 후의 '어떤 찝찝함'은 나는 누구에게 동일시되고 있는 걸까, 나는 누가 되고 싶어 하는 걸까, 강미래의 이야기에 고개를 끄덕이면서 동시에 '그럼에도 불구하고 여전히 아름다운 것'을 선택하려는 내 모순을 어떻게 설명할 수 있을까를 집요하게 되물을 때 그 정체를 드러낸다. 이 찝찝함은 나에게 혹은 대한민국의 미디어들에게 묻는 듯하다. 그간 아주 당연하게 여겨왔던 '추'의 기준뿐만 아니라 '미'의 기준을 보여주지 않고도 아름다움에 대한 이야기를 할 수 있겠느냐고 말이다.

"할 수 있는 자가 구하라": 숨겨왔던 당신의 가학성을 드러내는 일, 〈아이돌 리부팅 프로젝트 더 유닛〉

언제가 시작이라고 말해야 좋을지 모를 만큼 최근 오디션 형식의 프로그램들이 넘쳐나고 있다. 〈슈퍼스타K〉 이후 큰 유행이 되었던 오디션 프로그램이나 〈복면가왕〉을 비롯한 각종 경연 프로그램의 열풍 이후 수많은 가수들이 생성되었고, 가뜩이나 포화 상태이던 아이돌 시장은 이제 그 수를 다 헤아릴 수도 없을 만큼 많은 아이돌을 생성해내고 있다. 이 과정에서 빛을 보는 아이돌은 극히 일부라는 사실에서 〈프로듀스 101〉 시리즈가 탄생했고, 〈프로듀스 101〉의 변형된 형태가 KBS의 〈아이돌 리부팅 프로젝트 더 유닛〉(이하 〈더 유닛〉)이다. 〈더 유닛〉은 기존에 데뷔했던 아이돌 그룹의 멤버들이 다시 한번 오디션에 참가하는 형식으로 진행되었다. 가수 비를 비롯한 '선배' 심사위원들과 방송에 참여한 시청자로 이루어진 심사위원들의 평가를 받은 출연진은 더 유닛의 구성원이 되어 매주 경연을 치르는 방식이다.

프로그램이 첫 방영되고 포털은 연일 〈더 유닛〉과 관련된 기사 및 검색어들로 들끓었다. 그중에서도 특히 사람들의 관심을 끌었던 것은 과거 '이효리 걸그룹'으로 유명세를 떨쳤던 스피카 출신 양지원의 이야기였다. 양지원은 자신이 프로그램에 지원하게 된 계기를 밝히는 과정에서, 스피카 해체 이후 녹즙 배달 등의 아르바이트 생활을 하며 생계를 이어가고 있음을 고백했다. 이는 순식간에 포털에 퍼지며 '양지원 녹즙', '양지원 녹즙 배달' 등의 실시간 검색어를 낳았다. 양지원은 과거 자신이 속해 있던 스피카의 활동곡이었던 「Tonight」을 열창했고 방청객 심사위원 90%가 합격 버튼을 눌렀을 때 받을 수 있는 '슈퍼부트' 버튼을 받아 더 유닛에 발탁, 이후 경연에 진출했다.

〈더 유닛〉이라는 프로그램은 우리에게 매우 익숙한 포맷으로 전개되었다. 〈슈퍼스타K〉가 그러했고 이후의 수많은 오디션 프로그램들이 그러했듯 지원자의 안타까운 사연과 눈물이 소개된 뒤 그럼에도 밝고 씩씩하게 이겨내며 자신의 꿈을 위해 노력하는 모습이 가슴 뭉클하게 그려지는 것이다. 이내 심사위원들 몇몇은 눈물을 훔치기도 한다. 새로울 것 하나 없는 이 익숙한 전개 방식은 우리의 어떤 점을 노리고 있는 걸까.

그 해답 중 하나는 앞서 이야기했던 '동일시'의 문제에 있을지 모른다. 텔레비전이 시청자에게 동일시를 요구하고 있다면, 혹은 시청자 스스로가 동일시 과정을 통해 쾌락을 얻는다면 시청자는 누구에게 동일시를 하고 있는 걸까? 〈프로듀스 101〉이 "국민 프로듀서님"을 부르짖을 때 시청자는 어떤 위치에 놓이는 걸까? 나아가, 시청자가 프로듀서의 위치에 놓일 때 왜 많은 프로그램들은 지원자(참가자)의 고통을 너 나 할 것 없이 전시하려는 걸까?

앞서 서사의 이야기를 했다. 과거 '서사'는 드라마나 영화 장르에 국한되는 것으로 여겨졌다. 그러나 우리가 리얼리티 프로그램이라고 믿어 의심치 않았던 방송에서도 종종 서사는 발견되곤 한다. 우리가 '각본 없는 드라마'라고 말하는 오디션 프로그램 역시 마찬가지이다. 존 피스크가 퀴즈 프로그램의 예를 들어 설명하고자 했던 것과 유사하게 우리는 '각본 없는 드라마'를 보고 있는 것이 아니라 미리 쓰여진 드라마를 보고 있는 것일지도 모른다. 이 프로그램을 통해 시청자가 누리는 쾌락은 어쩌면 이 서사를 즐기는 데에서 오는 것이 아닌가?

출연자들의 안타까운 사연들이 전시되는 동안 시청자의 가학성은 시험대에 오른다. 교묘하게 가려진 채 발동하는 가학성은 '프로듀서'라는 그럴싸한 이름표 아래에서 마음껏 발휘된다. 지원자가 정글 같은 프로그램 속에서 살아남는 방법은 오직 한 가지이다. "할 수 있는 자가 구하라." 기회가 없어 빛을 보지 못한 아이돌들에게 다시 한번 기회의 장을 제공한다는 〈더 유닛〉의 패자부활전적인 취지 역시도 '개인의 노력' 없이는 영원히 만나볼 수조차 없는 신기루와 같다. 이 모든 오디션 프로그램들은 말한다. 두드려라, 그러면 열릴 것이다! 노력하라, 아니 드라마를 가져와라. 그러면 뽑힐 것이다!

#말하자면 아직 준비 중입니다: 〈내 아이디는 강남미인〉과 〈아이돌 리부팅 프로젝트 더 유닛〉

글을 시작하면서 '리에종'에 대해 이야기했다. 단순히 무엇이 무엇에 반영되는 게 아니라 우리 사회의 모습이 대중문화 속에 어떻게 녹아들고 반대로 대중문화는 우리 삶에 어떻게 녹아드는지를 살펴보고 싶었다. 그러나 음식에서 어떤 풍미를 살려주는 무언가는 결코 그 원형이 파악될 수 없듯 우리 사회의 모습과 대중문화, 그리고 우리 혹은 '나'라는 개인의 삶은 그 원형을 구별 지을 수 없이 이미 뒤섞여 있었다. 그렇기에 〈내 아이디는 강남미인〉이라는 드라마와 〈아이돌 리부팅 프로젝트 더 유닛〉이라는 예능 프로그램, 전혀 결이 다른 두 개의 프로를 통해 '동일시'라는 같은 이름 아래에 있지만 분명 그 형태는 각기 다른 동일시를 말할 수밖에 없었는지도 모르겠다.

두 프로그램은 분명 한계점과 아쉬움을 가지고 있다. '〈내 아이디는 강남미인〉은 진짜 하고 싶은 말을 하고 있는가' 하는 의문이 남았다. 주제 의식을 녹여내기에는 다소 어려운 선택이 거듭 있었고 그 과정에서 드라마의 주제 자체가 가진 힘이 자연히 약해질 수밖에 없기 때문이다. 또 〈아이돌 리부팅 프로젝트 더 유닛〉 역시 기존의 방식을 그대로 답습했다는 점이나 화제성을 위한 드라마의 강조 등에서 아쉬운 점이 있었다. 〈내 아이디는 강남미인〉과 같은 드라마들이 메시지 자체에 힘을 싣기 위해서는 미디어를 어떻게 활용해야 하는가에 대한 고민이 필요하다. 이는 시각 매체인 '영상'으로 표현되는 아름다움에 대해 묻게 할 뿐만 아니라 더 나아가 '아름다움'이 대체 무엇인가를 묻게끔 한다. 이 질문들을 끝까지 밀고 나갔을 때 우리 사회의 외모지상주의에 대해 이야기할 수 있는 여러 가능성이 살아나기 때문이다. 수많은 오디션 프로그램들에 필요한 것은 뻔한 전개와 드라마틱한 서사 같은 것이 아니다. 단순한 시청자의 호기심을 단발성의 화제를 낳는 것에서 더 나아가 가요계의 구조적 문제에까지 도달할 수 있어야만 한다. 아직 우리는 시행착오의 단계에 있다. 그렇기에 더욱 스스로, 쉼 없이 되묻고 다짐해야 하는지도 모르겠다. '나는 지금 응답하고 있는 것이 아닌가?'라고. 이 물음은 다짐하게 한다. 프로그램이 나의 은밀한 욕망을 자극하고 있다면, 기꺼이 자극당해주리라. 그렇지만 다시 각성하리라.

이는 개별적인 하나의 드라마나 예능 프로그램이 해결하거나 제안할 수 있는 문제가 결코 아니다. 제작자와 시청자 그리고 방송사까지 모두가 함께 고민해야 할 문제이다. 단순히 방송이 방송에서 끝나도록 하지 않는 것, 이 지점에서 두 프로그램 혹은 비슷한 프로그램들이 가지고 있는 가능성은 시작된다. 하나의 프로그램을 보면서 나에게 혹은 누군가에게 질문하게끔 하는 것, 그래서 멈추지 않게끔 하는 것. 새로운 문제의 출발선 앞으로 우리를 이끄는 것.

처음으로 돌아가보려 한다. 어쩌면 드라마를, 예능 프로그램을, 그러니까 TV를 본다는 것, 하나의 프로그램에 하나의 시청자를 더하는 것처럼만 보였던 이 과정이 실은 무한대를 만들어나가는 과정임을 보게 되는 것. 이것이야말로 우리 삶의 '리에종' 그 자체가 아닐까? 물론 무얼 더하느냐에 따라 끝 맛은 달라질 테고 선택은 우리에게 남아 있다. 어느 것을 더할 것인지에 따라 삶의 맛, 그 풍미는 한껏 업그레이드될 수 있다. 이제 우리는 그 어린 시절 척척박사님이다. 어느 것을 고를까요. 알아맞혀 주세요. 딩동댕동 척척박사님!

드라마 〈내 아이디는 강남미인〉 비평

박재영

웹툰『내 ID는 강남미인!』이 드라마로 나온다는 소식을 들었다. 웹툰을 즐겨 보는 나로서는 반가운 소식이었다. 한편으로는 걱정도 됐다. 원작과 크게 달라지진 않았을까. 아무튼, 제목에서도 알다시피 〈내 아이디는 강남미인〉은 주로 성형과 외모지상주의에 대해 다루고 있다.

드라마를 통해 자신을 되돌아보다

여자 주인공인 강미래(임수향 분)는 학창 시절을 못생긴 외모 때문에 아이들에게 괴롭힘을 당하며 지냈다. 그리고 끼가 있음에도 불구하고 남들에게 놀림받을까 봐 하고 싶은 것도 제대로 못하고 살았다. 대학교에 합격한 미래는 더 이상은 그런 삶을 살지 않겠다는 결심을 하고 얼굴 성형을 결심한다. 성형이 잘되어 원하는 대로 예쁜 얼굴을 얻은 미래. 그렇게 간절히 원하던 예쁜 얼굴을 얻었지만 대학 생활은 사실 그리 행복하지 못했다. 사람들이 뒤에서 하는 말인 '성괴'(성형 괴물)라는 손가락질과 비난을 참아내야 했기 때문이다. 특히 드라마 초에 예쁜 후배들에게 집적거리고 여학생들에게 얼굴 평가를 일삼는 한 꼰대 선배인 김찬우(오희준분)에게, "강남 가면 널리게 생긴 게"라는 막말을 듣기도 한다. 못생겼을 때는 못생겼다고 괴롭힘을 받고 그 괴롭힘이 싫어 성형을 통해 예쁜 얼굴을 얻었지만 미래는 여전히 불행했다. 물론 미래의 잘못은 없다. 미래에게 그런 고통스러운 삶을 만들어준 사람들을 비난해야 맞는 일이다. 평소의 나라면 드라마를 보면서 미래에게 감정이입해 당당하게 그런 사람들을 마구 비난했을 것이다. 하지만 주인공인 미래에게 감정이입해 미래를 그토록 괴롭게 만든 사람들을 향해 쉽게 손가락질을 할 수가 없었다. 그건 미래를 힘들게 만든 사람들에게서 그동안의 내 모습을 발견했기 때문이었다. 연예인들의 성형 전후 모습이 인터넷에 올라오면 지금과 다른 연예인들의 과거 모습을 보고, 그들에 대해서 왈가왈부했던 자신을 발견했다. 외모지상주의에 눈이 멀어, 그 여자 연예인들이 왜 성형했는지에 대해 생각해보지 않고 함부로 그들을 평가했던 자신이 부끄러웠다.

원작만 옮겼을 뿐, 드라마만의 해석은 미흡

극적 상황 고조를 위해 설계된 주요 캐릭터들의 성격을 조금씩 바꾼 것과 새로운 캐릭터들의 등장은 신선했으나, 착한 여자 주인공-츤데레 남자 주인공-예쁘지만 못된 서브여자 주인공, 도식적인 인물 구조, 신데렐라 서사 구조는 현재 여느 로맨스 드라마와 비교했을 때 큰 차이점이 없었다. 사람들의 시선이 두려운 착한 여자 주인공. 자연 미인이라는 자부심에 외모 자신감이 지나치지만 '예뻐서 괴롭힘당했던' 트라우마 때문에 착한 척하면서 속으로는 타인에 대한 질시를 쌓아가는 나쁜 서브여주. 재력·외모·머리 모든 것을 가진 완벽한 모습이지만 엄마에 대한 상처 때문에 차가운 남자 주인공. 여기에 '성형과 외모지상주의'라는 소재만 없었을 뿐이지 〈내 아이디는 강남미인〉의 이야기 구조와 캐릭터는 지나치게 단선적이고 익숙하며 뻔하다. 거기다 신입생 외모 품평을 하고, 화려하게 예쁜 여자에게는 '어디서 좀 놀아봤냐'는 편견을 덧씌우고, 예쁜 여자를 여신이라며 자연스럽게 추근대는 남자 선배들의 장면들은 보는 것만으로도 스트레스 지수가 상승한다. '외모지상주의'를 비판하고 '진정한 내면의 아름다움'을 찾아가는 과정 역시 충분히 예측 가능하게 흘러간다. 〈내 아이디는 강남미인〉은 만화 원작을 드라마로 옮기는 데만 충실했지 드라마에서만 보고 느낄 수 있는 요소는 적다. 원작이 가지고 있는 '외모지상주의'에 대한 비판적인 시각은 가져왔지만 그것을 자극적이고 단선적으로 그려내는 덕분에 이야기는 충분히 예측 가능하게 흘러간다.

강미래와 동성 친구들과의 관계도 살펴볼 필요가 있다. 자연 미인 현수아의 행동은 처음에는 여성들 사이의 의리를 보여주는 듯했지만, 결국 '여우짓'으로 판명된다. 여자의 적은 여자라는 프레임을 심어준다. 강미래가 짝사랑하던 남학생에게 거절당하자 자살까지 생각하게 되었으며 결국 아버지도 못 알아볼 정도로 얼굴을 고치게 되었다는 설정 또한 억지스러움이 느껴진다. 여자 주인공은 명문대에 입학할 정도로 공부를 잘하는 데다, 장기자랑에서 춤으로 좌중을 압도할 정도의 끼를 지녔으며, 보이지 않는 아름다움을 추구하는 조향사가 되겠다는 확고한 꿈을 지닌 데다, 사랑하는 부모와 단짝 친구가 있음에도 불구하고 단지 평범한 사회생활을 영위하기 위해 성형을 감행한다는 서사가 선뜻 납득되지는 않는다. 다만 지금의 여성들에게 가해지는 외모 압박이 극심하다는 고발의 일환으로는 받아들일 만하다고 느껴졌다.

주제 의식에서 벗어난 아쉬운 연출

외모 콤플렉스에 소심한 여자 주인공 미래가 외모가 아닌, 온전히 자기 자신을 사랑할 수 있게끔 변화해나가는 성장 드라마로서 좋은 평가를 받을 수 있을 것 같다. 하지만 이마저도 신데렐라 서사구조의 뻔한 전개가 아쉬웠다. 하지만 정말 큰 문제는 따로 있다. 가장 문제되는 점은 바로 극이 전하고자 하는 메시지와 상충되는 설정과 장면들이 다수 등장한다는 것이다. 6회에 묘사된 김태희(이에림 분)와 구태영(류기산 분)의 대화가 단적인 예다. 김태희는 물건 품평하듯 여학생들의 외모를 지적하는 남자들을 향해 "예쁘다는 것도 싫다고. 누가 예쁘다고 해달래? 우리가 무슨 매장에 진열된 물건이야? 어떤 건 예쁘고 어떤 건 안 예쁘고"라고 소리친다. 그 후 마음이 상한 김태희를 달래며 구태영은 "안 빼도 돼"라고 말한 뒤 "난 너무 마른 애들 싫던데. 나 같은 남자도 많아. 너처럼 통통하고 귀여운 스타일 좋아하는"이라고 말한다. 이후 두 사람 사이에는 핑크빛 기류가 형성된다. 어딘가 이상하다. 남성의 잣대로 외모 평가받는 현실에 울분을 토하는 여성을 달래면서 또 다시 남성의 잣대를 들이대 외모를 평가하고 있다. 극의 기획 의도대로라면 살이 쪘든 말랐든 여성이 자신의 몸을 그 자체로 사랑할 수 있게 해주는 것이 맞다. 그런데 극은 여전히 여성의 외모를 먼저 이야기하는 구태영과 그 말을 들고 설레어하는 김태희의 모습을 그린다. 극의 주제 의식과는 한참 동떨어진 모습이다. 도경석(차은우)의 어머니 나혜성(박주미) 캐릭터 역시 원작과 달라진 설정으로 아쉬움을 남긴다. 원작 속 나혜성은 "나는 꽃이 아니다"고 말하며 여성의 미모를 관상용으로 여기는 현실을 비판하고 기존 가부장적 사회가 강요하던 모성애에서 벗어난 인물이다. 하지만 드라마 속 나혜성 캐릭터는 성공한 커리어 우먼이지만 여전히 '아름다움'에 초점을 맞춰 설명되고 전 남편에게 두고 온 아이들을 그리워하는 모성애 가득한 여성으로 그려진다. 나혜성은 여성이 외모지상주의로 인해 얼마나 불행해질 수 있는지 보여주는 캐릭터인데 그 캐릭터를 너무 단편적으로 그리다 보니 주제 의식까지 흐릿해진다.

한국과 외모지상주의 이데올로기

드라마 방송 후 인터넷에서 반응을 본 적이 있다. 인터넷에서 드라마에 대한 반응은 남자 주인공 '도경석'(차은우 분)이 미래에게 전하는 진심 어린 말에 집중하기보다는, 주로 그의 외모에 더 환호하는 모습에 씁쓸함이 느껴졌다. 외모지상주의 비판 드라마임에도 불구하고 배우의 외모에 열광하는 모습이 아이러니했다. 엉뚱한 PPL도 몰입에 방해가 됐다. 외모지상주의를 비판하는 드라마는 어느새 다이어트 관련 상품의 PPL 경연장이 됐다. 지난 12회 방송에서 외모 강박에 시달리는 현수아(조우리 분)는 체중을 잰 뒤 "살이 좀 쪘다"며 책상 서랍에서 다이어트 보조제를 꺼내 먹었다. 해당 제품은 14회 방송에서도 한 차례 더 등장했다. 마른 몸에 집착하는 수아의 강박을 보여준다고 하기엔 제품의 상호가 그대로 노출되는 장면 광고 느낌이 강하여 거부감이 느껴졌다. 외모지상주의를 비판하는 드라마 기획 의도와 다르게 PPL이 외모지상주의를 부추기는 듯한 느낌마저도 들었다.

　우리가 이성적으로 외모지상주의를 비판하면서도 벗어날 수 없는 이유는 TV나 만화, 영화 등의 매체에서 외모지상주의를 무의식적으로 긍정하고 말로만 부정적으로 여기는 영향을 받았기 때문이다. 특히 미디어를 통해 끊임없이 재생산되는 외모지상주의는 우리로 하여금 이중성을 가지게 한다. 드라마는 잘생기고 예쁜 사람들이 등장한다. 각종 예능 프로그램도 마찬가지다. 편집자들이 미인 연예인의 매력을 필요 이상으로 자막과 특수 효과를 통해 강조하거나 못생긴 연예인을 인격적으로 모욕하고 조롱하는 경우가 다반사다. 〈내 아이디는 강남미인〉도 외모지상주의를 비판하지만 정작 미디어에서는 잘생기고 예쁜 주인공들의 연기, 외모에 주목한다.

　드라마는 인구 대비 성형수술 건수 세계 1위인 대한민국의 실태를 적나라하게 보여준다. 외모 품평이 일상이고, 추녀라는 이유로 차별에 시달린다. 강미래는 본래 흥이 많은 성격이지만 심한 외모콤플렉스로 의기소침한 성격을 갖게 된다. 드라마는 그런 강미래가 성형을 결심하기까지 겪는 고민과 강남역에 즐비한 성형 광고판을 대비시킨다. 그리고 성형수술이라는 것이 '비포'와 '애프터'만 있는 게 아니라 고통스러운 중간 과정이 있다는 사실과 2000만 원의 카드빚이 남는 현실도 생략하지 않는다. 드라마는 추녀가 성형을 통해 사랑과 성공을 얻는 것이 아니라, 성형 후 또 다른 차별과 고민에 직면하는 현실을 담는다. 21세기 한국은, 외모지상주의를 비판하면서도 외모는 경쟁력이라고 말한다. 물질만능주의에서 돈이 그렇듯이, 외모지상주의가 심한 지금의 우리 사회니까. 모순이 넘치는 사회에서 〈내 아이디는 강남미인〉은 이러한 현실을 비판함에 의미가 있다. 그러나 외모지상주의 비판이라는 좋은 드라

마 소재를 가지고도 주제 의식과 동떨어진 장면들은 외모지상주의로부
터 벗어나지 못하는 한국의 현실을 보여주는 것 같아, 씁쓸함이 더 강하
게 느껴진 드라마라고 생각한다.

JTBC 〈미스 함무라비〉가 쏘아 올린
작은 공

김정은

수지타산을 #소확행 #미닝아웃 #워라밸

'소확행'(소소하지만 확실한 행복), '미닝아웃'(드러내지 않았던 자기만의 취향과 신념을 자유롭게 표현하고 드러냄), '워라밸'(일과 생활이 균형이 있는 삶). 청년의 눈으로 바라 본 2018 트렌드 키워드 중 일부이다. 이들의 공통점은 개인의 행복과 연관이 있다는 것이나. 키워드가 등장하게 된 배경은 '헬조선'에 살기 때문이다. "헬조선이 맞다." 대학생과 직장인을 대상으로 실시한 설문조사에서 응답자의 90%가 동의했다. '헬조선'이란 한국 사회의 부조리한 모습을 지옥에 비유한 신조어다. '헬조선'의 원인은 사상 최대의 취업난·경제난, 차별과 부조리이다. 어렵게 취업을 하면 임금이 작아 경제적으로 어려움을 겪는다. 동시에 이미 사회에 퍼져 있는 차별과 부조리에 현기증을 느낀다. 한국에서 사는 게 지옥 같다는 신조어가 등장하게 된 배경이다. '헬조선'의 결과로 'N포 세대'가 등장한다. 'N포 세대'는 어려운 사회적 상황('헬조선')으로 인해 취업, 연애, 결혼, 출산, 취미 생활 등 여러 가지를 포기해야 하는 세대이다. '헬조선'에 살며 N가지를 포기해야 했던 청년들은 자신이 행복해지길 원하며 각자의 방법으로 행복을 찾아가고 있다. 2018 트렌드 키워드에서 엿볼 수 있듯 말이다.

"구질구질한 꼰대들은 현실에서도 충분히 봤다. 반지하방과 고시원에서 눈물 삼키는 미생들의 고통도 충분히 봤다. 이제는 실력 있고 매력 있는 젊은이들이 꼰대들의 사회에 당당히 도전장을 내밀고 승리하는 이야기, 그러면서도 개인의 행복과 사랑도 결코 포기하지 않고 당당히 누리는 이야기가 필요하지 않을까?" JTBC에서 방영한 생활밀착형 법정 드라마 〈미스 함무라비〉는 '헬조선'의 잔혹한 현실을 있는 그대로 그려 시청자의 공감을 얻는 데 성공했다. 성차별, 꼰대 문화(자신의 사고방식을 타인에게 강요하는 문화) 등 현실에 난무한 문제들을 다루며 시청자에게 생각의 기회를 제공한다. 지금의 시대를 살고 있는 청년들에게는 공감과 희망을, '꼰대'들에게는 반성의 기회를 말이다.

〈미스 함무라비〉가 쏘아 올린 작은 희망, 가족의 진정한 의미

"가족이라는 건 얼마든지 어른이 돼서도 생길 수 있어요. 힘든 일을 견디다 보면 진짜 가족이 되는 거 아닌가요?" "진정한 가족이 무엇인가?"에 대한 대답이다. '헬조선'에서는 개인은 자기 몸 하나 건사하기도 힘에 부쳐 남까지 돌볼 여유가 없어진다. 가족이 해체되고 1인 가구가 증가하고 있는 현상의 원인으로 볼 수 있다. 우리나라의 이혼율은 아시아 내 1위이다. 또 혼인율, 출산율 등은 계속해서 줄어들고 있다. 혈연관계에 기반한 가족 형태가 실패하고 있다.

박차오름(고아라 분)과 임바른(김명수 분)은 법원에서는 상속 관련 재판을 한다. 혈연관계의 형제들은 돈 앞에서 서로를 물고 뜯기 바쁘다. 재판을 끝내고 박차오름과 임바른은 '시장통'으로 향한다. '시장통'은 박차오름의 고향과도 같은 곳이다. '시장통'엔 비혈연관계로 이루어진 여성들이 서로 연대를 하며 살아간다. '가족'이라기보다는 공동체에 가깝다. 하지만 박차오름(고아라)는 이를 '가족'이라 말한다.

〈미스 함무라비〉는 이성적이고 개인적 공간인 '법원'과 감정적이고 공동체적 공간인 '시장통'을 대비하여 사회에 새로운 공동체를 제안한다. 현대사회에서 '공동체'가 혈연관계로 이루어진 '가족'과 같은 역할을 할 수 있다는 희망을 전한다. '시장통 공동체'는 박차오름이 힘이 들 때마다 위로를 얻으러 찾는 곳이다. '시장통 공동체'는 서로에 대한 관심, 동정, 연민에 의해 형성되었다. 각자 아픔을 지닌 사람이 모여서 공동체를 만들고 그 공동체 안에서 아픔을 극복하며 살아간다. 타인에 대한 관심, 동정, 연민이 있다면 새로운 희망의 가능성을 가질 수 있다는 말이다. '혈연관계를 회복하자'라는 말보다 '혈연관계가 아니더라도 괜찮다' 말한다. 가족이 해체되는 상청 속에서 상처받은 개인에게 보내는 〈미스 함무라비〉의 메시지다. 피를 나눴어도 남보다 못한 사이가 되는 외로운 세상에서 조금 더 현실적인 제안이다.

〈미스 함무라비〉가 쏘아 올린 작은 위로, 네 탓이 아니야

"이게 우리가 사는 세상의 속도인가 보네요." 임바른이 피해자와 약자에게만 잔인한 세상의 속도에 한탄하며 말한다. 〈미스 함무라비〉의 시청자는 매회 쓴웃음을 지을 수밖에 없다. 드라마의 표현을 빌리자면 "절대로 후회도 자책도 하지 않는 사람" 때문에 잔인하게 흘러가는 세상이다. 피해자와 약자에게만 가혹한 현실이지만 우리는 그 속에 살고 있다. '강한 자에게 강하고 약한 자에게 약한 법원'을 꿈꾸는 이상주의자 박차오름과 '법 앞에 만인이 평등' 원칙주의자 임바른이 사사건건 부딪치며 시청자에게 고민할 거리를 선물한다.

"이 옷을 입으면 사람의 마음은 지워야 하는 겁니까?" 박차오름은 사건 속의 '사람'을 보려 노력한다. 사건만 보고 판결을 내리지 않으며 사건 속의 '사람'과 대화한다. '사람'이 범죄를 일으킨 원인을 사회적 구조에서 찾는다. 우리는 박차오름이 사건 속의 사람과 대화하는 과정에서 사건의 문제가 '사람'을 처벌하는 것이 근본적 해결이 아님을 깨닫는다. 〈미스 함무라비〉에서 강조하는 점이다. 예를 들어 "말도 안 되는 소송을 20번 한 사람"의 사건이 다뤄진다. 임바른은 이 사람 때문에 진짜 억울한 사람들의 재판을 못한다며 그 사람 탓만을 한다. 하지만 박차오름은 "말도 안 되는 소송을 20번"씩이나 하게 된 원인을 알아본다. 알고 보니 "말도 안 되는 소송을 20번" 한 사람은 예전에 법원의 판결로 억울한 일을 당한 사람이었다. 이는 한국 사회에 적용 가능하다.

한 조사에 따르면 분배구조, 취업, 복지, 정치활동 등 한국 사회 각 부문에 대해 국민 절반 이상이 '공정하지 않다'고 인식하는 것으로 나타났다. 사회 전반에 대한 불신이 가득하다. "사회시스템에 대한 불신은 사회의 고질병이야. 기득권에 대한 과도한 비난의 배경에는 질투와 동경이 있지. 재벌 모두 욕하지만 드라마 주인공은 다 재벌이지 않습니까?" 대기업 NJ그룹 후계자 민용준(이태준 분)은 사회 시스템, 기득권에 대한 비난은 개인의 질투와 동경에서부터 나온다고 말한다. 과연 정말 이 대기업 후계자의 말처럼 사회에 대한 불신이 개인의 질투와 동경에서부터 나온 것일까. 사회를 불신하게 만든 집단이 개인의 탓으로 돌리려는 치사한 수작이 아닐까.

〈미스 함무라비〉가 쏘아 올린 작은 공감, 이제 아시겠어요?

"이제 대한민국 여자들 일상을 이해하시겠어요?" 박차오름은 성희롱의 기준의 정확성을 따지는 임바른, 정보왕(유덕환 분)을 '시장통'에 데려갔다. 시장 이모들의 '시선강간'으로 시작됐다. "남자가 어디 옷을 딱 붙게 입어, 속옷도 안 입고! 당할 만하네." 시장 이모들의 거침없는 언변과 행동을 통해 여성들이 평소에 겪는 성적 굴욕감이 어떤 것인지 그대로 느끼도록 하는 '미러링'이었다. 〈미스 함무라비〉는 그저 '사이다'를 주는 것에 집착하지 않았다. 박차오름도 현실에서 겪는 여성의 어려움을 똑같이 느낀다. 박차오름은 성희롱 관련 판결이 끝난 후 퇴근길 어두컴컴한 복도에서 두려워한다.

  "불편해지는 드라마다." 〈미스 함무라비〉 시청자의 반응이다. "불편한 용기가 세상을 바꾼다." 최근 매번 수만 명 여성이 집결하는 여성 집회의 구호와 맞닿아 있다. 〈미스 함무라비〉가 여성들의 '인생드라마'가 된 계기다. 텔레비전은 현실의 거울이다. 여성 차별에 대한 목소리가 커지면서 〈미스 함무라비〉 같은 여성 성차별을 여성의 입장에서 다룬 드라마가 제작될 수 있었다. 박차오름은 '불편한 용기'를 가지고 있는 여성이다. "그 여학생도 문제야. 그렇게 짧은 치마를 입고 다니니까 그런 문제가 생기는 거 아니야. 여학생이면 여학생답게 조신하게 다녀야지." 한세상(성동일 분)이 성폭행 사건을 두고 한 말이다. 이 말을 들은 박차오름은 다음 날 법원에 미니스커트를 입고 출근한다. 역시 한세상은 박차오름에게 법원과 어울리지 않는 옷차림이라 지적한다. 박차오름는 한세상의 지적에 니캅을 두르고 나온다. 웃기게 풍자된 이 장면은 평소 옷차림을 타인에게 검열받기에 스스로 검열하는 여성에게 가장 통쾌한 순간이었다.

또 다른 사건은 직장 내 성희롱 재판이다. 직장 내 성희롱에 결정적인 증인 역할을 한 김다인은 내부고발자로 부당해고당한다. 국회의원출신 성희롱 변호사의 소환은 한참 후에 진행되고 김다인은 정작 자신이 부장에게 당한 성희롱은 고소하지도 못한다. 김다인의 그간 옷차림, 사내 연애 등을 이유로 책임을 김다인에게 돌린다. 어디서 많이 본 전개다. 사회에서 성희롱 사건이 일어나면 많은 피해 여성은 과거, 옷차림이 문란한 '꽃뱀'이었다. 무적의 논리다.

"악당으로 살기에 참 쉬운 세상이네요. 공범자들이 득실거리니까!" 박차오름의 말이다. 직장인을 대상으로 한 설문에서는 여성 응답자 72.6%가 성희롱, 성추행을 당한 경험이 있다고 밝혔다. 성희롱, 성추행이 얼마나 사회에 만연해 있는가, 아무 문제 없이 일어나고 있는가를 알려주는 지표다. 가해자는 상사가 78.7%로 1위를 차지했다. 가해자의 78.7%가 권력 집단이다. 성희롱, 성추행이 만연할 수 있다. 여기에 당당하게 대신 맞서주는 박차오름은 '사이다 자판기'로 불린다. 이렇게 대놓고 성차별을 다루는 드라마가 있어 세상이 조금씩 바뀌고 있음을 실감한다.

〈미스 함무라비〉, 아직 '작은' 공을 쏘아 올렸을 뿐이다

〈미스 함무라비〉는 대놓고 성차별을 다루고 있기 때문에 높이 평가를 받았다. 평소 여성 인권 문제에 공감을 하지 못했던 사람이라면 〈미스 함무라비〉를 한번 봐보라고 추천하는 경우도 있다. 그래서 〈미스 함무라비〉는 '독이 든 사과'가 될 수 있다. 〈미스 함무라비〉가 닿지 못한 부분마저 정답으로 간주될 수 있기 때문이다. 안토니오 그람시(Antonio Gramsci)는 '헤게모니'를 문화적인 측면으로 바라본다. '헤게모니'란 한마디로 '협상의 장'이다. 지배 권력은 피지배 집단이 원하는 어떤 것을 내주고 지배 체제를 공고히 한다. 피지배 집단은 이를 수용할 수도, 거부할 수도 있는 것이다. 안토니오 그람시는 피지배 집단의 능동성을 인정해 새로운 가능성을 제시했다. 이를 텔레비전에 적용하면 드라마는 어떤 것을 내주고 기존 지배적 체제에 자발적으로 동의하도록 한다. 능동적인 시청자는 권력 집단의 '헤게모니'에 동의하지 않을 수 있다. 〈미스 함무라비〉는 여성 인권 문제를 시청자에게 내어주면서 기존 가부장제 체계에 대해 자발적 동의를 얻어낸다.

첫 번째로 한세상은 소변을 앉아서 보라는 아내의 요청에 앉아서 소변을 보며 "나는 이제 수컷도 아니야"라 말한다. 소변을 앉아서 보는 이성과의 차별섬이 남성을 '수컷으로서' 여성과는 다르게 만든다. 남성이 소변을 서서 볼 경우 위생상 안 좋기 때문에 소변은 여성, 남성 모두 앉아서 싸는 게 위생적이다. 〈미스 함무라비〉 한세상이 소변을 앉아서 봄으로 인해 '가부장제의 몰락'을 표현하려 했다면 그건 오히려 기존 '가부장적' 남자의 권력을 재확인시켜준 셈이다. 또 박차오름이 문제 제기를 했다면 결정적인 사안을 다루는 건 한세상이다. 예를 들어, 박차오름이 선배로부터 부정 청탁을 받고 신고를 고민하자 임바른이 신고는 자신이 한다고 한다. 그것을 윗선에 알리는 것은 한세상이다. 박차오름이 행하는 일은 결국 남성의 '허가' 또는 '도움'을 받아 하나의 문제로 자리 매김한다.

두 번째로 '걸 크러시' 이도연(이엘리야 분) 캐릭터는 당당한 태도와 흠잡을 곳 없는 일처리 능력으로 박차오름에 버금가는 인기를 누리고 있다. 그런데 이도연의 '걸 크러시'를 보고 있자면 과연 누구에 의한 '걸 크러시'인가 의문이 든다. 이도연에게 '걸 크러시'라 지칭하는 사람은 정 보왕이다. '걸 크러시'라 부르는 이유는 이도연은 "예쁘네요"와 같은 '남 성'이 '여성'에게 많이 하는 말을 정보왕에게 하기 때문이다. '미러링'을 하는 여성을 '걸 크러시'라 지칭하며 높이 사는 것은 모순되게도 남성 기 존 권력을 강화한다. '남성'이 인정한 범위 내에서 '여성'의 '미러링'은 긍 정적으로 평가된다. 또 '걸 크러시' 이도연조차도 정보왕과 데이트를 하 기 전에 거울을 보며 화장을 고친다. 아무리 '걸 크러시'라고 불려도 어 쩔 수 없는 '여성'임을 강조하는 듯 보였다.

마지막으로는 "밤에 하는 일해요"라는 말 때문에 법원 사람들 사이 에 일파만파 이도연이 '술집에서 일하는 여자'라 소문이 난다. 정보왕은 이도연에게 자신의 마음을 고백하면서 "술집에서 일했어도 괜찮다"고 얘기한다. 사실 이도연이 '밤에 하는 일'은 웹소설 작가였다. 정말 다행 이라는 어조로 드라마는 진행된다. 그래서 다행인건가? 우리가 생각한 '술집에서 일하는 여자'가 아니라서? 물론 이도연은 우리가 생각하는 '술집 여자'는 아니었지만 바텐더로 일했다고 말한다. 서울에서 낮에만 일해서는 살기가 어려웠다고. 현실에서는 살기 어려운 많은 여성이 우 리가 생각했던 '술집에서 일하는 여자'가 된다. 우리가 진짜 관심을 기 울여야 할 이성 인권 사각지대에 있는 여성들은 배제하는 느낌이 강했 다. 피에르 부르디외(Pierre Bourdieu)는 개인적인 선택은 사회적 영향에 의해 형성된다고 말했다. 여성들이 '술집에서 일하는 여자'가 되는 건 개인의 선택의 문제만이 아니다. 우리가 생각하는 '그런 술집 여자'가 아니었다고 안심할 게 아니다. 여성이 그 일을 선택하게 만들었던 임금 차별과 같은 사회의 부조리에 대해 비판해야 한다.

　"우리는 지금 한걸음을 내딛고 있는 거야."『앵무새 죽이기』의 저자 하퍼 리(Harper Lee)는 말했다. "그래도 이정도가 어디야. 많이 발전했지." 〈미스 함무라비〉의 등장에 안도할 수 있다. 그래도 우리가 쏘아 올린 작은 목소리가 모여 사회에 닿았다 기뻐할 수 있다. 잠시만 기뻐하자. 앞으로는 〈미스 함무라비〉와 같은 드라마가 많이 등장할 것이다. 그 속에 잔재해 강화되는 기존의 '헤게모니'를 찾아내자. 우리의 노력이 '한 걸음'에서 '두 걸음', '수십 걸음'이 되어 더는 걸음이 필요 없어질 그 날까지.

무엇을 위해 도장을 깨는가
2018 좋은 방송을 위한 시민의 비평상 수상집

© 방송문화진흥회, 2018

엮은이 **방송문화진흥회**
펴낸이 **김종수**
펴낸곳 **한울엠플러스(주)**
편집 **김다정, 임혜정**

초판 1쇄 인쇄 **2018년 12월 7일**
초판 1쇄 발행 **2018년 12월 14일**

주소 **10881 경기도 파주시 광인사길 153 한울시소빌딩 3층**
전화 **031-955-0655**
팩스 **031-955-0656**
홈페이지 **www.hanulmplus.kr**
등록번호 **제406-2015-000143호**

Printed in Korea.
ISBN 978-89-460-6573-4 03070

* 책값은 겉표지에 표시되어 있습니다.